考 古 新 视 野 丛 书

山 西

浮山桥北及乡宁内阳垣
先秦时期人骨研究

◉ 贾莹 著

文物出版社

责任印制:陈　杰

责任编辑:李　飏

图书在版编目(CIP)数据

山西浮山桥北及乡宁内阳垣先秦时期人骨研究/
贾莹著. —北京:文物出版社,2010.12
　ISBN 978 - 7 - 5010 - 3072 - 9

　Ⅰ.①山…　Ⅱ.①贾…　Ⅲ.①人体 - 骨骼 - 研究 -
山西省 - 先秦时代　Ⅳ.①K871.41②Q983

　中国版本图书馆 CIP 数据核字(2010)第 212674 号

山西浮山桥北及乡宁内阳垣先秦时期人骨研究

贾莹　著

*

文 物 出 版 社 出 版 发 行

(北京东直门内北小街 2 号楼)

http://www.wenwu.com

E-mail:web@wenwu.com

北京美通印刷有限公司印刷

新 华 书 店 经 销

850×1168　1/32　印张:9

2010 年 12 月第 1 版　2010 年 12 月第 1 次印刷

ISBN 978 - 7 - 5010 - 3072 - 9　定价:50 元

内容提要

　　本文研究的人骨标本分别出自山西省南部浮山桥北商代晚期至春秋晚期墓葬和乡宁内阳垣夏代、春秋时期墓葬。浮山桥北遗址与《史记·晋世家》中记载的"河、汾之东、方百里"的唐国有关，是夏商时期存在的一个方国政权。商代晚期人骨标本是带墓道的方国首领级别大墓的殉人，春秋中、晚期人骨出自小型墓。乡宁内阳垣在晋国占领之前原为戎狄的领地。这两批材料，是对山西南部春秋时期居民种系构成及其演变研究的补充，也使我们对浮山桥北商代晚期方国首领大墓殉人的体质特征有所了解并积累数据，结合西周晚期至战国晚期山西南部天马曲村、侯马上马、侯马乔村几处墓地的体质人类学资料，其年代跨度恰好与晋国的始末相关，对于研究晋国居民种系构成及其演变具有非常重要的意义，尤其是乡宁内阳垣春秋时期人骨资料直接关系到春秋时期山西南部戎狄人群的种系类型的确定。

　　本文运用体质形态比较方法、多元统计分析方法以及眶上孔与二分舌下神经管遗传性状的发生率比较方法，对颅骨资料进行综合分析研究。

　　体质人类学研究表明，浮山桥北墓地、乡宁内阳垣墓地人骨所代表的居民均属于亚洲蒙古人种的范畴，与东亚蒙古人种类型比较接近。乡宁内阳垣组所代表的戎狄人群可归于朱泓先生提出的先秦时期人种类型体系中的古华北类型，但是由于其特定的年

代和特殊的地理位置，与新石器时代典型的古华北类型人群相
比，这一人群的体质特征有明显的偏离，带有地方土著居民的印
记，是古华北类型的地方变异。乡宁内阳垣春秋时期人骨材料的
研究结果表明，该时期活跃在吕梁山一线的戎狄人群与春秋晚期
以后出现在内蒙古中南部地区的北亚类型人群在体质特征上有着
本质的区别，没有直接的渊源关系。目前的体质人类学研究已经
能够确认匈奴的主体成员为西伯利亚人种类型，外贝加尔匈奴人
归属于古西伯利亚人种类型。被考古学研究认为应是东胡的人群
也属于西伯利亚人种类型。匈奴和东胡人群在种系特征上都与现
代蒙古人种的北亚类型相对应。在古代人种类型体系中，戎狄与
匈奴、东胡分属于两个截然不同的人种类型，因而从体质人类学
角度证实了林沄先生"戎狄非胡"推断的合理性。

Abstract

Title: **The Research on the Human Skeletons of Pre – Qin Dynasty from Fushan Qiaobei and Xiangning Neiyangyuan of Shanxi Province**

Major: **Archaeology and Museumology**

Advisor: **Professor Zhu Hong**

This dissertation, sum total of ten chapters, is based on research on human skeletons excavated from the Qiaobei graveyard, Fushan county, and Neiyangyuan graveyard, Xiangning county, Shanxi province and backgroud of Archaeology discovery. The research methods include skeleton measurement, ethnology, pathology, statistics.

Chapter 1   Exordium

Exordium introduces nature geography environment of southern Shanxi province, the background of Archaeology and other ethnology studies of ancient groups of Pre – Qin dynasty and significance of the research.

Chapter 2   Identification of gender and age and study of natural life

According to gender and age data from Qiaobei and Neiyangyuan skeletons, the obituary probability and average life – span of people were calculated and the reasons of death were explored in this chapter.

Chapter 3   Statistics of non – metrical morphology

The text describes the results of morphology observation of skulls, including statistics of non – metrical morphology and the incidence of the supraorbital foramen and the hypoglossal canal bridging. Statistics results indicate ethnology connection among Qiaobei group or Neiyangyuan group and other skeleton groups.

Chapter 4   Study of metrical morphology

This chapter analyzes morphological characters of skeletons. Differentia test in group and method of homogeneous standard deviation compared with European groups are used to analyze ethnology classification to ensure confidence of data.

Chapter 5   Research of ethnology

Comparing between Qiaobei or Neiyangyuan and Modern Asian Mongoloid indicates that the residents in the Qiaobei and Neiyangyuan are both belong to Mongoloid East Asia types. The Neiyangyuan group shows flat upper facial character similar to North Asia types. Qiaobei and Neiyangyuan groups are more close to modern Northern Chinese and similar to southern Chinese in a way.

Chapter 6   Investigation of cognation among Neiyangyuan and other ancient groups

The text summarizes ancient Chinese racial system proposed by Professor Zhu Hong.

Euclidean distance, Squared Euclidean distance, Hierarchical cluster analysis, principle components methods are used to analysis data and relationship among Neiyangyuan and other ancient groups. There are a lot of similarities among residents of Neiyangyuan group, Qiaocun group, Shangma group, Wayaogou group, and Yangshao culture groups, perhaps there is common jenic origine among them but appearing distinct defference in flat upper face and middling ratio of length and wide; wide and high of skull, which accord with Ancient Northern Chinese Type and is distinguishen from Ancient Central Plains Type. Neiyangyuan group contrast sharply others characterized with North Asia modality, such as Pengbao group, Guoxianyaozi group, and Xindianzi group. The residents of Neiyangyuan are belong to Ancient Northern Chinese Type with regionally characters。

Chapter 7   Comparing and study on relative groups dated from late Shang dynasty to late War States in Southern Shanxi Province

Text analyses the difference among morphology, homogeneous standard deviation of different groups dated from late Shang dynasty to late War States in sorthern Shanxi province and changes of nasio – malar angle of people with development of Age. People lived in this area were respectively belong to Ancient Northern Chinese Type and Ancient Center Plain Type among ethnic group types in Pre – Qin Dynasty and contained complex changes in their morphology.

Chapter 8   Estimate of stature

Author measured length of limb bones of skeletons excavated from Qiaobei and Neiyangyuan graveyards and valuated stature of the residents buried in two graveyards and discussed problems related to data.

Chapter 9   Study of pathology

Author carefully observed skeletons from Qiaobei and Neiyangyuan. The pathological changes and abnormities of bones were diagnosed according to pathological books and papers of physical Anthropology. The incidence of frequent appearing disease was also described by statistical method.

Chapter 10   Remainder discussion

——Ethnic type of "Rong Di" in southern Shanxi province

"Rong Di" was a general designation of some tribes often appeared in literature of Pre – Qin Dynasty. There had been an error idea that "Rong Di" was a racial groups with modality of North Asia Ethnic Types and ancestor of "Hun" and "Dong Hu". Professor Lin Yun corrected this mistake. Research in residents of Neiyangyuan shows that "Rong Di" is a racial group with modality similar to ancient Northern Chinese. Incidence of the supraorbital foramen and the hypoglossal canal bridging Statistics indicates that no ethnology connection exist between "Rong Di" racial group and people of North Asia types. "Rong Di", "Hun" and "Dong Hu" are belong to different ones in the system of ancient ethnic type. The study of physical anthropology confirms the rationality of Professor Lin Yun's judgment that Rong Di is not Hun and Dong Hu.

专家推荐意见 (一)

  该论文运用测量和形态观察方法、颅骨小变异特征出现率及多种统计方法，对山西浮山桥北及乡宁内阳垣墓地出土的先秦时期人骨进行系统的考察和分析，并与其他地点出土的人骨资料进行比较研究。

  论文结构严谨，主旨明确，体质人类学和统计学方法运用得当，数据翔实。所获得的大量数据丰富了山西南部先秦时期人群种系构成及演变的人种学资料。对于乡宁内阳垣春秋时期居民的人种学的研究，提出了该文化居民的种系构成应是先秦时期古代人种类型中古华北类型的地方变异的观点，颇具新意。对于研究晋南地区民族史具有重要的学术价值。

朱泓 博士生导师、教授

2010 年 5 月 5 日

专家推荐意见（二）

　　该论文对山西省南部地区浮山县桥北墓地和乡宁县内阳垣墓地出土的人骨资料进行了比较系统的研究，是首次从人种类型角度对吕梁山南端春秋时期土著居民进行全面分析和研究，补充了晋南地区先秦时代古代居民的人类学研究数据。

　　该论文学风严谨，逻辑性较强，很好地利用遗传学和多种统计方法进行数据分析，得出一致的比较可靠的结论。论文得出的结论对于戎狄与匈奴、东胡之间没有直接血缘关系提供了人类学的佐证，将对考古学及民族文化关系研究起到重要的推动作用。

研究员

2010 年 4 月 16 日

自　序

　　我，毕业于东北大学，所学专业为金属物理。在吉林省文物考古研究所成立之后调入本所从事科技考古工作。从我的专业出发，开展金属文物的金相学和工艺研究，归入冶金考古学领域。严谨治学、磊落做人是我一生的宗旨，也正是因为如此坚持，才获得了冶金考古学领域的重要突破，也就有了体质人类学研究的扩展和延伸……

　　随着考古发掘工作的不断扩展，大量的古代人骨遗存被发掘出土，体质人类学作为考古学领域的一个研究分支，利用这些古代人骨探讨人类的起源，人种的形成和人种类型的演变，古代人群与环境、文化的关系，从人类学角度探讨古代居民群体的家庭结构、社会性质、劳动分工和健康状况等一系列问题，已经得到考古学界越来越多的关注和重视。就是在这个考古学不断深化和拓展研究范畴的大环境下，我接受了所里交给的体质人类学研究的任务。地方考古研究所的工作侧重与高校不同，人骨遗存仅限于每年发掘出土所获，标本量很少，因此，体质人类学研究作为科技考古的一项内容，就由本人兼任。作为理工科的学生，人骨测量仪器并不复杂，但是，从事交叉学科的研究，我面临着需要深入了解考古学以及体质人类学研究内涵及方法的全新的挑战。所幸的是，吉林大学边疆考古研究中心设有系统的考古学专业课程，朱泓教授在体质人类学研究领域已经先行一步，取得了重要的突破性进展。朱教授为考古学专业和博物馆专业学生讲授体质人类学本科课程和研究生课程，而我得到许可，随时可以去听所有的考古专业课。就这样，我几乎听遍了考古学专业本科课程，还学习了部分硕士研究生课程。重要的是，我的体质人类学研究道路自此而展开，得益于朱泓教授的指导就是从那时开始的。在与朱泓教授合作研究吉林省九台市关马山遗址出土汉代人骨的过程中，朱泓教授言传身教更令我受益匪浅。在研究金代人骨人种学特征时，恰逢著名人类学专家潘其风教授到我所考察，我曾就金代人骨的测量结果向潘教授请教，潘教授中肯的教诲至今仍牢记于心。

1997～1999 年，通化万发拨子遗址揭示出不同时代的地层堆积，其中发掘出土了较多可供研究的人骨标本，我承担了人骨的人种学研究工作；此时，冶金考古研究方面也取得了较大的收获，参与研究的国家文物局重点科研项目"吴国青铜器综合研究"，获得由国家文物局颁发的文物科学进步奖二等奖；有些学术问题也有了突破性进展。

随着体质人类学和冶金考古研究的深入，对于深化知识的渴望及一个研究者的责任感，使我深感有必要进一步提高自己体质人类学研究能力，进一步加深对考古学科的认识，提高自己的学术修养。于是，在已经晋升为研究员之后，我又一次将自己置于更大的全新的挑战面前：考博、读博、撰写博士论文、答辩直至毕业……尽管这个过程起步有些偏晚，然而，正是所谓学海无涯，开卷有益。这次重返校园的四年经历，给予我的不仅仅是学业上的收获，考古学科的多视野教育、教授们谦和的态度严谨的学术风范、文理兼备的体质人类学研究方法，无时不在充溢着我的大脑，而我也就在汲取这些信息的同时，踏踏实实地访遍人类学实验室丰富的标本藏品，不断走向研究上的成熟。四年的时光虽然短暂，留下的记忆却深刻而久远……我感觉自己确实步入了一个新高度的起点。

考虑博士论文的选题时，我选择了山西浮山桥北和乡宁内阳垣两处墓地出土的先秦时期人骨资料。希望能够扎扎实实地通过具体材料的深入研究解决一点学术问题。

关于晋南地区先秦时期古代居民种系构成，潘其风先生已对西周晚期至战国晚期山西南部天马曲村、侯马上马、侯马乔村几处墓地出土人骨进行了系统的分析研究，发表的研究成果成为本文的重要参考资料。浮山桥北的人骨材料数量较少，年代跨度较大，只能作为晋南地区不同时代的人种数据的积累，尤其是商代晚期方国墓葬的殉人，至少可以使我们对殉人的体质特征有所了解，积累重要的数据，以便日后考古发掘再次出土类似墓葬时，可以与墓主人和殉人的数据进行比较研究。乡宁内阳垣颅骨组代表的古代人群在晋国占领之前处于戎狄的领地，直接关系到春秋时期山西南部戎狄人群的种系类型的确定。而且山西先秦时期的人群是现代东亚人种的重要组成部分。因此这些标本对于研究晋国居民及其演变具有非常重要的意义。

在乡宁内阳垣春秋时期居民的种系成分研究过程中，我尽量采用多个对比组体质形态比较方法进行亲疏关系探讨，采取多种统计方法相互验证，并对眶上孔与二分舌下神经管遗传性状的发生率进行统计并以散点图展示，与人骨测量数据统计划分的种群分布结果进行验证，以期在比较全面的数据基础之上得出比较接近真实的结论。

自 2002 年读博到现在，我真正体会到读博的收获不仅仅局限于体质人类学研究，学识修养的提高、对于技术内涵的敏锐观察力及向纵深拓展研究能力的强化都从体质人类学研究延伸到冶金考古学研究领域，在古代金属技术扎实系统的研究中揭示出多项首次发现……

学无止境，不断面对全新的挑战，执著而前行，是我的天性使然。今天，我可能涉猎不深，但是，一定是构建在坚实的基础之上，明天，我会向新的高度攀援……

贾　莹

2010 年 6 月 18 日于长春

目 录

附表目录

图版目录

第一章　绪　论

第一节　山西南部的自然地理位置

山西省地处我国华北平原西部的黄土高原东翼，黄河中游地区。东部以太行山为天然屏障与河北毗邻；北部跨连绵长城，与内蒙古自治区相接；西、南隔奔流不息的黄河，分别与陕西、河南相望。自远古以来，来自东西南北的不同文化就不断在这片土地上交流、碰撞、直至产生裂变。山西南部的临汾盆地东北部由太岳山脉巍峨高耸的主峰霍山与太原盆地接壤，西部则以吕梁山为界山与太原盆地相连，东部雷首山自南向北延伸，构成临汾盆地北缘封闭、南部自然开放的自然地理环境和温暖湿润的气候条件。汾河作为主要水系，自北向南穿越吕梁山和霍太山之间的峡谷地带，经洪洞、临汾、襄汾，至侯马附近与浍河和绛水交汇，遇紫金山转而向西，最后汇入黄河。临汾盆地得天独厚的地理环境、平坦的地势、肥沃的土壤以及充足的水源，十分适合人类生存。

浮山县地处山西省中南部，太岳山南麓，临汾盆地东缘，西靠临汾、襄汾，南邻翼城，东南毗邻沁水，东连安泽，北接古县。浮山大致分为西部残垣平川区，中部坡梁沟壑丘陵区，东部和西南部土石山区三大主体地貌。

乡宁县位于山西省的南部，地处吕梁山南端的火焰山。东依姑射山与临汾、襄汾毗邻，西枕黄河与陕西韩城、宜川相望，南接新绛、稷山、河津，北连吉县。乡宁境内地势东北高，西南低，呈倾斜状。最高处高天山海拔1820.5米，最低处师家滩海拔385.1米。地貌由东向西分为石山区、丘陵区、土石山区、黄土残垣区。全县分黄河水系和汾河水系①。

第二节　浮山桥北及乡宁内阳垣墓地
的考古学研究概况

浮山桥北墓地位于山西省浮山县北王乡桥北村西300米的西咀里、南疙瘩。2003年发掘出殷墟时期五座带墓道的方国首领级大墓和殷墟至西周之际的中小型墓，都有腰坑，大中型墓中有殉人、殉狗，较大的墓中还葬有牛头。墓道内有殉葬的驭手、车、马，车厢内还各出有一件铜弓形器。以桥北墓地为代表的遗存是殷墟文化的一个地方类型。出土的陶鬲包括典型的商式鬲和土著陶鬲两种类型②。本文标本M18∶1、18∶2为大墓中的殉人，尽管目前还不清楚墓主人的体质特征以及殉人是否与墓主人为同一人群，但是作为数据的积累，对该标本进行测量分析是十分有必要的。其他男性标本有春秋中期M17，春秋晚期M4、M5。女性标本4例，其中，西周早期3例：M16、M25、M31，春秋晚期1例M10，男性和女性均出自小型墓葬。

乡宁内阳垣墓地位于山西省乡宁县昌宁镇内阳垣村南，共发掘墓葬101座，有5座属于夏代，其余墓葬年代为春秋时期。夏时期的墓葬均为较浅的长方形土圹竖穴墓，单棺，头向北或西南，葬式为仰身直肢。随葬的1件陶器置于墓主人的两腿之间。这是吕梁山南端首次发掘到夏时期的文化遗存③。夏代墓葬中

M28 出土的夹砂陶鬲，花边状直口，矮筒形袋足，实足跟，装饰有散乱交错的细绳纹。据认为可能为以柳林高迪 H1 为代表的带花边口沿的袋足鬲的谱系的来源。据考古研究认为，这类鬲可能是"戎"人文化特征的体现，浮山桥北没有发现这类鬲④。本文标本中有 1 例女性 M77 出自夏代竖穴墓，单棺，头向西，随葬有陶盆，测量数据比较完整。

乡宁内阳垣春秋时期的墓葬 89 座，南北成排、东西成列分布，分大、中、小型三类。墓葬形制均为长方形土圹竖穴墓，头向均向北，葬式多为仰身直肢，少数是侧身直肢或俯身直肢。大型墓葬中随葬有车马器、铜质或陶质容器、玉器、骨器等。中型墓随葬品有陶器、铜小件及玉器、骨器等。小型墓随葬品多为 1 件，有陶鬲或杯，部分墓没有随葬品。铜刀鞘、弹簧状耳环及许多墓中出土的小陶杯、双系陶罐为晋文化腹地所不见，是当地的产品⑤。乡宁内阳垣春秋时期与晋国毗邻，为晋国早期扩展的疆土。该墓地出土器物大体上是属于晋文化系统，或仿自晋文化的中心地区，但蕴含地方特色⑥。

第三节 相关地区出土的人骨材料概述

迄今为止，晋南地区及相关地区先秦时期的人骨材料已陆续发表，为综合探讨这一地区自商代晚期至战国晚期居民的种系构成积累了丰富的数据。

陕西半坡组、宝鸡组、华县组、横阵组合并而成的仰韶文化合并组⑦和河南陕县庙底沟组⑧人骨资料代表了中原地区新石器时代人种类型。山西襄汾县陶寺龙山时代晚期居民体质人类学研究，⑨揭示了晋南地区新石器时代晚期居民的种系类型。天马曲村墓地位于曲沃县东部和翼城县西部以天马－曲村一带为中心的地区，西距侯马市 30 公里，是晋南地区的交通中心，出土人骨的年代自西周早期至春秋中期，年代和地域与浮山桥北墓地比较接近[⑩]。侯马上马墓地位于侯马市南约 1 公里，北邻浍河，西北距侯马古城遗址约 3 公里。人骨标本的年代自西周晚期至春秋战国之际[⑪]。侯马乔村墓地位于侯马市区东南约 10 公里，南邻浍河，东距凤城古城约 205 公里，西距晋国新田都城遗址 12 公里，年代自战国中期至战国晚期[⑫]。晋南地区自西周早期至战国中晚期对比组人骨种系类型研究结果，展示了这一时段内该地区居民种系特征的演变。晋中地区的忻州游邀夏代人骨资料，太谷白燕夏商时期人骨资料[⑬]，陕西凤翔县南指挥公社西村周墓出土的先周中期至西周中期人骨资料[⑭]，瓦窑沟先周时期人骨资料[⑮]，河南安阳殷墟中小墓人骨以及祭祀坑殷代人骨资料[⑯]，河北省张家口市宣化区白庙墓地春秋时期人骨资料，提供了与本文研究标本年代和地域相近的体质人类学对比数据[⑰]。内蒙古乌兰察布盟察右前旗境内黄旗海南岸的庙子沟人骨材料，年代为新石器时代[⑱]。内蒙古赤峰市宁城县甸子乡小黑石沟组人骨资料，文化面貌属于夏家店上层文化，该文化的年代上限大致相当于商代晚期或不晚于商周之际，下限已进入战国时期[⑲]。内蒙古凉城县崞县窑子墓地人骨，年代为春秋晚期至战国早期[⑳]。内蒙古和林格尔县新店子墓地人骨，年代为东周时期[㉑]。这几个对比组反映了先秦时期内蒙古中南部地区居民的体质特征信息，其地理位置与山西北部毗邻。

浮山桥北墓地和乡宁内阳垣墓地出土人骨的研究，是对晋南地区先秦时期居民种族人类学研究的补充，年代和地域的特点又使这两份人骨材料对于研究晋南地区春秋时期居民的种系构成及其演化具有独特的意义，而且对商代晚期浮山桥北墓地殉人有一点了解。希望能够通过本文的深入研究，获取有关体质人类学、人口寿命、病理学等方面的数据，成为体质人类学研究的一份扎实的基础材料。

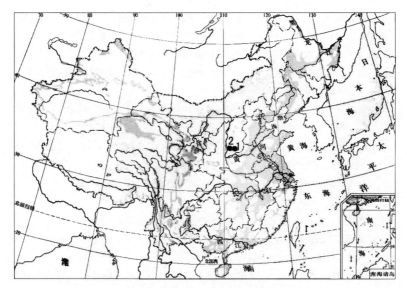

1. 浮山县桥北墓地 2. 乡宁县内阳垣墓地

图 1.1 浮山县桥北墓地及乡宁县内阳垣墓地的地理位置

---

① 山西省临汾盆地、浮山县、乡宁县自然地理概况参考资料包括——杨国勇主编:《华夏文明研究——山西上古史新探》,第 63 页,中国社会科学出版社,2002 年版;姚启明、张纪仲、王铭、萧树文:《山西省地理》,山西教育出版社,1994 年版;山西省图书馆:《山西省各地市县介绍》、《山西市县简志》,第 836~837 页、第 882~884 页,1990 年;http//lib. sx. cn/zjsx。

② 田建文:《天上掉下晋文化》上,《文物世界》,2004 年第 2 期,第 53~60 页。

③ 许文胜、张红娟、李林:《乡宁内阳垣清理一批夏、春秋时期墓葬》,《文物世界》,2004 年第 1 期,第 3~5 页。

④ 田建文:《天上掉下晋文化》上,《文物世界》,2004 年第 2 期,第 53~60 页。

⑤ 许文胜、张红娟、李林:《乡宁内阳垣清理一批夏、春秋时期墓葬》,《文物世界》,2004 年第 1 期,第 3~5 页。

⑥ 田建文:《天上掉下晋文化》上,《文物世界》,2004 年第 2 期,第 53~60 页。

⑦ 颜间、吴新智、刘昌芝、顾玉珉:《西安半坡人骨研究》,《考古》,1960 年第 9

期，第 36 ~ 37 页；颜誾：《华县新石器时代人骨的研究》，《考古学报》，1962 年第 2 期，第 85 ~ 104 页；颜誾、刘昌芝、顾玉珉：《宝鸡新石器时代人骨研究报告》，《古脊椎动物与古人类》，1960 年第 1 期，第 33 ~ 43 页；中国社会科学院考古研究所体质人类学组：《陕西华阴横阵的仰韶文化人骨》，《考古》，1977 年第 4 期，第 247 ~ 250 页。

⑧　韩康信、潘其风：《陕县庙底沟二期文化墓葬人骨研究》，《考古学报》，1979 年第 2 期，第 255 ~ 270 页。

⑨　潘其风：《我国青铜时代居民人种类型的分布和演变趋势——兼论夏商周三族的起源》，《庆祝苏秉琦考古五十五年论文集》，第 294 ~ 304 页，文物出版社，1989 年版；李法军：《陶寺居民人类学类型的研究》，《文物春秋》，2001 年第 4 期，第 8 ~ 16 页。

⑩　潘其风：《天马 - 曲村遗址西周墓地出土人骨的研究报告》；北京大学考古学系商周组、山西省考古研究所：《天马曲村 1980 ~ 1989》第三册，附录一，第 1138 ~ 1152 页，科学出版社，2000 年版。

⑪　潘其风：《上马墓地出土人骨的初步研究》；山西省考古研究所：《上马墓地》附录一，第 398 ~ 483 页，文物出版社，1994 年版。

⑫　潘其风：《侯马乔村墓地出土人骨的人类学研究》；山西省考古研究所编著：《侯马乔村墓地（1959 ~ 1996）》附录四，第 1218 ~ 1255 页，科学出版社，2004 年版。

⑬　朱泓：《忻州游邀夏代居民的人类学特征》；忻州考古队编著：《忻州游邀考古》附录二，第 188 ~ 214 页，科学出版社，2004 年版。

⑭　焦南峰：《凤翔南指挥西村周墓人骨的初步研究》，《考古与文物》1985 年第 3 期，第 85 ~ 103 页；韩伟、吴镇烽、马振智、焦南峰：《凤翔南指挥西村周墓人骨的测量与观察》，《考古与文物》，1985 年第 3 期，第 55 ~ 84 页。

⑮　陈靓：《瓦窑沟青铜时代墓地颅骨的人类学特征》，《人类学学报》，2000 年第 1 期，第 32 ~ 43 页。

⑯　韩康信、潘其风：《安阳殷墟中小墓人骨的研究》；中国社会科学院历史研究所、考古研究所：《安阳殷墟头骨研究》，第 50 ~ 81 页，文物出版社，1985 年版；李济：《安阳侯家庄商代墓葬人头骨的一些测量特征》；中国社会科学院历史研究所、考古研究所：《安阳殷墟头骨研究》，第 132 ~ 148 页，文物出版社，1985 年版；李济：《关于殷商人人群的体质人类学概述》，中国社会科学院历史研究所、考古研究所：《安阳殷墟头骨研究》，第 149 ~ 157 页，文物出版社，1985 年版；杨希枚：《河南安阳殷墟墓葬中人体骨骼的整理和研究》，《历史语

言研究所集刊》，第 42 本，第 231～266 页，1970 年版；中国社会科学院历史研究所、考古研究所：《安阳殷墟头骨研究》，第 21～44 页，文物出版社，1985 年版。

⑰ 潘其风：《从颅骨材料看匈奴的人种》，《中国考古学研究——夏鼐先生考古五十年纪念文集》二，第 292～301 页，科学出版社，1986 年版；易振华：《河北宣化白庙墓地青铜时代居民的人类学研究》，《北方文物》，1998 年第 4 期，第 8～17 页。

⑱ 朱泓：《内蒙古察右前旗庙子沟新石器时代颅骨的人类学特征》，《人类学学报》，1994 年第 2 期，第 126～133 页。

⑲ 朱泓：《小黑石沟夏家店上层文化居民的人类学特征》，《青果集：吉林大学考古系十周年纪念文集》，第 228～236 页，知识出版社，1998 年版。

⑳ 朱泓：《内蒙古凉城东周时期人骨研究》，《考古学集刊》七，第 169～191 页，科学出版社，1991 年版。

㉑ 张全超：《内蒙古和林格尔县新店子墓地人骨研究》，博士论文，中国优秀博硕士学位论文全文数据库，cnki 中国知网，2005 年 8 月 6 日，网络出版。

第二章 性别、年龄鉴定及人口寿命研究

第一节 人骨的性别、年龄鉴定

人类骨骼的性别、年龄鉴定是体质人类学研究的基础，其所得数据的可靠与否将直接影响种族人类学研究结果的正确性，进而也会影响考古学研究的严密性。性别的判定首先以性别特征最为明显的骨盆为主要依据，其次为颅骨（包括下颌骨），再其次是其他骨骼。年龄推断首先以耻骨联合面的形态作为依据，其次根据牙齿的萌出与磨耗状态确定。颅骨的骨缝愈合情况也可提供年龄鉴定的参照[①]。

本文鉴定性别和年龄的方法主要依据吴汝康等、邵象清及Todd所确立的标准[②]。

一 性别鉴定

骨盆反映出的性别上的差异比较明显，主要是由于男女两性骨盆所负担的生理功能不完全相同所导致的。男性骨盆一般比较粗壮，肌嵴明显，骨质厚重，骨盆入口呈心脏形，纵径大于横径，出口狭小，坐骨棘发达。骨盆腔呈漏斗形，高而窄。耻骨弓

夹角较小，呈 V 字形。闭孔接近卵圆形。女性的骨盆则较轻薄，肌嵴不发达。骨盆入口呈椭圆形，横径大于纵径，出口宽阔，坐骨棘不发达。骨盆腔呈圆柱形，浅而宽。耻骨弓夹角较大，呈 U 字形。闭孔接近三角形。四肢骨骼的粗壮与否、眉弓、乳突、枕外隆突等结构的发育程度、额部倾斜程度等特征作为性别鉴定的辅助手段。

二　年龄鉴定

根据耻骨联合面的形态判别年龄，其准确程度较高，而且可以将年龄细分。在 14～30 岁之间，可以精确到 ±1 岁，在 30～50 岁之间，误差仅为 ±2 岁。标准可分为从 14～17 岁到 61～70 岁 12 个年龄段。联合面隆嵴的高度以及联合面的边缘随着年龄的增长不断变化。隆嵴的高度从青年时期的 2～3 毫米，壮年时趋于平坦乃至倾向于下凹，中年期继续下凹，老年期出现起伏不平的状况，甚至多孔。联合面 14～17 岁时无界限边缘，从 20～23 岁背侧缘由中部开始出现，24～30 岁，背侧缘、腹侧缘及至联合面周缘完全形成。30 岁以后，联合面逐渐下凹，背侧缘逐渐向后，45～50 岁，形成背侧缘、腹侧缘唇缘。51 岁之后，联合面边缘逐渐变得起伏不平，并出现小孔和散在性小凹。

对于 15 岁以下的未成年个体，乳齿与恒齿的萌出时间可作为鉴定年龄的重要依据。除此之外，牙齿的磨耗随着年龄增长而日益严重，由青年期齿尖轻微磨耗，壮年期、中年期齿质逐渐暴露到连成一片，到老年阶段，齿冠磨耗以致露出齿髓腔。吴汝康先生在收集自我国华北地区已知死亡年龄的 93 具男性颅骨上，根据六个级别的标准观察第一臼齿和第二臼齿的磨耗程度，给出了牙齿磨耗与有效年龄、有效年龄范围、最高百分率年龄范围的关系[③]。南澳大利亚地拉地大学 Murphy 将澳洲人牙齿磨耗分为九级[④]。

与耻骨联合面形态观察结果相对照，古代人类由于食物粗糙，营养状况相对较差，由牙齿的磨耗判定的年龄较之其实际死亡年龄一般至少偏高5岁左右⑤。

本文所研究的人骨材料的性别和年龄鉴定由吉林大学边疆考古研究中心人类学实验室方启老师完成。

第二节　人口寿命研究

本项研究的人骨标本包括：浮山桥北墓地商代晚期至春秋晚期男性8例，女性6例，儿童1例，总计15例。性别明确者14例，鉴定率为93.33%，男、女性之比为1.33∶1。乡宁内阳垣墓地夏代标本5例（♀∶3；性别不详∶2例），春秋时期标本总计83例，共有性别明确者64例，男性29例，女性35例；还有性别不明者12例，性别年龄均不明者5例（未计入统计），女性中年龄不明者2例（未计入统计），鉴定率达78.31%，男、女性之比为0.78∶1。

由于标本的年代较为复杂，因此，有必要说明一下分组名称。文中采用体质人类学研究通常采用的做法，进行统计分析以及与相关人群比较时，在标题中注明性别，文中只以组别名称称呼。本文涉及到两组女性年代不同的标本时，浮山桥北女性Ⅰ组指西周时期女性，排除春秋晚期M10。乡宁内阳垣组女性组指全体女性，女性Ⅰ组则指春秋时期女性，不包括夏代女性M77。以下不再赘述。

一　死亡率统计分析

死亡率是影响人口自然变动的重要指标，可以为研究者提供该人类群体的社会经济条件、生存环境、健康状况以及曾否发生过自然灾难、战争等方面的线索。

　　浮山桥北墓地人群死亡年龄分布统计结果表明（表2.1，图2.1），男、女合计年龄在24～35岁之间的人数最多，占总人数的40.00%。年龄在36～55岁的人数占33.33%。年龄在7～14岁、15～23岁的少年和青年死亡比例较小，各占6.67%。老年占13.33%的比例。男性24～35岁年龄段死亡率最高，达62.50%，36～55岁的中年期其次。女性15～23岁、24～35岁年龄段，死亡率均为16.67%。36～55岁、56以上两个年龄段，死亡率保持在33.33%，高于35岁以下年龄段。

表2.1　浮山桥北墓地人群死亡年龄分布统计

年龄阶段	男性	%	女性	%	性别不明	%	合计	%
婴儿期 x～2	0	0.00	0	0.00	0	0.00	0	0.00
幼儿期 3～6	0	0.00	0	0.00	0	0.00	0	0.00
少年期 7～14	0	0.00	0	0.00	1	100.00	1	6.67
青年期 15～23	0	0.00	1	16.67	0	0.00	1	6.67
壮年期 24～35	5	62.50	1	16.67	0	0.00	6	40.00
中年期 36～55	3	37.50	2	33.33	0	0.00	5	33.33
老年期 56～x	0	0.00	2	33.33	0	0.00	2	13.33
合　计	8	53.33	6	40.00	1	6.67	15	100.00

　　从死亡曲线的波动来看，男性和女性的死亡年龄段差异很大。男性多集中于壮年期。女性青年和壮年阶段死亡人数占一定比例，但是中年以后死亡者居多（图2.2）。

　　将没有明确年龄的成年人看作平均为35岁，则浮山桥北全组整个年龄段的平均年龄为36.93岁。不包括性别不详的个体，则可鉴定为男性的个体平均死亡年龄为34.06岁。可鉴定为女性

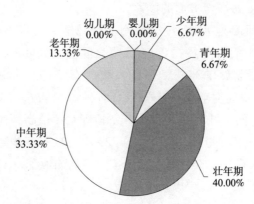

图 2.1　浮山桥北墓地人群各年龄段死亡率

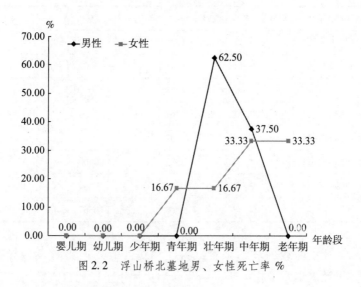

图 2.2　浮山桥北墓地男、女性死亡率 %

的个体平均死亡年龄为 40.75 岁。

　　乡宁内阳垣墓地人群中，36～55 岁中年阶段的死亡率最高，男女合计占总人数的 53.95%。女性 24～35 岁年龄段，死亡率为 19.74%，高于同年龄段男性（11.84%）。按照统计数据计算，该墓地男、女性死亡人数比例为 0.83∶1（表 2.2，图 2.3，2.4）。

表 2.2　乡宁内阳垣墓地人群死亡年龄分布统计

年龄阶段	男性	%	女性	%	性别不明	%	合计	%
婴儿期 x－2	0	0	0	0	0	0	0	0
幼儿期 3－6	0	0	0	0	0	0	0	0
少年期 7－14	0	0	0	0	0	0	0	0
青年期 15－23	1	1.32	0	0	0	0	1	1.32
壮年期 24－35	9	11.84	15	19.74	7	9.21	31	40.79
中年期 36－55	18	23.68	18	23.68	5	6.58	41	53.95
老年期 56－x	1	1.32	2	2.63	0	0	3	3.94
合　计	29	38.16	35	46.05	12	15.79	76	100.00

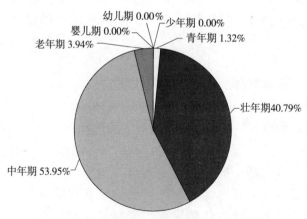

图 2.3　乡宁内阳垣墓地人群各年龄段死亡率

乡宁内阳垣墓地人群的平均死亡年龄为 40.63 岁。不包括性别不详的个体，则可鉴定为男性的个体平均死亡年龄为 41.16 岁。可鉴定为女性的平均死亡年龄为 40.20 岁。

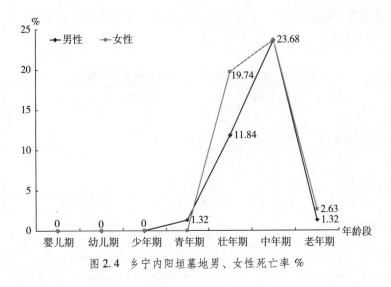

图 2.4　乡宁内阳垣墓地男、女性死亡率 %

　　浮山桥北男性居民平均死亡年龄（34.06 岁）远低于乡宁内阳垣男性居民（41.16 岁），而两组女性居民的死亡年龄相当。

二　平均寿命

　　简略生命表是从一个断面来看一段时间内一群人的死亡和生存经历，是综合一群实际人口死亡和生存经历的最有效的工具，并且为统计推断奠定了基础。一个地区、一个时期的生命表是这个时期、这个地区居民健康状况的反映，生命表有助于比较各地区古代居民死亡资料以及评估死亡趋势。根据数年的死亡资料作出的生命表，可以减弱某一年中的异常死亡模式对死亡分析结果的影响[⑥]。X 岁的预期寿命已成为评价不同地区、不同健康水平的重要指标[⑦]。目前考古遗址提取的人骨中，普遍缺少年龄小于 5 岁的婴幼儿的标本，而这些婴幼儿的实际死亡人数，可能会对简略生命表的结果产生一定的影响。

　　简略生命表中的年龄段较之死亡年龄分布表中更加详细一些，浮山桥北墓地人群同一年龄阶段死亡概率最高的年龄组为25～30岁组、50～55岁组，全组死亡概率为50.00%。（表2.3）从男性的统计结果可知，这一高发率主要在于男性25～30年龄段死亡比例高达62.50%。40岁以上死亡人数中，女性比例高于男性。女性的死亡率表现出两个高发阶段，20～30岁之间占36.67%，40岁以上占58%，青壮年高死亡率一般推测认为与女性孕产期的疾病或难产相关（表2.4，2.5）。

表2.3　浮山桥北墓地人群简略生命表

年龄组 X	死亡概率 nqx%	尚存人数 lx	各年龄组死亡人数 ndx	各年龄组内生存人年数 nLx	未来生存人年数累计 Tx	平均预期寿命 Ex
0 –	0.00	15	0	15.00	532.50	35.50
1 –	0.00	15	0	60.00	517.50	34.50
5 –	6.67	15	1	72.50	457.50	30.50
10 –	0.00	14	0	70.00	385.00	27.50
15 –	0.00	14	0	70.00	315.00	22.50
20 –	0.00	14	0	70.00	245.00	17.50
25 –	50.00	14	7	52.50	175.00	12.50
30 –	0.00	7	0	35.00	122.50	17.50
35 –	0.00	7	0	35.00	87.50	12.50
40 –	28.57	7	2	30.00	52.50	7.50
45 –	20.00	5	1	22.50	37.50	7.50
50 –	50.00	4	2	15.00	20.00	5.00
55 –	100	2	2	5.00	5.00	2.50

表2.4　浮山桥北墓地男性简略生命表

年龄组 X	死亡概率 nqx%	尚存人数 lx	各年龄组死亡人数 ndx	各年龄组内生存人年数 nLx	未来生存人年数累计 Tx	平均预期寿命 Ex
0 –	0.00	8	0	15.00	287.00	35.88
1 –	0.00	8	0	32.00	272.00	34.00
5 –	0.00	8	0	40.00	240.00	30.00
10 –	0.00	8	0	40.00	200.00	25.00
15 –	0.00	8	0	40.00	160.00	20.00
20 –	0.00	8	0	40.00	120.00	15.00
25 –	62.50	8	5	27.50	80.00	10.00
30 –	0.00	3	0	15.00	52.50	17.50
35 –	0.00	3	0	15.00	37.50	12.50
40 –	33.33	3	1	12.50	22.50	7.50
45 –	0.00	2	0	10.00	15.00	7.50
50 –	100	2	2	5.00	5.00	2.50
55 –						

表2.5　浮山桥北墓地女性简略生命表

年龄组 X	死亡概率 nqx%	尚存人数 lx	各年龄组死亡人数 ndx	各年龄组内生存人年数 nLx	未来生存人年数累计 Tx	平均预期寿命 Ex
0 –	0.00	6	0	15.00	249.00	41.50
1 –	0.00	6	0	24.00	234.00	39.00
5 –	0.00	6	0	30.00	210.00	35.00
10 –	0.00	6	0	30.00	180.00	30.00
15 –	0.00	6	0	30.00	150.00	25.00
20 –	16.67	6	1	27.50	120.00	20.00

续表

年龄组 X	死亡 概率 nqx%	尚存 人数 lx	各年龄组 死亡人数 ndx	各年龄组内 生存人年数 nLx	未来生存人 年数累计 Tx	平均预期 寿命 Ex
25 –	20.00	5	1	22.50	92.50	18.50
30 –	0.00	4	0	20.00	70.00	17.50
35 –	0.00	4	0	20.00	50.00	12.50
40 –	25.00	4	1	17.50	30.00	7.50
45 –	33.33	3	1	12.50	22.50	7.50
50 –	0.00	2	0	10.00	15.00	7.50
55 –	100	2	2	5	5.00	2.50

　　浮山桥北墓地人群平均寿命低于平均死亡年龄，男、女性分别计算，则平均寿命高于平均死亡年龄（图2.5）。

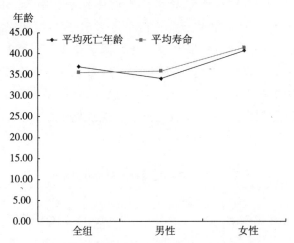

图2.5　浮山桥北墓地人群平均死亡年龄和平均寿命比较

　　男、女性平均预期寿命的比较表明，男性各年龄段平均预期寿命多低于女性，但在25~30岁发生转折，之后与女性平衡（图2.6）。

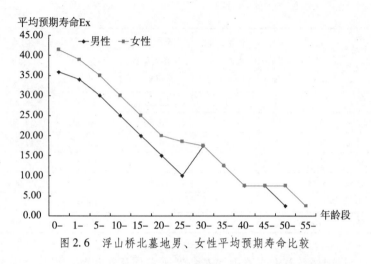

图2.6 浮山桥北墓地男、女性平均预期寿命比较

乡宁内阳垣墓地男性死亡概率最高的年龄段是45岁以上，45岁、50岁以上两个年龄段，死亡概率分别达到58.33和60.00%。女性45~50岁，死亡概率高达61.54%，50岁年龄段锐减至20.00%。30岁到40岁，死亡概率在23.53~32.00%之间（表2.6，2.7，2.8）。平均死亡年龄和平均寿命比较结果表明，男性的平均寿命高于平均死亡年龄，女性则平均寿命低于平均死亡年龄（图2.7）。35岁之前，女性预期寿命低于男性，35岁之后，则高于男性或与之持平（图2.8）。

表2.6 乡宁内阳垣墓地人群简略生命表

年龄组 X	死亡概率 nqx%	尚存人数 lx	各年龄组死亡人数 ndx	各年龄组内生存人年数 nLx	未来生存人年数累计 Tx	平均预期寿命 Ex
0 –	0.00	64	0	15.00	2576.00	40.25
1 –	0.00	64	0	256.00	2561.00	40.02
5 –	0.00	64	0	320.00	2305.00	36.02

续表

年龄组 X	死亡 概率 nqx%	尚存 人数 lx	各年龄组 死亡人数 ndx	各年龄组内 生存人年数 nLx	未来生存人 年数累计 Tx	平均预期 寿命 Ex
10 –	0.00	64	0	320.00	1985.00	31.02
15 –	0.00	64	0	320.00	1665.00	26.02
20 –	3.13	64	2	315.00	1345.00	21.02
25 –	1.61	62	1	307.50	1030.00	16.61
30 –	19.67	61	12	275.00	722.50	11.84
35 –	28.57	49	14	210.00	447.50	9.13
40 –	28.57	35	10	150.00	237.50	6.79
45 –	60.00	25	15	87.50	127.50	5.10
50 –	40.00	10	4	40.00	55.00	5.50
55 –	100	6	6	15.00	15.00	2.50

表 2.7　乡宁内阳垣墓地男性简略生命表

年龄组 X	死亡 概率 nqx%	尚存 人数 lx	各年龄组 死亡人数 ndx	各年龄组内 生存人年数 nLx	未来生存人 年数累计 Tx	平均预期 寿命 Ex
0 –	0.00	29	0	15.00	1196.00	41.24
1 –	0.00	29	0	116.00	1181.00	40.72
5 –	0.00	29	0	145.00	1065.00	36.72
10 –	0.00	29	0	145.00	920.00	31.72
15 –	0.00	29	0	145.00	775.00	26.72
20 –	3.45	29	1	142.50	630.00	21.72
25 –	3.57	28	1	137.50	487.50	17.41
30 –	11.11	27	3	127.50	350.00	12.96

年龄组 X	死亡 概率 nqx%	尚存 人数 lx	各年龄组 死亡人数 ndx	各年龄组内 生存人年数 nLx	未来生存人 年数累计 Tx	平均预期 寿命 Ex
35 –	25.00	24	6	105.00	222.50	9.27
40 –	33.33	18	6	75.00	117.50	6.53
45 –	58.33	12	7	42.50	60.00	5.00
50 –	60.00	5	3	17.50	22.50	4.50
55 –	100	2	2	5.00	5.00	2.50

表 2.8　乡宁内阳垣墓地女性简略生命表

年龄组 X	死亡 概率 nqx%	尚存 人数 lx	各年龄组 死亡人数 ndx	各年龄组内 生存人年数 nLx	未来生存人 年数累计 Tx	平均预期 寿命 Ex
0 –	0.00	35	0	15.00	1400.00	40.00
1 –	0.00	35	0	140.00	1385.00	39.57
5 –	0.00	35	0	175.00	1245.00	35.57
10 –	0.00	35	0	175.00	1070.00	30.57
15 –	0.00	35	0	175.00	895.00	25.57
20 –	0.00	35	0	175.00	720.00	20.57
25 –	2.86	35	1	172.50	545.00	15.57
30 –	26.47	34	9	147.50	372.50	10.96
35 –	32.00	25	8	105.00	225.00	9.00
40 –	23.53	17	4	75.00	120.00	7.06
45 –	61.54	13	8	45.00	67.50	5.19
50 –	20.00	5	1	22.50	32.50	6.50
55 –	100	4	4	10.00	10.00	2.50

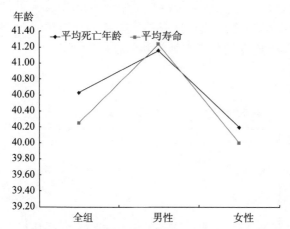

图 2.7 乡宁内阳垣墓地人群平均死亡年龄和平均寿命比较

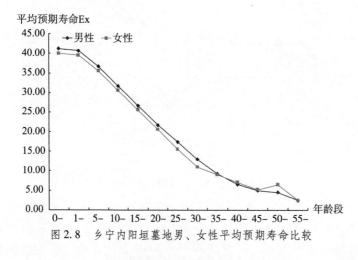

图 2.8 乡宁内阳垣墓地男、女性平均预期寿命比较

　　将山西南部商代晚期至战国晚期的各组居民（侯马乔村 A 组年代为战国中期，B 组年代为战国晚期）[⑧] 的死亡概率进行比较可知，男性组中，浮山桥北组高死亡概率年龄段集中在 25～30 岁之间，天马曲村组 20～45 岁之间的死亡概率高于同

年龄段其他组。25 岁以下，乡宁内阳垣死亡概率最低。侯马乔村 A 组 40 岁之前死亡概率低于同年龄段其他对比组。侯马上马组各年龄段死亡率多处于相对低位（图 2.9）。

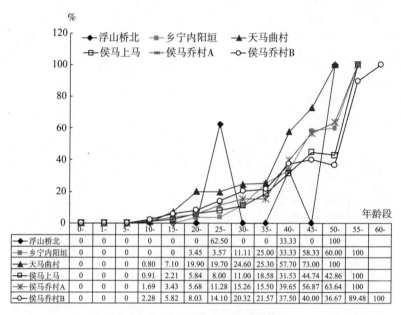

	0-	1-	5-	10-	15-	20-	25-	30-	35-	40-	45-	50-	55-	60-
浮山桥北	0	0	0	0	0	0	62.50	0	0	33.33	0	100		
乡宁内阳垣	0	0	0	0	0	3.45	3.57	11.11	25.00	33.33	58.33	60.00	100	
天马曲村	0	0	0	0.80	7.10	19.90	19.70	24.60	25.30	57.70	73.00	100		
侯马上马	0	0	0	0.91	2.21	5.84	8.00	11.00	18.58	31.53	44.74	42.86	100	
侯马乔村A	0	0	0	1.69	3.43	5.68	14.00	15.26	15.50	39.65	56.87	63.64	100	
侯马乔村B	0	0	0	2.28	5.82	8.03	14.10	20.32	21.57	37.50	40.00	36.67	89.48	100

图 2.9　相关男性组死亡概率的比较

女性组的比较结果表明，浮山桥北组高死亡概率年龄段为 20～30 岁，40～50 岁。25 岁以下，乡宁内阳垣组死亡概率最低，其次为侯马乔村 A 组。在 30～40 岁年龄段内，各组死亡概率都比较高，分别在 16～32% 之间，在 40 岁以上，除乡宁内阳垣组之外，其他各组死亡概率均有所增加。天马曲村组、侯马乔村 A 组、B 组 40 岁以上年龄段死亡概率有较大增长。乡宁内阳垣组在 45～50 岁年龄段死亡概率锐增，50 岁却锐减，降幅达 41.54%。侯马上马组死亡概率随年龄增长呈上升趋势（图 2.10）。

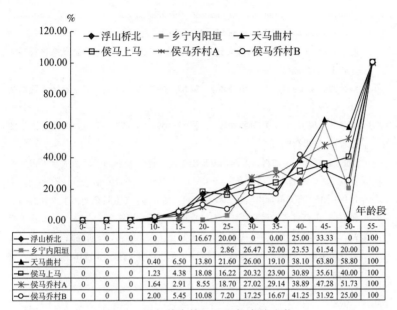

	0-	1-	5-	10-	15-	20-	25-	30-	35-	40-	45-	50-	55-
浮山桥北	0	0	0	0	0	16.67	20.00	0	0.00	25.00	33.33	0	100
乡宁内阳垣	0	0	0	0	0	0	2.86	26.47	32.00	23.53	61.54	20.00	100
天马曲村	0	0	0	0.40	6.50	13.80	21.60	26.00	19.10	38.10	63.80	58.80	100
侯马上马	0	0	0	1.23	4.38	18.08	16.22	20.32	23.90	30.89	35.61	40.00	100
侯马乔村A	0	0	0	1.64	2.91	8.55	18.70	27.02	29.14	38.89	47.28	51.73	100
侯马乔村B	0	0	0	2.00	5.45	10.08	7.20	17.25	16.67	41.25	31.92	25.00	100

图 2.10　相关女性组死亡概率的比较

　　天马曲村墓地男、女性青壮年死亡率均较高，侯马上马墓地男性青壮年死亡概率较低，而女性却较高。

---

① 朱泓主编：《体质人类学》，第 92 ~ 106 页，高等教育出版社，2004 年版。

② 吴汝康、吴新智、张振标：《人体测量方法》，科学出版社，1984 年版；邵象清：《人体测量手册》，上海辞书出版社，1985 年版；T. Wingate Toold. *Age Changes in the Public Bone.* Ⅰ：*The Male White Pubis. American Journal of Physical Anthropology.* 1920，3：285 ~ 334；T. Wingate Toold. *Age Changes in the Pubic Bone.* Ⅲ：*The Pubis of the White Female* 1921，1：26 ~ 39；Ⅳ. *The Pubis of the female white – negro hydird.* American Journal of Physical Anthropology. 1921，1：40 ~ 70.

③ 吴汝康、柏蕙英：《华北人颅骨臼齿磨耗的年龄变化》，《古脊椎动物与古人类》，1965 年第 9 期，第 217 ~ 221 页。

④ Thomas Murphy. , *The changing pattern of dentine exposure in human tooth attrition.* *American Journal of Physical Anthropology.* 1959, 3: 167 ~ 178.

⑤ 基于朱泓先生对于多组古代人骨进行耻骨联合面形态与牙齿磨耗状态进行观察比较得出的结论。

⑥ 黄荣清等编著:《人口分析技术》,第 57 ~ 59、78 ~ 79 页,北京经济学院出版社,1989 年版。

⑦ 黄荣清等编著:《人口分析技术》,第 57 ~ 59、78 ~ 79、99 页,北京经济学院出版社,1989 年版。

⑧ 潘其风:《天马 - 曲村遗址西周墓地出土人骨的研究报告》;北京大学考古学系商周组、山西省考古研究所:《天马曲村 1980 ~ 1989》第三册,附录一,第 1138 ~ 1152 页,科学出版社,2000 年版;潘其风:《上马墓地出土人骨的初步研究》;山西省考古研究所:《上马墓地》附录一,第 398 ~ 483 页,文物出版社,1994 年版;潘其风:《侯马乔村墓地出土人骨的人类学研究》;山西省考古研究所编著:《侯马乔村墓地(1959 ~ 1996)》附录四,第 1218 ~ 1255 页,科学出版社,2004 年版。

第三章　颅骨的非测量性特征研究

颅骨的非测量性状观察和研究与测量特征的研究一样，同样是体质人类学研究的主要手段。这些特征的研究对于说明各人种群体的体质特征的同一性和差异性有一定意义。颅骨的非测量性状指所有不是由测量决定的长度或角度绝对值表现的形态特征，又可分为连续性形态特征和非连续性形态特征或离散型性状，"头骨小变异"[①]前者可根据性状的发育划分为不同程度的级别或类型，例如眶型，眉间突度，下颌圆枕等，后者则表现为要么明显存在，要么缺失的二分性状。颅骨形态观察以吴汝康等和邵象清所确定的分级标准分类[②]。

第一节　颅骨的连续性形态特征观察结果

本研究中选取人类学研究中通常选取的一些连续性形态特征。包括颅型、眉弓范围和突度、颅缝、眶、鼻形状、枕部特征、铲形门齿、犬齿窝、矢状脊、缝间骨、下颌圆枕等 27 项观察项目。颅骨的连续性形态特征的分级、分型均参照吴汝康等和邵象清所撰人体测量工具书中的标准[③]。需要说明的是，由于浮山桥北墓地出土的男性人骨年代跨度较大，标本量小，个体形态差异较大，颅骨残缺不全，观察项目各有缺失，因此在统计各种颅面形态出现率时，在表中以个体的形式一一注明，不再将其合并为一组进行分析，以避免统计结果受到这些因素的影响。浮山桥北组（女性）、乡宁内阳垣组（女性）不同时代的标本在形态学上没有显著的差异，因此，可作为整体讨论，并且考虑到年代的因素，将不同年代个体的观察结果在表中注明。关于女性的分组和称谓如前所述，采用统一的名称。

表3.1、3.2、3.3分别列举了浮山桥北组与乡宁内阳垣组颅骨的非测量性形态特征观察结果及各项出现的百分率。

表3.1　浮山桥北组头骨连续性形态特征统计（男性）

项目		形态分类					
		椭圆形	圆形	卵圆形	五角形	楔形	菱形
颅型	M18:2			√			
	M18:1	√					
	M17			√			
	M4			√			
	M5			√			
		弱	中等	显著	特显	粗壮	
眉弓突度	M18:2			√			
	M18:1		√				
	M17		√				
	M4			√			
	M5	√					
		0级	1级	2级	3级	4级	
眉弓范围	M18:2			√			
	M18:1		√				
	M17		√				
	M4			√			
	M5		√				

续表

项目		形态分类					
		不显	稍显	中等	显著	极显	粗壮
眉间突度	M18∶2				√		
	M18∶1			√			
	M17	√					
	M4			√			
	M5			√			
前额		平直	中等	倾斜			
	M18∶2						
	M18∶1		√				
	M17		√				
	M4			√			
	M5			√			
额中缝		无	33.33%	1/3－2/3	66.67%	全	
	M18∶2	√					
	M18∶1	√					
	M17	√					
	M4	√					
	M5	√					
前囟段	颅顶缝	微波	深波	愈合	锯齿	复杂	残
	M18∶2		√				
	M18∶1	√					
	M17	√					
	M4				√		
	M5		√				

续表

项目		形态分类					
顶段	M18:2				√		
	M18:1				√		
	M17					√	
	M4		√				
	M5			√			
顶孔段	M18:2				√		
	M18:1		√				
	M17				√		
	M4						√
	M5			√			
后段	M18:2				√		
	M18:1				√		
	M17						√
	M4						√
	M5			√			

项目		极小	小	中等	大	特大
乳突	M18:2	残				
	M18:1 残					
	M17		√			
	M4			√		
	M5		√			

项目		缺如	稍显	中等	显著	极显	喙状
枕外隆突	M18:2	残					
	M18:1 残						

续表

项目		形态分类				
枕外隆突	M17				√	
	M4				√	
	M5		√			
		圆形	椭圆形	方形	长方形	斜方形
眶形	M18:2					√
	M18:1	√				
	M17				√	
	M4				√	
	M5		√			
		心形	梨形	三角形		
梨状孔	M18:2		√			
	M18:1	√				
	M17		√			
	M4		√			
	M5		√			
		锐形	钝形	鼻前沟形	鼻前窝形	
梨状孔下缘	M18:2	√				
	M18:1	√				
	M17				√	
	M4				√	
	M5				√	
		I	II	III	IV	V
鼻前棘	M18:2			√		
	M18:1		√			
	M17			√		
	M4				√	
	M5		√			

续表

项 目		形态分类					
上门齿		铲型	非铲型				
	M18∶2	V					
	M18∶1	V					
	M17	V					
	M4	V					
	M5 残						
犬齿窝		无	弱	中等	显著	极显	
	M18∶2		V				
	M18∶1		V				
	M17			V			
	M4	V					
	M5		V				
鼻根凹		0 级	1 级	2 级	3 级	4 级	
	M18∶2			V			
	M18∶1		V				
	M17		V				
	M4		V				
	M5		V				
翼区		H 型	I 型	K 型	X 型	缝间型	
	M18∶2	V					
	M18∶1 残						
	M17	V					
	M4	V					
	M5	V					

续表

项　目		形态分类					
		复杂型	人字点	印加骨	星点骨	人字缝	颞缝骨
缝间骨	M18:2		√			√	
	M18:1					√	
	M17	√	√		√		
	M4				√		
	M5				√		√
顶孔数		左1	左2	右1	左右各1	3孔	无
	M18:2		√				
	M18:1	√					
	M17	√					
	M4 残						
	M5						√
矢状嵴		有	无				
	M18:2	√					
	M18:1	√					
	M17	√					
	M4		√				
	M5	√					
腭形		U型	V型	椭圆型			
	M18:2	√					
	M18:1	√					
	M17	√					
	M4	√					
	M5	√					

续表

项目		形态分类					
腭圆枕		无	嵴状	丘状	瘤状		
	M18:2		√		√		
	M18:1		√		√		
	M17		√		√		
	M4	√			√		
	M5	√					
颏形		方形	圆形	尖形	角形	杂形	
	M18:2	√					
	M18:1					√	
	M17	√					
	M4	√					
	M5	√					
颏孔数		左1	右1	左右各1	3孔		
	M18:2			√			
	M18:1			√			
	M17			√			
	M4			√			
	M5			√			
下颌角形		外翻	直形	内翻			
	M18:2	残					
	M18:1	√					
	M17	√					
	M4	√					
	M5	√					

续表

项目		形态分类				
		无	弱	明显	极显	
下颌圆枕	M18：2	√				
	M18：1		√			
	M17			√		
	M4			√		
	M5				√	

表3.2 浮山桥北组颅骨连续性形态特征统计（女性）

	项目	例数	形态分类%	例数	形态分类%	例数	形态分类%	例数	形态分类%	例数	形态分类%	例数
颅型			椭圆形		圆形		卵圆形		五角形		楔形	
	M10						√					
	全体	4					100.00	4				
眉弓突度			弱		中等		显著		特显		粗壮	
	M10		√									
	全体	4	75.00	3	25.00	1						
眉弓范围			0级		1级		2级		3级		4级	
	M10		√		.							
	全体	4	75.00	3	25.00	1						
眉间突度			不显		稍显		中等		显著		极显	
	M10				√							
	全体	4	25.00	1	75.00	3						
前额			平直		中等		倾斜					
	M10						√					
	全体	4	25.00	1	50.00	2	25.00	1				

续表

项目		例数	形态分类%	例数	形态分类%	例数	形态分类%	例数	形态分类%	例数	形态分类%	例数
额中缝			无		33.33	1/3-2/3	66.67		全			
	M10								√			
	全体	4	75.00	3					25.00	1		
前囟段	颅顶缝		微波		深波		锯齿		复杂		愈合	
	M10				√							
	全体	4	75.00	3	25.00	1						
顶段	M10						√					
	全体	4			75.00	3	25	1				
顶孔段	M10				√							
	全体	4	50.00	2	50.00	2						
后段	颅顶缝		微波		深波		锯齿		复杂		愈合	
	M10				√							
	全体	4			100.00	4						
乳突			极小		小		中等		大		特大	
	M10				√							
	全体	4	50.00	2	50.00	2						
枕外隆突			缺如		稍显		中等		显著		极显	
	M10				√							
	全体	4	25.00	1	50.00	2	25.00	1				

续表

项目	例数	形态分类%	例数	形态分类%	例数	形态分类%	例数	形态分类%	例数	形态分类%	例数
		圆形		椭圆形		方形		长方形		斜方形	
眶形 M10				V							
全体	4			75.00	3					25.00	1
		心形		梨形		三角形					
梨状孔 M10				V							
全体	4	25.00	1	75.00	3						
		锐形		钝形		鼻前沟形		鼻前窝形			
梨状孔下缘 M10								V			
全体	4	25.00	1					75.00	3		
		I		II		III		IV		V	
鼻前棘 M10残											
全体	1			100	1						
		铲型		非铲型							
上门齿 M10残											
全体	2	50.00	1	50.00	1						
		无		弱		中等		显著		极显	
犬齿窝 M10				V							
全体	4			50.00	2	50.00	2				
		0级		1级		2级		3级		4级	
鼻根凹 M10				V							
全体	4	50.00	2	50.00	2						

续表

项目		例数	形态分类%	例数	形态分类%	例数	形态分类%	例数	形态分类%	例数	形态分类%	例数
翼区			H 型		I 型		K 型		X 型		缝间型	
	M10 残											
	全体	3	100.00	3								
缝间骨			复杂型		人字点		印加骨		星点骨		人字缝	
	M10						√		√		√	
	全体	4					25.00	1	75.00	3	25.00	3
			冠状缝		矢状缝		颞缝骨					
	M10											
	全体	4	50.00	2			50.00	2				
顶孔数			左1		右1		左右各1		3 孔		无	
	M10						√					
	全体	4			25.00	1	75.00	3			25.00	1
矢状峭			有		无							
	M10		√									
	全体	4	100.00	4								
腭形			U 型		V 型		椭圆形					
	M10		√									
	全体	4	100.00	4								
腭圆枕			无		峭状		丘状		瘤状			
	M10								√			
	全体	4			75.00	3			75.00	3		
颏形			方形		圆形		尖形		角形		杂形	
	M10						√					
		4	25.00	1			75.00	3				

续表

	项目	例数	形态分类%	例数	形态分类%	例数	形态分类%	例数	形态分类%	例数	形态分类%	例数
颏孔数			左1		右1		左右各1		3孔			
	M10						∨					
	全体	4					100.00	4				
下颌角形			外翻		直形		内翻					
	M10		∨									
	全体	4	100.00	4								
下颌圆枕			无		弱		明显		极显			
	M10		∨									
	全体	4	75.00	3	25.00	1						

注：全体女性统计数据中包含 M10

表 3.3 乡宁内阳垣组颅骨连续性形态特征统计

	项目	例数	形态分类%	例数	形态分类%	例数	形态分类%	例数	形态分类%	例数	形态分类%	例数
颅型			椭圆形		卵圆形		五角形		楔形			
	男性	14			92.86	13	7.14	1				
	女性	18	5.56	1	38.89	7	27.78	5	5.56	1		
	合计	32	3.13	1	62.50	20	18.75	6	3.13	1		
	M77						∨					
颅型			菱形		圆形							
	男性											
	女性		22.22	4								
	合计		12.50	4								
	M77											

项目	例数	形态分类%	例数	形态分类%	例数	形态分类%	例数	形态分类%	例数	形态分类%	例数
眉弓突度		弱		中等		显著		特显		粗壮	
男性	13	30.77	4	53.85	7	15.38	2				
女性	20	75.00	15	25.00	5						
合计	33	57.58	19	36.36	12	6.06	2				
M77	∨										
眉弓范围		0级		1级		2级		3级		4级	
男性	14	7.14	1	71.43	10	21.43	3				
女性	20	45.00	9	55.00	11						
合计	34	29.41	10	61.76	21	8.82	3				
M77	∨										
眉间突度		不显		稍显		中等		显著		极显	
男性	14	35.71	5	14.29	2	14.29	2	35.71	5		
女性	20	50.00	10	45.00	9	5.00	1				
合计	34	44.12	15	32.35	11	8.82	3	14.71	5		
M77	∨										
前额		平直		中等		倾斜					
男性	14	7.14	1	57.14	8	35.71	5				
女性	18	55.56	10	44.44	8						
合计	32	34.38	11	50.00	16	15.63	5				
M77	∨										

项目	例数	形态分类%	例数	形态分类%	例数	形态分类%	例数	形态分类%	例数	形态分类%	例数
额中缝		无		1/3		1/3 - 2/3		全			
男性	13	46.15	6	46.15	6			7.69	1		
女性	18	94.44	17	5.56	1						
合计	31	74.19	23	22.58	7			3.23	1		
M77		V									
颅顶缝	微波		深波		锯齿		复杂		愈合		
男性	14	85.71	12	14.29	2						
女性	18	77.78	14	11.11	2	5.56	1	·		5.56	1
合计	32	81.25	26	12.50	4	3.13	1			3.13	1
M77		V									
顶段	男性	14	7.14	1	35.71	5	35.71	5	14.28	2	7.14	1
女性	20	5.00	1	30.00	6	45.00	9	15.00	3		
合计	34	5.88	2	32.35	11	41.18	14	14.71	5		
M77					V						
顶孔段	男性	14	42.86	6	21.43	3	21.43	3			14.29	2
女性	20	35.00	7	45.00	9	15.00	3	5.00	1		
合计	34	38.24	13	35.29	12	17.65	6	2.94	1	5.88	2
M77				V							
后段	男性	13	23.08	3	30.77	4	30.77	4			15.38	2
女性	15	6.67	1	40.00	6	40.00	6	13.33	2		
合计	28	14.29	4	35.71	10	35.71	10	7.14	2	7.14	2
M77				V							

续表

项目	例数	形态分类%	例数	形态分类%	例数	形态分类%	例数	形态分类%	例数	形态分类%	例数
		极小		小		中等		大		特大	
乳突 男性	14			50.00	7	42.86	6			7.14	1
乳突 女性	19	31.58	6	42.11	8	26.32	5				
乳突 合计	33	18.18	6	45.45	15	33.33	11			3.03	1
乳突 M77				√							
		缺如		稍显		中等		显著		极显	
枕外隆突 男性	14	14.29	2	35.71	5	28.57	4	21.43	3		
枕外隆突 女性	16	37.50	6	31.25	5	25.00	4	6.25	1		
枕外隆突 合计	30	26.67	8	33.33	10	26.67	8	13.33	4		
枕外隆突 M77		√									
		圆形		椭圆形		方形		长方形		斜方形	
眶形 男性	13	23.08	3	53.85	7	7.69	1			15.38	2
眶形 女性	18	11.11	2	44.44	8					44.44	8
眶形 合计	31	16.13	5	48.39	15	3.23	1			32.26	10
眶形 M77										√	
		心形		梨形		三角形					
梨状孔 男性	14	15.38	2	85.71	12						
梨状孔 女性	18	11.11	2	88.89	16						
梨状孔 合计	32	12.50	4	87.50	28						
梨状孔 M77				√							

续表

项目	例数	形态分类%	例数	形态分类%	例数	形态分类%	例数	形态分类%	例数	形态分类%	例数
梨状孔下缘		锐形		钝形		鼻前沟形		鼻前窝形		杂形	
男性	13	38.46	5	7.69	1	15.38	2	53.85	7		
女性	17	35.29	6	5.88	1			47.06	8	11.76	2
合计	30	36.67	11	6.67	2	6.67	2	50.00	15	6.67	2
M77		∨									
鼻前棘		Ⅰ		Ⅱ		Ⅲ		Ⅳ		Ⅴ	
男性	9			44.44	4	33.33	3	22.22	2		
女性	15	20.00	3	53.33	8	26.67	4				
合计	24	12.50	3	50.00	12	29.17	7	8.33	2		
M77				∨							
上门齿		铲型		非铲型							
男性	11	81.82	9	18.18	2						
女性	11	100.00	11								
合计	22	90.91	20	9.09	2						
M77		∨									
犬齿窝		无		弱		中等		显著		极显	
男性	14	14.29	2	50.00	7	21.43	3	14.29	2		
女性	17	5.88	1	35.29	6	23.53	4	35.29	6		
合计	31	9.68	3	41.94	13	22.58	7	25.81	8		
M77				∨							

续表

项目	例数	形态分类%	例数	形态分类%	例数	形态分类%	例数	形态分类%	例数	形态分类%	例数
		0 级		1 级		2 级		3 级		4 级	
鼻根凹 男性	13	30.77	4	15.38	2	23.08	3	30.77	4		
女性	19	52.63	10	36.84	7	10.53	2				
合计	32	43.75	14	28.13	9	15.63	5	12.50	4		
M77		∨									
		H 型		I 型		K 型		X 型		缝间型	
翼区 男性	14	71.43	10	14.29	2	7.14	1			14.29	2
女性	20	65.00	13	5.00	1					30.00	6
合计	34	67.65	23	8.82	3	2.94	1			23.53	8
M77		∨									
		复杂型		人字点		印加骨		星点骨		人字缝	
缝间骨 男性	14	7.14	1	7.14	1			50.00	7	35.71	5
女性	16	6.25	1	12.50	2	6.25	1	50.00	8	68.75	11
合计	30	6.67	2	10.00	3	3.33	1	50.00	15	53.33	16
M77				∨						∨	
		冠状缝		矢状缝		颞缝骨					
缝间骨 男性	14	7.14	1	7.14	1	42.86	6				
女性	16	6.25	1	6.25	1	25.00	4				
合计	30	6.67	2	6.67	2	33.33	10				
M77											
		左1		左2		右1		左右各1		无孔	
顶孔数 男性	14	7.14	1			21.43	3	42.86	6	28.57	4
女性	18	33.33	6			16.67		27.78	5	22.22	4
合计	32	21.88	7			18.75	6	34.38	11	25.00	8
M77						∨					

续表

项目	例数	形态分类%	例数	形态分类%	例数	形态分类%	例数	形态分类%	例数	形态分类%	例数
		有		无							
男性	12	50.00	6	50.00	6						
女性	18	77.78	14	22.22	4						
合计	30	66.67	20	33.33	10						
M77		√									
		U 型		V 型		椭圆形					
男性	14	78.57	11	7.14	1	28.57	2				
女性	18	100.00	18								
合计	32	90.63	29	3.13	1	6.25	2				
M77		√									
		无		嵴状		丘状		瘤状			
男性	14			100.00	14	7.14	1	28.57	4		
女性	18			88.89	16			88.89	16		
合计	32			93.75	30	3.13	1	62.50	20		
M77								√			
		方形		圆形		尖形		角形		杂形	
男性	12	33.33	4	16.67	2	16.67	2	25.00	3	8.33	1
女性	19	10.53	2	5.26	1	57.89	11	10.53	2	15.79	3
合计	32	19.35	6	9.68	3	41.94	13	16.13	5	12.90	4
M77						√					

矢状嵴

腭形

腭圆枕

颏形

项目	例数	形态分类%	例数	形态分类%	例数	形态分类%	例数	形态分类%	例数	形态分类%	例数
颏孔数		左1		右1		左右各1		3孔		4孔	
男性	11					63.64	7	27.27	3	9.09	1
女性	20					90.00	18	5.00	1	5.00	1
合计	31					80.65	25	12.90	4	6.45	2
M77						∨					
下颌角形		外翻		直形		内翻					
男性	14	85.71	12	7.14	1	7.14	1				
女性	19	68.42	13	15.79	3	15.79	3				
合计	33	75.76	25	12.12	4	12.12	4				
M77		∨									
下颌圆枕		无		弱		明显		极显			
男性	13	23.08	3	46.15	6	23.08	3	7.69	1		
女性	20	65.00	13	30.00	6			5.00	1		
M77				∨							

注：女性统计数据中包含 M77

第二节 颅骨的连续性形态特征分析

一 颅型

在颅型所包括的六种类型中，浮山桥北组男性标本中，只有 1 例 M18：1 为椭圆形，其他均为卵圆形。女性 100% 为卵圆形。

乡宁内阳垣组男性颅骨的颅型包括卵圆型等几种类型。女性颅骨卵圆形占38.89%，包括M77，五角型、菱形、楔形及椭圆型所占比例分别为27.78%，22.22%，5.56%，5.56%。

二 眉弓突度

浮山桥北组男性M18：2眉弓突度显著，其他标本眉弓突度均为中等级别。女性眉弓突度达到0级和1级分别占75.00%和25.00%。

乡宁内阳垣组男性颅骨的眉弓突度中等发育者程度居多，占总数的53.85%，弱和显著的标本分别占30.77%和15.38%。女性眉弓突度发育较弱者占总数的75%，其他达到中等发育程度。

三 眉弓范围

按照5级的划分标准，浮山桥北组男性M18：2和M4为2级，其他为1级。浮山桥北组（女性）有75.00%0为0级，另外25%达到1级。

乡宁内阳垣组男性达到1级者数量最多，占总数的71.43%，0级1例，占7.14%，2级占21.43%。女性眉弓发育相对较弱，0级和1级比例分别为45.00%、55.00%。

两组颅骨在这一特征上，均表现出男女性别的显著差异。

四 眉间突度

眉间突度依白洛嘉分类，可分为不显，稍显，中等，显著，极显，粗壮六个等级。浮山桥北组男性M18：2眉间突度显著，M17眉间突度不明显，其他个体眉间突度为中等级别。浮山桥北组（女性）稍显者居多，占75.00%的比例，不显者占25.00%。

乡宁内阳垣组男性眉间突度不显著的个体比较多，大多数低于中等突度，占总数的64.29%，不显级别和显著的个体各占35.71%。绝大多数女性眉间突度为不显或稍显级别。

在眉骨特征上，两组男性均较女性更为强壮。

五　额部

额部依其倾斜程度分为三级，平直、中等和倾斜。

浮山桥北组男性 M18：2　、M17 额部呈中等倾斜，M4、M5 倾斜。浮山桥北组（女性）以中等倾斜程度为主，占总数的50.00%，倾斜和平直个体各占25.00%。

乡宁内阳垣组男性额部以中等倾斜程度居多，占57.14%，倾斜比例也较高，比例达到35.71%，平直者只占7.1%，而女性无倾斜之例，平直和中等倾斜程度的比例分别为 55.56和44.44%。

六　额中缝

浮山桥北组无一例男性存在额中缝。有 1 例女性存在完整的额中缝，占女性总数的25.00%。

乡宁内阳垣组有一例男性保留了完整的额中缝，占总数的7.69%，存在小于1/3 段额中缝者与额中缝完全愈合的例数相当，均占总数的46.15%。女性18 例中只有一例留有小于1/3 段的额中缝，占总数的5.56%，其余全部愈合。

七 颅顶缝

颅顶缝形态包括微波形、深波形、锯齿形、复杂形和完全愈合几种类型。

浮山桥北组男性 M5 各段颅缝均已愈合。M18：1 和 M17 前囟段颅缝为微波形，M18：2 为深波形，M4 为锯齿形，M5 愈合。浮山桥北组女性前囟段颅缝以微波形占大多数，为 75.00%，另一种类型为深波形。男性顶段、顶孔段和后段颅缝以锯齿形居多，不存在微波形。女性颅顶段骨缝形态有深波形和锯齿形，顶孔段颅缝包括微波形和深波形，后段则只有深波形。两性的颅顶骨缝形态的出现率上没有明显的差异。

乡宁内阳垣组男性前囟段颅缝以微波形态为主，占 85.71%，另 14.29% 为深波形。女性颅顶缝形态比较复杂，包括微波、深波、锯齿以及愈合几种情况，但前囟段以微波形态居多，占 77.78%。男女两性顶段和后段颅缝均以深波和锯齿两种形态居多。除此之外，还包括微波、复杂及愈合之例。顶孔段颅缝的形态，男性微波形态出现率高，女性则深波形态出现率高。男性颅顶缝愈合率高于女性，而女性复杂形态颅顶缝的出现率高于男性。

八 乳突

乳突依发育程度分为极小、小、中等、大、特大五个级别。浮山桥北组男性 M4 乳突中等，M17 和 M5 则较小。浮山桥北组女性具有极小型和小型乳突个体的比例各为 50.00%。反映出整体乳突发育程度较弱是一种普遍现象。

乡宁内阳垣组男性、女性均以中等以下为绝大多数，男性没有极小型乳突，小型乳突占 50.00% 的比例，只有一例特大，占 7.14%，女性中则没有特大型乳突，极小型占 31.58%，小型和极小型合计达 73.68%。总体来看，男性乳突并不粗壮，乳突发育的性别差异不十分显著。

九　枕外隆突

枕外隆突的形态依其显著程度分为从缺如到极显及至喙状六个级别。

浮山桥北组男性 M5 稍显，M17、M4 显著。女性则以稍显为主，占 50.00%，缺如和中等类型各占 25.00%。这一特征部分男性发育的较弱，两性之间的差异遵从一般规律。

乡宁内阳垣组男性、女性枕外隆突发育比较微弱，男性枕外隆突显著者只占 21.43%，女性为 6.25%，缺如者男性为 14.29%，女性为 37.5%。稍显者两性比例相差不大。全组中未发现极为显著和喙突形态的枕外隆突。

十　眶型

眶型依其形状分为圆形、椭圆形、方形、长方形和斜方形等五种类型。

浮山桥北组男性 M18:1 眶形为圆形，M5 为椭圆形，M18:2、M17、M4 均为斜方形。女性椭圆形与斜方形出现几率分别为 75.00% 和 25.00%。

乡宁内阳垣组男、女两性眶型均以椭圆形为多，分别占 53.85% 和 44.44%，没有长方形眶型，但女性斜方形出现率（44.44%）明显高于男性（15.38%）。

十一 梨状孔

梨状孔分为心型，梨形和三角形三种形态。

浮山桥北组男性 M18：1 梨状孔为心形，其他均为梨形。女性的梨状孔以梨形为主，占总数的 75.00%，除此之外，均为心形。

乡宁内阳垣组男性、女性的梨状孔均不存在三角形形态，男、女两性梨状孔呈梨形者所占比例分别为 85.71% 和 88.89%，另一些个体梨状孔则为心型。

在此特征上，两组颅骨梨状孔的形态和出现率是比较一致的。

十二 梨状孔下缘

锐形、钝型、鼻前沟型和鼻前窝形四种梨状孔下缘形态中，浮山桥北组男性 M18：2、M18：1 为锐形，M5 为鼻前沟形，另两例为鼻前窝形。女性则以鼻前窝形为主，出现率为 75.00%，此外还有锐形。

乡宁内阳垣组鼻前窝形占了相当的比例，男女两性分别为 53.85% 和 47.06%，锐形也有较高的出现率，男、女两性梨状孔下缘为锐型者的比例分别为 38.46% 和 35.29%。男性鼻前沟型也有较高的出现率，占总数的 15.38%，女性则没有出现。男女两性梨状孔下缘为钝型的比例均较低。女性出现两例杂形，占总数的 11.76%。

十三　鼻前棘

鼻前棘的发达程度与鼻骨的高徒程度密切相关。按照白洛嘉的分类分为5级，不显，稍显，中显，显著，特显。

浮山桥北组男性M4鼻前棘发育程度显著，另4例分别为稍显和中等显著程度。女性只有1例，鼻前棘呈稍显状态。

乡宁内阳垣组男性鼻前棘发育程度呈稍显和中显的个体最多，分别占44.44%和33.33%，显著的出现率为22.22%。女性的鼻前棘发育程度均在中等显著状态以下，前三个等级的出现率分别为20.00%，53.33%和26.67%。

十四　上颌门齿

本文上颌门齿铲形门齿的出现率包括上颌侧门齿在内。

浮山桥北组4例男性均有铲形门齿。女性有1例具有铲形门齿，出现率为50.00%。

乡宁内阳垣组铲形门齿的出现率男性为81.82%，女性为100%。

十五　鼻根凹

鼻根凹由凹陷很浅到极深分为程度不同的五个级别。

浮山桥北组男性M18：2鼻根凹为2级凹陷，其他均略有凹陷，为1级。女性0级和1级各占50.00%。

乡宁内阳垣组男性0级和3级均占30.77%，女性则没有达到3级者，0级的例数达到52.63%，明显高于男性。

两组中男性鼻根凹的发育程度均明显强于女性。

十六 翼区

翼区分为 H 型（蝶顶型）、I 型（额颞型）、X 型、K 型（点型）、缝间骨型等五种类型，浮山桥北组男、女性翼区形状均为 H 型。

乡宁内阳垣组男女两性均以 H 型为主，分别为 71.43% 和 65.00%，缝间型比例较高，而且女性高于男性，男性为 14.29%，女性为 30.00%。男性不见 X 型出现，女性 K、X 型均未出现。

十七 顶孔

浮山桥北组男性 M5 不见顶孔，M18∶2 为左侧双孔，另有左侧单孔者两例。女性左右各 1 孔出现率为 75.00%，右侧单孔和无孔情况各占 25.00%。

乡宁内阳垣组男性顶孔左右各一的个体较多，占 42.86%，无孔率为 28.57%，左侧和右侧单孔率分别为 7.14% 和 21.43%。女性左侧单孔出现率最高，为 33.33%，左右各一，所占比例为 27.78%，无孔率占 22.22%。

十八 矢状嵴

浮山桥北组男性 M4 无矢状嵴，其他 4 例均有矢状嵴。女性有较高的矢状嵴出现率（88.89%）。

乡宁内阳垣组男性有无矢状嵴的几率各为 50%，女性出现率则为 77.78%，明显高于男性。

两组在这一特征上表现出差异，尤其是男性。

十九 腭形

腭形分为 U 型、V 型、椭圆形三种形态。

浮山桥北组男性、女性腭形均为 U 型。

乡宁内阳垣组男性有三种形态腭形，以 U 型居多，为 78.57%，其次为椭圆形，为 14.29%，而女性则全部为 U 型。

二十 颏形

颏形分为方形、圆形、尖形、角形和杂形。

浮山桥北组男性 M18：1 为杂形，其他 4 例均为方形。女性 75.00% 为尖形，1 例为方形（25.00%）。

乡宁内阳垣组男性方形出现率较高，为 33.33%，其次是角形，其他几种类型也都有。女性则多为尖形，占 55.00%，男女两性都有一定比例的角形和杂形。

二十一 下颌角形

下颌角基本分为外翻、内翻、直形三种类型。浮山桥北组男、女性全部为外翻型。

乡宁内阳垣组男、女两性均以外翻形为主，分别占 85.71% 和 68.42%，其他两种类型的比例均等。

浮山桥北组男性 M18：2、M5 颧骨转角处较圆钝，其他男性、女性标本均呈现出欠圆钝形态，犬齿窝、颧骨缘突的发育以弱为主。

乡宁内阳垣组男性颧骨转角处欠圆钝个体占男性观察总数的 92.86%，女性颧骨转角处欠圆钝个体占女性观察总数的 72.22%，犬齿窝、颧骨缘突的发育以弱为主。

第三节　颅骨的非连续性形态特征研究

非连续性性状也被称为"类连续性性状"或"渐成多型性"，曾有"门槛机制"将其解释为表现型上的不连续的分离是由于遗传因素和环境因素的交互作用的结果[④]。

一　研究现状和项目的筛选

周文莲等曾概述了颅骨非测量性状研究的发展进程[⑤]。以颅骨非连续性特征作为种族判别的标准，是由 Wood Jones[⑥] 于 1931年首次提出的，Berry 等对不同人种群体的颅骨进行了研究，提出非测量性状具有遗传性，受基因控制[⑦]。目前学术界将这类性状看作是多基因性状，兼受遗传和环境因素影响[⑧]。迄今为止，学术界许多学者已对非测量形态进行了大量的基础性研究，以筛选和验证观察项目的统计学意义，并在逐步规范观察标准。这些研究包括 Dodo[⑨]、Yamaguchi[⑩]、Ishida[⑪]、分部哲秋[⑫]、Berry、R. J.[⑬]、王令红、孙凤喈[⑭⑮]、郑靖中等[⑯]、张银运[⑰]、周文莲、吴新智[⑱]、李法军[⑲]等学者的相关研究。王令红据我国已发表过的一些资料分析，额中缝、眶上神经孔、滑车棘、筛前孔上位、二分视神经管、颧横缝痕迹、颧面孔缺如、髁前结节、第三髁（骨面型）、第三髁（骨突型）、颈静脉孔骨桥、维萨里孔、翼棘孔和多颏孔等性状的出现率都是基本一致的，而在翼上骨、副眶下孔、旁髁突和二分舌下神经管方面则有显著的差异[⑳]。非测量性状的研究现状表明，大人种之间非连续性性征差异明显，而次级人种和族群之间的亲缘关系的指纹特征尚在筛选和研究中，某些性状即使在大人种之间也没有明显的统计学差异。

眶上孔和二分舌下神经管形态小变异，被认为是早在胎儿发育的末期即已出现的性状，与遗传背景密切相关，是两个相互独立的遗传特性[21]，因而被用来研究人类学种群之间的关系，在日本人的种系成分及其来源的研究方面已做了很多研究工作[22]。韩康信，松下孝幸通过对山东临淄周、汉代人骨体质形态测量和对眶上孔和二分舌下神经管的发生频率进行调查研究，提出了日本渡来系弥生人应起源于包括山东省在内的中国黄河流域中下游地区[23]。

日本学者百百幸雄曾利用眶上神经孔和二分舌下神经管的发生频率分布的二元散点图划分亚洲蒙古人种群、北美蒙古人种群、高加索人种群、尼格罗人种群和澳大利亚土著人种群出现的假定变异范围[24]。谭婧泽对中国古代人骨眶上孔和二分舌下神经管的发生频率的研究中，增加了我国从新石器时代至青铜、铁器时代的 14 个地点的观察材料，除提出日本渡来集团可能来源于中国黄河流域外，还证明中国黄河流域下游地区人类从新石器时代到青铜、铁器时代，存在着明显的种族联系。他们自二元平面位置图上大体占据了亚洲蒙古人种群分布范围的中心位置，相对偏远地区可能受其他种族的影响而偏离这个中心位置[25]。

眶上神经孔及二分舌下神经管两项性状，已被证明在同一人群有稳定的出现率同时在不同人群中又存在差异，具有比较准确的分类效果。因此，本文选择这两项非连续性特征进行观察，并对其出现率进行统计。

眶上神经孔是指在眶内有开口的穿越眶上神经任何分支的眶上缘孔。额孔在其近中侧[26]。目前对眶上孔的统计分析中，采用了与百百幸雄等学者相同的观察统计方法，在统计发生频率时，包括额孔在内，不分男女性别和年龄，将左右两侧出现的孔道合并在一起统计，以简化判定标准[27]。为了方便比较及进行统计分析，本文即采用这种方法进行观察统计。

据日本学者百百幸雄研究，眶上孔的发生率在蒙古人种群中比在高加索人种群、澳大利亚土著人种群和尼格罗人种群中更为普遍[28]。

二分舌下神经管位于枕骨枕髁基部、枕骨大孔前外侧缘，是舌下神经和血管出入的孔道。在部分人的这一孔道中，有时会滋生出一个小的骨桥，将舌下神经管完全分割为两部分[29]。在统计其发生频率时，不分男女性别和年龄，左右两侧合并在一起，以完全分割为一次计数[30]。

据百百幸雄研究，二分舌下神经管的发生率在高加索人种群和北美蒙古人种群中，比在澳大利亚土著人种群、尼格罗人种群和亚洲人种群中更为普遍[31]。

二　眶上孔及二分舌下神经管性状的统计学研究

由于浮山桥北组男性标本在颅面部测量性形态特征上所表现出的因样本量过小而产生的严重形态偏离现象，本文没有将其合并为一组与其他相关的先秦时期颅骨组进行颅骨测量学比较。考虑到眶上神经孔及二分舌下神经管是一种遗传性状，因此，我们可以利用眶上神经孔及二分舌下神经管的发生率，对其在先秦时期种系类型中的分布位置进行考察，从而避免因颅面形态个体变异产生的影响。并且可以在非连续性特征分析方面积累更多的数据，从而对这种方法与测量方法的吻合程度进行检验。当然，浮山桥本的标本量还是有些偏少。

观察眶上神经孔及二分舌下神经管性状的标本除浮山桥北组、乡宁内阳垣组标本外，还有吉林大学边疆考古研究中心人类学实验室的相关颅骨标本，包括：内蒙古伊金霍洛旗朱开沟龙山晚期—二里岗上层文化组；郑州西山新石器时代组；内蒙古和林格尔县新店子春秋晚期—战国早期组；属于四坝文化的甘肃民乐县东灰山组；内蒙古准格尔旗西麻清西周晚期—春秋早期组；内蒙古和林格尔县将军沟战国中晚期组；陕西神木寨峁新石器时代组；山西忻州游邀夏代组；陕西铜川瓦窑沟先周和西周组；山西太谷白燕夏商合并组。将各组男女性观察数据合并计算[32]所选取的对比组包括：山东临淄周—汉组[33]、山西襄汾陶寺龙山文化组、山西侯马上马西周晚期—春秋晚期组、陕西长武碾子坡东周组、陕西半坡、宝鸡、华县新石器时代组、安阳殷墟中小墓组、内蒙古大甸子夏家店下层文化组、内蒙现代组、属于四坝文化的甘肃玉门火烧沟组、青海大通上孙家寨汉墓组、青海乐都柳湾新石器时代组、新疆和静、阿拉沟组、江苏金坛三星村新石器时代组、江苏高邮龙虬庄新石器时代组、华北现代Ⅱ组[34]、河北阳原姜家梁新石器时代组[35]、华北现代Ⅰ组[36]、太原现代组[37]、青海湟中李家山卡约文化组[38]、江苏圩墩新石器时代组[39]、蒙古组[40]、黑龙江组[41]、

表 3.4 为浮山桥北组和乡宁内阳垣组及相关对比组眶上神经孔及二分舌下神经管发生率。

表 3.4 眶上孔及二分舌下神经管的发生率

序号	地点	观察总数	眶上孔%	观察总数	二分舌下神经管%
1	山西浮山桥北组	24	54.17	20	15.00
2	山西乡宁内阳垣组	79	65.82	85	14.12
3	山西襄汾陶寺组	269	50.20	199	10.10
4	山西侯马上马组	1093	46.50	955	9.95
5	陕西长武碾子坡组	87	42.20	163	12.90
6	陕西半坡、宝鸡、华县组	54	39.10	91	8.80
7	安阳殷墟中小墓组	138	43.80	232	9.90

续表

序号	地点	观察总数	眶上孔%	观察总数	二分舌下神经管%
8	山东临淄组	221	41.20	174	11.50
9	河北姜家梁组	77	70.10	39	7.70
10	华北现代组Ⅰ	137	63.50	139	22.3
11	华北现代组Ⅱ	202	46.50	196	12.80
12	山西太原组	115	63.50	115	17.40
13	青海李家山组	24	95.80	24	16.70
14	江苏圩墩组	69	40.60	45	4.40
15	蒙古组	108	58.30	107	18.70
16	黑龙江组	152	71.70	151	22.50
17	内蒙古现代组	418	49.80	390	11.80
18	甘肃玉门火烧沟组	242	53.30	233	13.70
19	青海大通上孙家寨组	500	49.40	481	9.40
20	青海乐都柳湾组	81	42.00	90	18.90
21	新疆和静、阿拉沟组	332	42.20	277	17.00
22	江苏金坛三星村组	226	27.90	107	15.00
23	江苏高邮龙虬庄组	137	27.00	105	7.60
24	内蒙古朱开沟组	44	59.09	26	11.54
25	河南郑州西山组	68	58.82	67	5.97
26	内蒙古新店子组	28	75.00	31	29.03
27	甘肃东灰山组	28	73.91	31	6.45
28	内蒙古西麻清组	46	25.93	31	19.23
29	内蒙古将军沟组	63	90.91	64	13.51
30	陕西寨峁组	27	40.63	26	12.00
31	山西游邀组	44	44.00	37	6.25
32	陕西铜川瓦窑沟组	32	57.14	25	10.53
33	山西白燕组	50	82.61	32	5.00

图 3.1 为眶上神经孔及二分舌下神经管发生率的散点图。

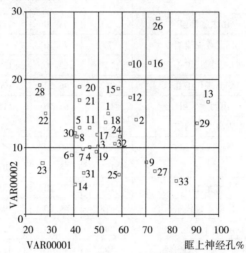

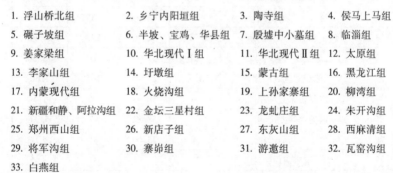

1. 浮山桥北组　　　　　2. 乡宁内阳垣组　　　　　3. 陶寺组　　　　　4. 侯马上马组
5. 碾子坡组　　　　　　6. 半坡、宝鸡、华县组　　7. 殷墟中小墓组　　8. 临淄组
9. 姜家梁组　　　　　　10. 华北现代Ⅰ组　　　　　11. 华北现代Ⅱ组　12. 太原组
13. 李家山组　　　　　　14. 圩墩组　　　　　　　　15. 蒙古组　　　　16. 黑龙江组
17. 内蒙现代组　　　　　18. 火烧沟组　　　　　　　19. 上孙家寨组　　20. 柳湾组
21. 新疆和静、阿拉沟组　22. 金坛三星村组　　　　　23. 龙虬庄组　　　24. 朱开沟组
25. 郑州西山组　　　　　26. 新店子组　　　　　　　27. 东灰山组　　　28. 西麻清组
29. 将军沟组　　　　　　30. 寨峁组　　　　　　　　31. 游邀组　　　　32. 瓦窑沟组
33. 白燕组

图 3.1　眶上神经孔及二分舌下神经管发生率散点图

　　侯马上马组、半坡、宝鸡、华县组、中小墓组、碾子坡组、临淄组、游邀组与圩墩组及半坡、宝鸡、华县合并组、华北现代组Ⅱ、陶寺组、寨峁组组成一个相对紧凑的黄河中下游中心集群。

　　浮山桥北组和乡宁内阳垣组具有较高的的眶上神经孔发生率，分别为54.17%和65.82%，中等二分舌下神经管性状的发生率，分别为15.00%和14.12%。浮山桥北组、乡宁内阳垣组与陶寺组、侯马上马组以及半坡、宝鸡、华县合并组有一定的距离，浮山桥北组与黄河中下游集群稍有偏离，介于黄河中下游集群与太原组之间位置。乡宁内阳垣组偏离了黄河中下游集群，更接近太原现代组（眶上孔：63.50%，二分舌下神经管：17.4%），眶上孔发生率与华北现代Ⅰ组（眶上孔：63.50%，二分舌下神经管：22.30）接近，二分舌下神经管性状的发生率与华北现代Ⅱ组（眶上孔：46.50%，二分舌下神经管：12.80）接近，但是，整体有相聚的趋势。朱开沟组（眶上孔：59.09%；二分舌下神经管：11.54%）和瓦窑沟组（眶上孔：57.14%；二分舌下神经管：10.53%）与黄河中下游集群表现出比较接近的关系。

　　姜家梁组、郑州西山组、东灰山组、白燕组具有相聚趋势。表现为具有较高的眶上孔发生率（变异范围：58.82～82.61%），较低的二分舌下神经管性状发生率（变异范围：5.00～7.70%）。

　　西麻清组具有较低的眶上孔发生率（25.93%）和较高的二分舌下神经管性状的发生率（19.23%），与江苏金坛三星村组比较接近（眶上孔：27.90%；二分舌下神经管性状：15.00%）。

　　将军沟组由于具有较高的眶上孔发生率（90.91%）和较高的二分舌下神经管性状的发生率（13.51%）与中心集群比较疏远，与李家山组（眶上孔：95.80%；二分舌下神经管性状：16.70%）的关系似很密切。

　　寨峁组的眶上孔发生率为40.63%，二分舌下神经管性状的发生率为12.00%，位于中心集群内。

　　新店子组以非常高的二分舌下神经管性状出现率（29.03%）

结合很高的眶上孔出现率（75.00%），远远背离了其他各组。

游邀组（眶上孔：44.00%；二分舌下神经管：6.25%）与圩墩组（眶上孔：40.60%；二分舌下神经管：4.40%）及半坡、宝鸡、华县合并组（眶上孔：39.10%；二分舌下神经管：8.80%）具有比较近的距离，具有中等眶上孔发生率和很低的二分舌下神经管性状发生率。

综上所述，眶上孔和二分舌下神经管形态变异发生率的统计学分布，显示出浮山桥北组居民与黄河中下游先秦时期古代居民的关系更为紧密，乡宁内阳垣组居民位于黄河中下游先秦时期古代人群和现代北方人群之间，与现代人群遗传特性更为相近，同时也表现出与朱开沟组和瓦窑沟组的较为亲近的关系，这与他们具有相近的地理位置是较为一致的。张全超对内蒙古中南部春秋战国时期居民进行人种学研究，认为内蒙古和林格尔县新店子乡将军沟组居民和准格尔旗西麻清组居民的体质类型属于先秦时期人种类型体系中的"古中原类型"，林格尔县新店子组居民为东周时期南下的北亚类型人群，并将其命名为"古蒙古高原类型"[42]。这几组在眶上孔及二分舌下神经管性状变异的发生率分布图上，均显示出与中原地区先秦时期人群具有明显的偏离，表现出遗传学特性意义上的疏远距离。乡宁内阳垣组居民在眶上孔及二分舌下神经管两项遗传性状上虽靠近北方人群，但是相对于内蒙古中南部地区将军沟组、西麻清组、新店子组的人群而言，似乎并不存在遗传基因方面的直接联系。

第四节　　小结

本章讨论了颅骨的非测量性状，包括连续性形态特征与非连续性形态特征所选项目。

在连续性性状方面，浮山桥北组男、女性、乡宁内阳垣组男、女性颅型均以卵圆形为主，眉弓突度中等和偏弱者占多数。
浮山桥北组男、女性眉间突度中等和显著的居多，乡宁内阳垣
男、女性眉间突度大多低于中等突度。两组颅顶缝的前囟段以简
单为主，顶端和后段则以深波和锯齿形为主。浮山桥北组男性斜
方形眶型的出现率最高，女性斜方形与椭圆形比例相当，乡宁内
阳垣男女两性均以椭圆形眶型为多。两组男、女性的梨状孔均以
梨形为主。鼻前棘的发育程度均以稍显和中等为主。浮山桥北组
男性和乡宁内阳垣女性铲形门齿的出现率为100%，而浮山桥北
组女性和乡宁内阳垣组男性虽然铲形门齿出现率较高，但是存在
没有铲形门齿的个体。乡宁内阳垣组鼻根凹达到3级者占一定比
例，浮山桥北组男性、女性和乡宁内阳垣组女性均以浅平为主。
乡宁内阳垣组男性矢状嵴出现率较低，乡宁内阳垣组女性及浮山
桥北组男、女性均有很高的矢状嵴出现率。浮山桥北组及乡宁内
阳垣组男、女性的腭型均以 U 型居多。以上特征配合犬齿窝较
浅，颧骨缘突发育较弱，颧骨转角处欠圆钝等特征，都表明这两
组居民属于蒙古大人种的范畴。

　　眶上孔和二分舌下神经管形态小变异是与遗传背景密切相关
的两个相互独立的遗传特性，而且由于浮山桥北组颅骨形态个体
变异的极端特性，难以利用测量数据进行组间亲缘关系的比较，
本文选取这两项作为观察统计项目，作为一种考察的方法，而且
可以避免极端形态的弊病，同时也是对测量数据形态比较和统计
分析结果的验证。结果表明浮山桥北组与黄河中下游集群相聚比
较紧密，乡宁内阳垣组与黄河中下游各组虽处于相对离散状态，
但有相聚的趋势，更接近太原现代组，偏向于北方某些人群，尽
管如此，并没有表现出与内蒙古中南部春秋战国时期对比组居民
具有直接的基因渊源关系。眶上孔和二分舌下神经管形态变异的
统计分析表明，这两项形态变异数据的积累对于种族人类学研究
是十分必要的。

① Jeffrey H. Schwartz. *Skeleton keys – an introduction to human skeletal morphology*, *development*, *and analysis*, 257. Oxford New York: Oxford University Press, 1995.

王令红:《华北人头骨非测量性状的观察》,《人类学学报》, 1988 年第 1 期, 第 17 ~ 25 页; 张银运:《人类头骨非测量性状述评》,《人类学学报》, 1993 年第 4 期, 第 394 ~ 397 页; 朱泓:《体质人类学》, 第 271 ~ 276 页, 吉林大学出版社, 1993 年版。

② 吴汝康、吴新智、张振标:《人体测量方法》, 科学出版社, 1984 年版; 邵象清:《人体测量手册》, 上海辞书出版社, 1985 年版。

③ 吴汝康、吴新智、张振标:《人体测量方法》, 科学出版社, 1984 年版; 邵象清:《人体测量手册》, 上海辞书出版社, 1985 年版。

④ 王令红:《华北人头骨非测量性状的观察》,《人类学学报》, 1988 年第 1 期, 第 17 ~ 25 页。

⑤ 周文莲、吴新智:《现代人头骨面部几项非测量性状的观察》,《人类学学报》. 2001 年第 4 期, 第 288 ~ 294 页。

⑥ Wood Jones F: *The non – metrical morphological characters of the skull as criteria for racial diagnosis. Part* I. *General discussion of the morphological characters employed in racial diagnosis PartIThe non – metrical morphologica characters employed in racial diagnosis. J Anat*, 1931, 2, 179 ~ 195.

Wood Jones F., *The non – metrical morphological characters of the skull as criteria for racial diagnosis. Part* Ⅳ. *The non – metrical morphologica characters of northern Chinese skull. J Anat*, 1933, 1, 96 ~ 108.

⑦ Berry A. C., Berry R. J., *Epigenetic variation in the human cranium. J Anat*, 1967, 2, 361 ~ 379.

⑧ 张银运:《人类头骨非测量性状述评》,《人类学学报》, 1993 年第 4 期, 第 394 ~ 397 页。

⑨ Yukio Dodo: *Non – metrical cranial traits in the Hokkaido Ainu and the Northern Japanese of recent times. J Anthropol Soc Nippon*, 1974, 1, 31 ~ 51.

Yukio Dodo: *A population study of the jugjuar foramen bridging of the human cranium Am J phys Anthrop*, 1986, 1, 15 ~ 19.

Yukio Dodo and Hajime Ishida: *Population history of Japan as viewed from cranial non – metric variation. J Anthrop Soc Nippon*, 1990, 3, 269 ~ 287.

⑩ Yamaguchi: *The incidence of minor non – metric cranial variants in the protohistoric hu-*

man remains from eastern Japan. *Bull Natn Mus*, Tokyo, 1985, Ser. D. 11, 13~24.

⑪　Hajime Ishida and Masahiko Kida: *An anthropological investigation of the Sakhalin Ainu with special reference to nonmetric cranial traits. J Anthropol Soc Nippon*, 1991, 1, 23~32.

⑫　分部哲秋:《江南地方古人骨の头蓋小变异》,见中桥孝博等编:《渡来系弥生人の中国江南起源に关す人类学的研究——平成8年度－平成10年度科学研究费补助金（国际学术研究）研究成果报告书》,平成11年（1999年）3月,第31~33页。

⑬　Yukio Dodo: *Non–metricla cranial traits in the Hokkaido Ainu and the Northern Japanese of recent times. JAnthrop Soc Nippon*, 1974, 1, 31~51.

⑭　王令红:《华北人头骨非测量性状的观察》,《人类学学报》,1988年第1期,第17~25页。

⑮　王令红、孙凤嗜:《太原地区现代人头骨的研究》,《人类学学报》,1988年第3期,第206~214页。

⑯　郑靖中、张怀瑶、杨玉田等:《西安地区现代人颅骨非测量性研究》,《人类学学报》,1988年第3期,第219~224页。

⑰　张银运.《人类头骨非测量性状述评》.《人类学学报》.1993年第4期,第394~397页。

⑱　周文莲、吴新智:《现代人头面部几项非测量性状的观察》,《人类学学报》,2001年第4期,第288~294页。

周文莲、吴新智:《中国和西方化石人头骨面部三项非连续性形态特征的比较》,《人类学学报》,2002年第2期,第111~115页。

⑲　李法军:《河北阳原姜家梁新石器时代遗址头骨非测量性状的观察与研究》,《人类学学报》,2003年第3期,第206~217页。

⑳　王令红:《华北人头骨非测量性状的观察》,《人类学学报》,1988年第1期,第17~25页。

㉑　Yukio Dodo: *Appearance of bony bridging of the hypoglossal canal during the fetal period. J Anthropol Soc Nippon*, 1980, 3, 229~238.

㉒　Yukio Dodo: *Supraorbital foramen and hypoglossal canal bridging: The two most Suggestive nonmetric canial traits in discriminating major racial grouping of man. J AnthropolSoc Nippon*, 1987, 1, 19~35.

Kadama S: *Craniology and osteology of the Ainu. Jinnuigaku Senshigaku Koza*. Tokyo：Yuzankaku. 1940. Yamaguchi B. *A comparative osteological study of the Ainu and the Australian Aborigines. Occas Papers Austral Inst Aborigina Studies.* 1967，2，1～73.

Yukio Dodo：*Nonmetrical cranial traits in the Hokkaido Ainu and the northern Japanese of recent times. J Anthropol Soc Nippon*，1974，1，31～51.

㉓ 韩康信、松下孝幸：《山东临淄周－汉代人骨体质特征研究及与西日本弥生时代人骨比较概报》，《考古》，1997 年第 4 期，第 32～45 页。

㉔ Yukio Dodo：*Supraorbital foramen and hypoglossal canal bridging；The two most Suggestive nonmetric canial traits in discriminating major racial grouping of man. J Anthropol Sco Nippon*，1987，1，19～35.

㉕ 谭婧泽：《中国古代人骨眶上孔和舌下神经管二分发生率的调查与日本人起源问题的讨论》，《人类学学报》，2002 年第 1 期，第 14～22 页。

㉖ 王令红：《华北人头骨非测量性状的观察》，《人类学学报》，1988 年第 1 期，第 17～25 页。

㉗ 谭婧泽：《中国古代人骨眶上孔和舌下神经管二分发生率的调查与日本人起源问题的讨论》，《人类学学报》，2002 年第 1 期，第 14～22 页。

㉘ Yukio Dodo：*Supraorbital foramen and hypoglossal canal bridging；The two most Suggestive nonmetric canial traits in discriminating major racial grouping of man. J Anthropol Sco Nippon*，1987，1，19～35.

㉙ 张银运：《人类头骨非测量性状述评》，《人类学学报》，1993 年第 4 期，第 394～397 页。

㉚ 谭婧泽：《中国古代人骨眶上孔和舌下神经管二分发生率的调查与日本人起源问题的讨论》.《人类学学报》，2002 年第 1 期，第 14～22 页。

㉛ Yukio Dodo：*Supraorbital foramen and hypoglossal canal bridging；The two most Suggestive nonmetric canial traits in discriminating major racial grouping of man. J Anthropol Soc Nippon*，1987，1，19～35.

㉜ 内蒙古伊金霍洛旗朱开沟龙山晚期－二里岗上层文化组、郑州西山新石器时代组、内蒙古和林格尔县新店子春秋晚期－战国早期组、甘肃民乐县东灰山四坝文化组、内蒙古准格尔旗西麻清西周晚期－春秋早期组、内蒙古和林格尔将军沟战国中晚期组、陕西神木寨峁新石器时代组、山西忻州游邀夏代组、铜川瓦窑沟周先周和西周时期颅骨组、山西太谷白燕夏商合并组等各组数据由观察吉林大学边疆考古研究中心人类学实验室标本得到。

㉝ 韩康信、松下孝幸：《山东临淄周－汉代人骨体质特征研究及与西日本密生食

代人骨比较概报》《考古》，1997 年第 4 期，第 32～45 页。

㉞ 谭婧泽：《中国古代人骨眶上孔和舌下神经管二分发生率的调查与日本人起源问题的讨论》，《人类学学报》，2002 年第 1 期，第 14～22 页；（以下对比组数据转引自该文献：山西襄汾陶寺龙山文化组、山西侯马上马西周晚期－春秋晚期组、陕西长武碾子坡东周组、陕西半坡、宝鸡、华县新石器时代组、安阳殷墟中小墓组、山东临淄周－汉组、内蒙古大甸子夏家店下层文化组、甘肃玉门火烧沟组、青海大通上孙家寨汉墓组、青海乐都柳湾新石器时代组、新疆和静、阿拉沟组、江苏金坛三星村新石器时代组、江苏高邮龙虬庄新石器时代组、华北现代 II 组）

㉟ 李法军：《河北阳原姜家梁新石器时代遗址头骨非测量性状的观察与研究》，《人类学学报》，2003 年第 3 期，第 206～217 页。

㊱ 王令红：《华北人头骨非测量性状的观察》，《人类学学报》，1988 年第 1 期，第 17～25 页。

㊲ 王令红：《孙凤喈．太原地区现代人头骨的研究》，《人类学学报》，1988 年第 3 期，第 206～214 页。

㊳ 张君：《从头骨非测量性状看青海李家山卡约文化居民的种族类型》，《考古》，2001 年第 5 期，第 80～84 页。

㊴ 分部哲秋：《江南地方古人骨の頭蓋小变异》，见，中桥孝博等编：《渡来系弥生人の中国江南起源に关する人类学的研究——平成 8 年度－平成 10 年度科学研究费补助金（国际学术研究）研究成果报告书》，平成 11 年（1999 年）3 月，第 31～33 页。

㊵ Ishida H, Dodo Y：*Cranial morphology of the Siberians and East Asians*. In：Akazawa T, Szathmary EJE editors. *Prehistoric Mongoloid Dispersals*. Oxford：Oxford University Press，1996，113～124.

㊶ Ishida H, Dodo Y. *Cranial morphology of the Siberians and East Asians*. In：Akazawa T, Szathmary EJE editors. *Prehistoric Mongoloid Dispersals*. Oxford：Oxford University Press，1996，113～124.

㊷ 张全超：《内蒙古和林格尔县新店子墓地人骨研究》，博士论文，中国优秀博硕士学位论文全文数据库，cnki 中国知网，2005 年 8 月 6 日网络出版。

第四章　颅骨的测量学研究

第一节　颅骨测量特征分析

本文测量的颅骨标本来源于浮山桥北和乡宁内阳垣两个地点。浮山桥北组可供测量的标本有男性 6 例，女性 4 例，总计 10 例。乡宁内阳垣组可供测量的标本包括男性 14 例，女性 18 例，总计 32 例。

浮山桥北组男性个体分属四个时期，18 号墓的两侧殉人 M18：1、M18：2 的年代为商代晚期，M30 为西周早期。M17 为春秋中期，M4、M5 为春秋晚期。女性 M16、M25、、M31 年代为西周早期，M10 为春秋晚期。乡宁内阳垣组男性颅骨均出自春秋时期墓葬，女性中有 1 例 M77 出土于夏代墓葬，其余均出自春秋时期墓葬。

鉴于浮山桥北墓地出土颅骨的年代跨度太大，而且仅存的几例标本中又包括了相当比例的带有明显偏离现象的个体，如 M4 头颅特别硕大，M18：2 头颅非常狭长。为避免由于时代不同、个体变异以及小样本现象可能带来的影响，本文在进行测量学特征研究时未将浮山桥北墓地出土的男性颅骨标本合并成一组按平均值处理。因此下文将分别讨论这几例标本的颅面特征。

浮山桥北墓地：

商代晚期的 M18：2 颅长绝对值为 185.00 毫米，颅宽绝对值为 127.00 毫米，颅长宽指数为特长颅型，缺少颅高数据，额宽中等、狭鼻、中眶。鼻颧角为 146.44 度。

同墓殉人 M18：1 颅长宽指数为中颅型，颅长高指数及颅宽高指数均缺少数据。M18：1 具有狭额、中鼻、高眶特征，鼻颧角为 144.37 度。

西周早期 M30 残损较严重，主要项目都不能测量，可用来比较的指数只有齿槽面角，为特突颌型。

春秋中期 M17 具有圆颅型结合高颅型，狭额、中鼻、中眶特征，阔上面型接近中上面型，总面角及中面角均为中颌型。齿槽面角为突颌型，面突指数为正颌型。鼻颧角为 143.27 度。

春秋晚期 M4、M5 均为中颅型结合高颅型、狭颅型、狭额，总面角为中颌型，中面角为平颌型，面突指数属正颌型。不同的是 M4 具有狭鼻、高眶特征，齿槽面角为超突颌型，而 M5 具有阔鼻、低眶、齿槽面角平颌特征。M4 鼻颧角为 136.89 度，具有狭上面型，M5 缺少相应的数据。

西周早期 3 例女性标本长宽比例上都是中颅型，长高比例正颅型占 33.33%，高颅型占 66.67%。宽高比例狭颅型占 66.67%，中颅型占 33.33%。3 例都具有狭额、中眶特征，1 例为中等鼻型，另 2 例则是阔鼻型，占 66.67%。中面角均为平颌型，面角、齿槽面角都只有 1 例，分别为特突颌型和正颌型。M31 鼻颧角很小，为 137.97 度，另两例则分别为 152.47、160.96 度，在这一点上，个体之间具有显著的差异。

春秋晚期的女性 M10 颅长、颅高、颅宽、面宽的绝对值分别为 181.50、137.70、132.00、122.20 毫米，具有颅长宽比例的中颅型，长高比例的正颅型和宽高比例的中颅型，狭额、阔鼻、中眶，面角为中颌型，中面角为平颌型，非常突出的颌部和中颌型的面部突度等特征，鼻颧角为 146.50 度。

综合上述统计结果可知，尽管年代跨度很大，但是浮山桥北组男性居民在高颅、狭颅、正颌型面部突度等性状方面，表现出比较一致的特点。浮山桥北组女性居民在长宽比例的中等颅型、狭额、中眶、中面角平颌性状以及特别前突的颌部等性状上反映出一致的特征（表4.1，4.2）。

表4.1 浮山桥北男性颅骨指数及角度反映的颅面部特征类型

		M18：2	M18：1	M17	M4	M5
		商代晚期殉人	商代晚期殉人	春秋中期	春秋晚期	春秋晚期
长宽指数	特长颅型	∨				
	长颅型					
	中颅型		∨		∨	∨
	圆颅型			∨		
	特圆颅型					
长高指数	低颅型					
	正颅型					
	高颅型			∨	∨	∨
宽高指数	狭颅型				∨	∨
	中颅型					
	阔颅型					
额顶宽指数	狭额型		∨	∨	∨	
	中额型	∨				
	阔额型					
鼻指数	狭鼻型	∨			∨	
	中鼻型		∨	∨		
	阔鼻型					∨
	特阔鼻型					

续表

		M18：2	M18：1	M17	M4	M5
		商代晚期殉人	商代晚期殉人	春秋中期	春秋晚期	春秋晚期
上面指数	特狭上面型					
	狭上面型				√	
	中上面型					
	阔上面型			√		
	特阔上面型					
眶指数 R	低眶型					√
	中眶型	√		√		
	高眶型		√		√	
总面角	超平颌型					
	平颌型					
	中颌型			√	√	√
	突颌型					
	超突颌型					
中面角	平颌型				√	√
	中颌型			√		
	突颌型					
齿槽面角	超平颌型					
	平颌型					√
	中颌型					
	突颌型			√		
	超突颌型				√	
	特突颌型					

		M18：2	M18：1	M17	M4	M5
		商代晚期殉人	商代晚期殉人	春秋中期	春秋晚期	春秋晚期
面突指数	平颌型					
	正颌型				√	√	√
	中颌型					
	突颌型					

表 4.2　浮山桥北女性颅骨指数及角度反映的颅面部特征类型

		女性（含 M10）		M10	女性 I	
		百分比	例数		百分比	例数
长宽指数	长颅型					
	中颅型	100.00	4	√	100.00	3
	圆颅型					
	特圆颅型					
长高指数	低颅型					
	正颅型	50.00	2	√	33.33	1
	高颅型	50.00	2		66.67	2
宽高指数	狭颅型	50.00	2		66.67	2
	中颅型	50.00	2	√	33.33	1
	阔颅型					
额顶宽指数	狭额型	100.00	4	√	100.00	3
	中额型					
	阔额型					
鼻指数	狭鼻型					
	中鼻型	25.00	1		33.33	1
	阔鼻型	75.00	3	√	66.67	2
	特阔鼻型					

续表

		女性（含M10）		M10	女性 I	
		百分比	例数		百分比	例数
上面指数	特狭上面型					
	狭上面型					
	中上面型	100.00	1		100.00	1
	阔上面型					
眶指数 R	低眶型					
	中眶型	100.00	3	∨	100.00	2
	高眶型					
总面角	超平颌型					
	平颌型	50.00	1		100.00	1
	中颌型	50.00	1	∨		
	突颌型					
中面角	平颌型	100.00	4	∨	100.00	3
	中颌型					
	突颌型					
齿槽面角	超平颌型					
	平颌型					
	中颌型					
	突颌型					
	超突颌型	50.00	1	∨		
	特突颌型	50.00	1		100.00	1
面突指数	平颌型					
	正颌型	50.00	1		100.00	1
	中颌型	50.00	1	∨		
	突颌型					

乡宁内阳垣墓地：

夏代女性标本 M77 长宽比例为圆颅型、长高比例为高颅型，宽高比例为狭颅型。额部狭窄，鼻型宽阔，中等眶型，中等突出的中面部，特别突出的齿槽突颌。

春秋时期的标本在颅长宽比例方面：男性平均值为中颅型，其中，中颅型占 53.85%，圆颅型占 38.46%。长颅型只有 1 例，占 7.69%。10 例女性平均值为中颅型，其中中颅型占 70.00%，其余为圆颅型。

在颅长高比例上，男性平均值为高颅型，13 例中有 9 例为高颅型，占总数的 69.23%，其余 4 例为正颅型，占 30.77%。女性 13 例中有 12 例为高颅型，占 92.31%，圆颅型 1 例，占 7.69%。

颅宽高比例上，13 例男性以中颅型为主，占 61.54%，狭颅型占 38.46%。13 例女性则以狭颅型为主，占 69.20%，1 例为阔颅型，占 7.70%，中颅型占 23.10%。

男性额部形态狭额型为主，中额型和和阔额型的比例各占 15.38%，平均值为狭额型。女性以狭额型为主，比例达 64.29%，阔额型只占 7.14% 的比重，中额型为 28.57%。

男性鼻指数平均值为中鼻型，但实际上包括了中鼻型、狭鼻型和阔鼻型三种情况，阔鼻型占 46.15%，中鼻型的比例为 38.46%，狭鼻型较少。女性平均值为阔鼻型，其中狭鼻型最少，只有 1 例，占总数的 6.67%，阔鼻型和特阔鼻型合计所占比例与中鼻型相当。

在上面指数特征上，男性平均值表现为中上面类型，中上面型的个体占到 66.67% 的比例，狭上面型和阔上面型各有 1 例，占 7.69%。8 例女性属中上面型占 75.00%，另有 25.00% 的阔上面型。

男性和女性的眶指数平均值均为中眶型，但实际上，男性低眶型所占比例最大，为 38.46%，中眶型和高眶型各占 30.77%，平均值只是一种综合算术平均的结果。女性 13 例中只有 1 例为高眶型，其他个体均为中眶型，中眶型占总数的 92.31%。

中面角的统计分析表明，92.31% 的男性中面角为平颌型，只有 1 例为中颌型但近平颌型。15 例女性中，平颌型多达 66.67%，中颌型和突颌型分别为 26.67% 和 6.67%。

男性和女性的齿槽面角均为突颌型、超突颌型、特突颌型。男性的特突颌型占到 66.67% 的比例，其他两种类型比例相等，平均值为特突颌型。女性则突颌型占 50.00%，超突颌型和特突颌型分别为 14.29%，28.57%，只有 1 例为中颌型，占 7.14%，平均值为特突颌型。

总面角的统计分析表明，男性 58.33% 为中颌型，其次为平颌型（5%）和突颌型（16.67%）。女性则以突颌型和中颌型各占 40.00%，平颌型为 20.00%。

男性的面突指数以正颌型居多，所占比例为 53.85%，其次为中颌型，占 38.46%，还有 1 例突颌型（7.69%）。14 例女性则有 57.14% 的正颌型，35.71% 中颌型以及 7.14% 的突颌型。

就整体而言，乡宁内阳垣男性颅骨测量平均值表现为长宽比例的中颅型，长高比例的高颅型，宽高比例的中颅型，狭额、中鼻、中上面以及中眶型，中面角为平颌型，齿槽面角为特突颌型，总面角为中颌型，面突指数为正颌型，表现出比较扁平的上面部形态和比较突出的颌部形态。女性颅骨宽高比例上表现为狭颅型，鼻指数为阔鼻型，面突指数为中颌型近正颌型，其他指数特征与男性相同（表 4.3）。

表 4.3　乡宁内阳垣颅骨指数及角度反映的颅面部特征类型

		男性		女性（含 M77）		M77	女性 I	
		百分比	例数	百分比	例数		百分比	例数
长宽指数	长颅型	7.69	1					
	中颅型	53.85	7	69.23	9		70.00	7
	圆颅型	38.46	5	30.77	4	∨	30.00	3
	特圆颅型							
长高指数	低颅型							
	正颅型	30.77	4	7.14	1		7.69	1
	高颅型	69.23	9	92.86	13	∨	92.31	12
宽高指数	狭颅型	38.46	5	71.43	10	∨	69.20	9
	中颅型	61.54	8	21.43	3		23.10	3
	阔颅型			7.14	1		7.70	1
额顶宽指数	狭额型	69.23	9	66.67	10	∨	64.29	9
	中额型	15.38	2	26.67	4		28.57	4
	阔额型	15.38	2	6.67	1		7.14	1
鼻指数	狭鼻型	15.38	2	6.25	1		6.67	1
	中鼻型	38.46	5	43.75	7		46.67	7
	阔鼻型	46.15	6	43.75	7	∨	40.00	6
	特阔鼻型			6.25	1		6.67	1
上面指数	特狭上面型							
	狭上面型	7.69	1					
	中上面型	66.67	4	75.00	6		75.00	6
	阔上面型	7.69	1	25.00	2		25.00	2
眶指数 R	低眶型	38.46	5					
	中眶型	30.77	4	92.86	13	∨	92.31	12
	高眶型	30.77	4	7.14	1		7.69	1

续表

		男性		女性（含 M77）		M77	女性 I	
		百分比	例数	百分比	例数		百分比	例数
总面角	超平颌型							
	平颌型	25	3	18.75	3		20.00	3
	中颌型	58.33	7	37.50	6		40.00	6
	突颌型	16.67	2	43.75	7	V	40.00	6
中面角	平颌型	92.31	12	62.50	10		66.67	10
	中颌型	7.69	1	31.25	5	V	26.67	4
	突颌型			6.25	1		6.67	1
齿槽面角	超平颌型							
	平颌型							
	中颌型			6.67	1		7.14	1
	突颌型	16.67	2	46.67	7		50.00	7
	超突颌型	16.67	2	13.33	2		14.29	2
	特突颌型	66.67	8	33.33	5	V	28.57	4
面突指数	平颌型							
	正颌型	53.85	7	53.33	8		57.14	8
	中颌型	38.46	5	40.00	6	V	35.71	5
	突颌型	7.69	1	6.67	1		7.14	1

第二节　颅骨测量数据的统计描述

本文采用基本描述统计量的方法分析同组个体之间颅面测量数据的集中趋势和离散趋势等特征。常见的基本统计量大致可以分为三大类。第一，刻画集中趋势的描述统计量；第二，刻画离散程度的描述统计量；第三，刻画分布形态的描述统计量。这些描述统计量包括均值、标准差、方差等数据，以便准确把握数据的集中趋势和离散趋势等特征。通常，综合这三类统计量就能够准确和清晰地把握数据的分布特点。

均值——反映某变量所有取值的集中趋势或平均水平。数学表达式为：

$$\bar{X} = \frac{1}{n} \sum_{i=1}^{n} X_i$$

均值标准误差——描述样本均值与总体均值之间平均差异程度的统计量。数学表达式为：

$$\text{S. E. of. Mean} = \frac{\sigma}{\sqrt{n}}$$

样本标准差——表示变量取值距离均值的平均离散程度的统计量。数学表达式为：

$$S = \sqrt{\frac{1}{n-1} \sum_{i=1}^{n} (X_i - \bar{X})^2}$$

以上公式中：n 为样本数，Xi 为各样本值，σ 为总体标准差。

极差全距——刻画变量所有取值离散程度的描述统计量。

112 项测量数据的统计描述所选统计量包括：例数 N，极差全距，最小值，最大值，平均值，样本标准差.，均值标准误差[①]。

浮山桥北组男性 112 项测量项目中标准差超过 5 的项目有 49 项，占全部项目的 43.75%。这些项目包括：颅骨最大长、颅基底长、颅骨最大宽、最小额宽、耳点间宽、枕骨最大宽、颅高、耳上颅高、颅矢状弧、额骨矢状弧、顶骨矢状弧、枕骨矢状弧、额骨矢状弦、顶骨矢状弦、面底长、上面宽、两眶宽、颧宽、全面高、上面高 pr；sd、颧骨高（L）、两眶内宽、额侧角Ⅰ、额侧角Ⅱ、前囟角、齿槽面角、颧上颌角、枕骨大孔指数、垂直颅面指数 pr；sd、上面指数（K）pr；sd、上面指数（V）pr；sd、眶指数 R、L（52：51；52：51a）、鼻眶指数 R、L（54：51；54：51a）、鼻根指数、腭指数、下颌髁突间宽、下颌体长、下颌体最大投影长、颏孔间弧（表4.4）。

表4.4 浮山桥北组颅骨测量值的描述统计量（112项）（男性）

长度：毫米；角度：度；指数:%

测量项	例数	极差全距	最小值	最大值	平均值	均值标准误差	标准差
1 颅骨最大长	5	18.00	177.00	195.00	184.00	3.03	6.78
5 颅基底长	3	13.00	101.00	114.00	106.23	3.96	6.86
8 颅骨最大宽	5	23.00	127.00	150.00	139.14	3.71	8.29
9 额骨最小宽	4	14.40	84.20	98.60	89.95	3.16	6.33
11 耳点间宽	4	13.00	126.00	139.00	132.80	3.38	6.75
12 枕骨最大宽	4	12.40	103.60	116.00	107.68	2.88	5.77
7 枕骨大孔长	4	5.80	33.00	38.80	35.50	1.23	2.46
16 枕骨大孔宽	4	3.00	28.00	31.00	29.80	0.72	1.43
17 颅高	3	10.00	142.00	152.00	145.53	3.24	5.61
21 耳上颅高	3	11.00	111.00	122.00	118.00	3.51	6.08
23 颅周长	2	2.00	523.00	525.00	524.00	1.00	1.41
24 颅横弧	2	6.00	322.00	328.00	325.00	3.00	4.24
25 颅矢状弧	3	26.00	367.00	393.00	379.00	7.57	13.11
26 额骨矢状弧	5	23.00	122.00	145.00	132.80	4.21	9.42
27 顶骨矢状弧	5	27.00	115.00	142.00	126.60	4.68	10.45
28 枕骨矢状弧	4	22.00	115.00	137.00	126.25	4.71	9.43
29 额骨矢状弦	5	22.50	108.00	130.50	115.94	4.12	9.21
30 顶骨矢状弦	5	22.90	101.90	124.80	108.88	4.11	9.18
31 枕骨矢状弦	4	10.20	100.90	111.10	105.08	2.41	4.81

续表

测量项	例数	极差全距	最小值	最大值	平均值	均值标准误差	标准差
40 面底长	4	11.70	92.80	104.50	98.75	2.91	5.81
43 上面宽	5	19.60	97.40	117.00	107.90	3.39	7.57
44 两眶宽	4	18.50	92.00	110.50	101.38	3.91	7.82
45 面宽/颧点间宽	3	20.60	126.00	146.60	137.40	6.05	10.47
46 中面宽	5	10.30	97.00	107.30	102.04	1.98	4.42
颧上颌突间高	4	4.50	21.00	25.50	23.83	1.01	2.01
47 全面高	5	27.10	114.90	142.00	124.98	4.84	10.83
48 上面高 pr	5	20.30	65.20	85.50	72.00	3.61	8.07
sd	5	21.60	69.90	91.50	76.80	3.80	8.50
50 前眶间宽	5	2.60	18.50	21.10	19.96	0.47	1.06
51 眶宽 R	4	8.80	38.00	46.80	42.40	1.80	3.61
51 眶宽 L	5	8.00	38.20	46.20	42.64	1.32	2.94
51a 眶宽 R	5	8.80	35.00	43.80	39.86	1.49	3.34
L	5	7.10	36.80	43.90	39.74	1.26	2.81
52 眶高 R	4	8.60	32.20	40.80	35.25	1.90	3.80
L	4	8.20	32.50	40.70	34.90	1.94	3.89
MH 颧骨高 R	5	12.10	41.90	54.00	47.64	2.23	4.98
MH 颧骨高 L	5	15.10	39.50	54.60	47.24	2.53	5.66
MB 颧骨宽 R	4	6.20	23.80	30.00	26.65	1.36	2.73
L	5	7.20	22.00	29.20	26.08	1.40	3.14
54 鼻宽	6	5.90	22.00	27.90	25.90	0.98	2.41

续表

	例数	极差全距	最小值	最大值	平均值	均值标准误差	标准差
55 鼻高	5	10.90	51.70	62.60	54.82	1.98	4.43
SC 鼻最小宽	6	4.60	5.50	10.10	8.57	0.69	1.69
SS 鼻最小宽高	6	3.80	1.60	5.40	3.15	0.58	1.43
60 上颌齿槽弓长	6	10.60	49.90	60.50	54.43	1.62	3.96
61 上颌齿槽弓宽	5	8.10	59.90	68.00	63.20	1.55	3.46
62 腭长	5	7.20	42.40	49.60	46.50	1.37	3.06
63 腭宽	4	9.60	32.50	42.10	37.70	1.97	3.95
FC 两眶内宽	5	17.80	88.20	106.00	97.66	3.44	7.68
FS 鼻根点至两眶内宽之矢高	4	7.20	13.30	20.50	16.23	1.56	3.12
DC 眶间宽	6	5.90	20.90	26.80	22.43	0.91	2.22
32 额侧角 I	3	17.00	69.00	86.00	80.33	5.67	9.81
额侧角 II	3	15.00	64.00	79.00	73.67	4.84	8.39
前囟角	3	32.50	37.00	69.50	50.17	9.88	17.11
72 总面角	3	9.00	80.00	89.00	84.33	2.60	4.51
73 中面角	3	6.00	82.00	88.00	85.33	1.76	3.06
74 齿槽面角	4	32.50	56.00	88.50	72.63	7.08	14.15
75 鼻梁侧角	1	0.00	72.50	72.50	72.50	.	.
77 鼻颧角	4	9.55	136.89	146.44	142.74	2.06	4.12
SSA 颧上颌角	4	16.85	126.42	143.27	133.01	3.87	7.73
面三角 ∠n-pr-ba	3	2.36	61.22	63.58	62.57	0.70	1.21

续表

	例数	极差全距	最小值	最大值	平均值	均值标准误差	标准差
面三角∠pr–n–ba	3	5.44	72.97	78.41	75.68	1.57	2.72
面三角∠n–ba–pr	3	7.80	38.02	45.82	41.76	2.26	3.91
8:1 颅长宽指数	5	11.58	68.65	80.23	75.65	1.90	4.26
17:1 颅长高指数	3	2.28	77.95	80.23	78.84	0.70	1.22
17:8 颅宽高指数	3	3.26	100.00	103.26	101.53	0.95	1.64
9:8 额宽指数	4	7.36	60.75	68.11	64.58	1.56	3.12
16:7 枕骨大孔指数	4	17.70	72.16	89.86	84.34	4.12	8.24
40:5 面突指数	3	0.46	91.42	91.88	91.66	0.13	0.23
48:17 垂直颅面指数 pr	3	10.53	45.72	56.25	50.19	3.14	5.44
sd	3	11.18	49.02	60.20	53.66	3.36	5.83
48:45 上面指数（K）pr	2	8.89	49.43	58.32	53.88	4.45	6.29
sd	2	9.76	52.65	62.41	57.53	4.88	6.90
48:46 上面指数（V）pr	4	20.34	64.31	84.65	71.05	4.66	9.31
sd	4	22.09	68.50	90.59	76.27	4.99	9.97
54:55 鼻指数	5	9.91	43.13	53.04	48.89	2.07	4.63
52:51 眶指数 R	4	12.80	76.67	89.47	83.19	3.05	6.11
L	4	14.24	73.86	88.10	82.00	3.53	7.06
52:51a 眶指数 R	4	18.60	78.54	97.14	87.84	4.37	8.75
L	4	11.48	81.23	92.71	87.91	2.56	5.13
54:51 鼻眶指数 R	4	15.97	55.61	71.58	62.59	3.67	7.35

续表

	例数	极差全距	最小值	最大值	平均值	均值标准误差	标准差
L	5	19.80	51.40	71.20	61.99	3.34	7.48
54∶51a 鼻眶指数 R	5	20.27	57.44	77.71	64.33	3.77	8.43
L	5	19.40	55.00	74.40	66.54	3.72	8.31
SS∶SC 鼻根指数	6	33.47	20.00	53.47	36.35	5.15	12.61
63∶62 腭指数	3	31.56	56.41	87.97	67.40	10.29	17.83
45∶(1+8)/2 横颅面指数	2	2.53	84.99	87.52	86.26	1.27	1.79
17∶(1+8)/2 高平均指数	3	0.98	88.12	89.10	88.75	0.32	0.55
65 下颌髁突间宽	2	7.14	124.11	131.25	127.68	3.57	5.05
66 下颌角间宽	1	0.00	118.35	118.35	118.35	.	.
67 髁孔间径	5	3.69	47.40	51.09	50.21	0.70	1.57
68 下颌体长	3	20.20	71.80	92.00	79.60	6.27	10.86
68-1 下颌体最大投影长	3	19.60	95.70	115.30	103.67	5.95	10.30
69 下颌联合高	4	6.03	32.59	38.62	36.01	1.35	2.69
69- 下颌体Ⅰ R	4	5.39	30.41	35.80	32.91	1.42	2.84
L	5	6.09	31.11	37.20	33.60	1.24	2.77
下颌体高Ⅱ R	5	7.76	27.30	35.06	30.75	1.60	3.57
L	5	6.90	28.87	35.77	31.84	1.45	3.24

	例数	极差全距	最小值	最大值	平均值	均值标准误差	标准差
69-3 下颌体厚 I R	5	2.27	12.31	14.58	13.50	0.40	0.90
L	5	2.36	12.20	14.56	13.25	0.48	1.07
下颌体厚 II R	5	2.38	14.99	17.37	16.14	0.40	0.90
L	5	2.34	14.90	17.24	16.25	0.45	1.01
70 下颌体枝高 R	3	1.90	67.57	69.47	68.45	0.55	0.96
L	2	0.81	69.07	69.88	69.48	0.41	0.57
71 下颌枝宽 R	3	9.57	37.97	47.54	42.51	2.77	4.80
L	2	5.07	38.25	43.32	40.79	2.54	3.59
71a 下颌枝最小宽 R	3	7.39	31.59	38.98	35.99	2.25	3.89
L	4	8.42	31.89	40.31	35.23	1.99	3.98
79 下颌角	3	3.00	115.00	118.00	116.00	1.00	1.73
68:65 下颌骨指数	2	5.73	54.70	60.43	57.57	2.87	4.05
71:70 下颌枝指数 R	3	13.39	56.19	69.58	62.09	3.95	6.84
L	1	0.00	54.74	54.74	54.74	.	.
颏孔间弧	4	32.00	55.00	87.00	66.00	7.15	14.31

　　浮山桥北组（女性）个体测量数据组内差异检验（包括 M10），112 项测量项目中标准差超过 5 的项目有 22 项，占总数的 19.64%。这些项目包括：最小额宽、枕骨大孔长、颅周长、颅横弧、颅矢状弧、顶骨矢状弧、枕矢状弧、顶骨矢状弦、枕矢

状弦、面底长、上面宽、颧宽、全面高、颧骨高（R）、两眶内宽、中面角、齿槽面角、鼻颧角、面三角∠n－pr－ba、额宽指数、面突指数、下颌角间宽（表4.5）。

表4.5 浮山桥北组颅骨测量值的描述统计量（112项）（女性）

长度：毫米；角度：度；指数:%

测量项	例数	极差全距	最小值	最大值	平均值	均值标准误差	标准差
1 颅骨最大长	4	9.50	172.00	181.50	176.95	2.17	4.33
5 颅基底长	4	5.00	97.00	102.00	98.83	1.09	2.19
8 颅骨最大宽	4	8.20	130.80	139.00	136.38	1.88	3.76
9 额骨最小宽	4	16.50	88.00	104.50	94.73	3.92	7.83
11 耳点间宽	4	8.00	115.00	123.00	120.13	1.90	3.79
12 枕骨最大宽	4	10.70	101.50	112.20	107.83	2.28	4.56
7 枕骨大孔长	4	13.50	31.60	45.10	37.00	3.09	6.18
16 枕骨大孔宽	3	3.90	26.60	30.50	28.30	1.15	2.00
17 颅高	4	5.50	132.00	137.50	134.38	1.16	2.32
21 耳上颅高	4	7.00	110.00	117.00	114.00	1.58	3.16
23 颅周长	4	21.00	503.00	524.00	513.00	4.53	9.06
24 颅横弧	4	32.00	300.00	332.00	316.50	6.55	13.10
25 颅矢状弧	4	12.00	350.00	362.00	357.50	2.63	5.26
26 额骨矢状弧	4	9.00	116.00	125.00	122.25	2.10	4.19
27 顶骨矢状弧	4	17.00	115.00	132.00	122.25	4.09	8.18
28 枕骨矢状弧	4	33.00	92.00	125.00	112.25	7.08	14.15
29 额骨矢状弦	4	7.30	109.20	116.50	111.75	1.71	3.42
30 顶骨矢状弦	4	16.00	103.10	119.10	110.58	3.49	6.99

续表

测量项	例数	极差全距	最小值	最大值	平均值	均值标准误差	标准差
31 枕骨矢状弦	4	26.00	76.50	102.50	94.03	5.92	11.83
40 面底长	2	12.00	92.00	104.00	98.00	6.00	8.49
43 上面宽	4	13.00	98.00	111.00	104.95	2.75	5.49
44 两眶宽	3	8.80	91.10	99.90	96.33	2.67	4.63
45 面宽/颧点间宽	2	12.30	122.20	134.50	128.35	6.15	8.70
46 中面宽	3	1.80	96.20	98.00	97.07	0.52	0.90
颧上颌突间高	2	1.50	19.00	20.50	19.75	0.75	1.06
47 全面高	2	10.60	102.60	113.20	107.90	5.30	7.50
48 上面高 pr	2	0.90	64.00	64.90	64.45	0.45	0.64
sd	2	0.60	66.50	67.10	66.80	0.30	0.42
50 前眶间宽	4	4.10	16.40	20.50	18.85	0.90	1.79
51 眶宽 R	3	3.70	40.00	43.70	42.17	1.11	1.93
51 眶宽 L	4	2.20	40.00	42.20	41.60	0.54	1.07
51a 眶宽 R	3	2.10	36.80	38.90	38.00	0.62	1.08
L	4	1.90	37.20	39.10	38.50	0.44	0.88
52 眶高 R	3	4.30	30.70	35.00	33.23	1.30	2.25
L	4	5.30	30.80	36.10	33.68	1.16	2.33
MH 颧骨高 R	3	11.60	33.50	45.10	40.50	3.56	6.16
MH 颧骨高 L	3	3.10	40.70	43.80	41.90	0.96	1.66
MB 颧骨宽 R	4	6.30	19.80	26.10	23.30	1.45	2.89
L	3	4.60	21.20	25.80	22.97	1.43	2.48

续表

测量项	例数	极差全距	最小值	最大值	平均值	均值标准误差	标准差
54 鼻宽	4	2.80	24.90	27.70	26.18	0.58	1.16
55 鼻高	4	3.00	48.50	51.50	50.05	0.76	1.52
SC 鼻最小宽	3	7.10	3.10	10.20	7.30	1.64	3.28
SS 鼻最小宽高	4	1.00	1.00	2.00	1.48	0.21	0.41
60 上颌齿槽弓长	1	0.00	48.00	48.00	48.00	.	.
61 上颌齿槽弓宽	2	5.10	58.70	63.80	61.25	2.55	3.61
62 腭长	1	0.00	41.40	41.40	41.40	.	.
63 腭宽	2	1.00	39.00	40.00	39.50	0.50	0.71
FC 两眶内宽	4	13.20	89.80	103.00	95.48	2.77	5.54
FS 鼻根点至两眶内宽之矢高	4	10.00	8.00	18.00	13.13	2.24	4.48
DC 眶间宽	3	4.00	18.90	22.90	21.27	1.21	2.10
32 额侧角 I	4	2.00	84.00	86.00	85.00	0.58	1.15
额侧角 II	4	11.00	75.00	86.00	81.00	2.27	4.55
前囟角	4	3.00	44.00	47.00	45.38	0.62	1.25
72 总面角	2	3.00	82.00	85.00	83.50	1.50	2.12
73 中面角	4	13.00	85.00	98.00	92.25	2.81	5.62
74 齿槽面角	2	23.00	43.00	66.00	54.50	11.50	16.26
75 鼻梁侧角	3	6.00	70.00	76.00	73.00	1.73	3.00
77 鼻颧角	4	22.99	137.97	160.96	149.48	4.85	9.70
SSA 颧上颌角	2	3.78	133.83	137.61	135.72	1.89	2.67
面三角∠n-pr-ba	2	7.79	65.82	73.61	69.72	3.90	5.51

续表

	例数	极差全距	最小值	最大值	平均值	均值标准误差	标准差
面三角∠pr－n－ba	2	3.91	70.21	74.12	72.17	1.96	2.76
面三角∠n－ba－pr	2	3.88	36.18	40.06	38.12	1.94	2.74
8∶1 颅长宽指数	4	3.65	75.87	79.52	77.08	0.84	1.69
17∶1 颅长高指数	4	5.93	72.73	78.66	75.99	1.45	2.90
17∶8 颅宽高指数	4	6.97	95.86	102.83	98.59	1.55	3.11
9∶8 额宽指数	4	12.58	63.31	75.89	69.45	2.63	5.27
16∶7 枕骨大孔指数	2	0.58	84.18	84.76	84.47	0.29	0.41
40∶5 面突指数	2	7.11	94.85	101.96	98.41	3.56	5.03
48∶17 垂直颅面指数 pr	2	0.23	48.25	48.48	48.37	0.11	0.16
sd	2	0.49	49.89	50.38	50.14	0.25	0.35
48∶45 上面指数（K）pr	1	0.00	53.11	53.11	53.11	.	.
sd	1	0.00	54.91	54.91	54.91	.	.
48∶46 上面指数（V）pr	2	2.15	65.31	67.46	66.39	1.08	1.52
sd	2	1.89	67.86	69.75	68.81	0.95	1.34
54∶55 鼻指数	4	8.18	48.35	56.53	52.36	1.73	3.46
52∶51 眶指数 R	3	3.34	76.75	80.09	78.76	1.02	1.77
L	4	8.55	77.00	85.55	80.90	1.97	3.94
52∶51a 眶指数 R	3	7.96	83.42	91.38	87.40	2.30	3.98
L	4	9.53	82.80	92.33	87.42	2.23	4.47
54∶51 鼻眶指数 R	3	2.18	61.21	63.39	62.28	0.63	1.09

测量项	例数	极差全距	最小值	最大值	平均值	均值标准误差	标准差
L	4	3.97	61.67	65.64	62.91	0.92	1.83
54：51a 鼻眶指数 R	3	4.97	67.35	72.32	69.11	1.61	2.78
L	4	4.26	66.58	70.84	67.97	0.98	1.95
SS：SC 鼻根指数	3	7.51	14.71	22.22	19.25	2.31	4.00
63：62 腭指数	4	6.34	52.33	58.67	56.13	1.44	2.88
45：(1+8)/2 横颅面指数	3	5.01	80.71	85.72	83.22	2.51	3.54
17：(1+8)/2 高平均指数	4	6.13	82.71	88.84	85.82	1.45	2.89
65 下颌髁突间宽	1	0.00	134.05	134.05	134.05	.	.
66 下颌角间宽	2	10.63	95.47	106.10	100.79	5.32	7.52
67 髁孔间径	3	4.39	44.11	48.50	46.52	1.28	2.23
68 下颌体长	2	6.20	71.60	77.80	74.70	3.10	4.38
68-1 下颌体最大投影长	3	8.90	98.00	106.90	103.23	2.69	4.65
69 下颌联合高	1	0.00	28.32	28.32	28.32	.	.
69-下颌体Ⅰ R	3	6.29	26.15	32.44	29.45	1.82	3.16
L	3	3.53	25.34	28.87	27.66	1.16	2.01
下颌体高Ⅱ R	3	1.53	26.96	28.49	27.61	0.46	0.79
L	2	1.69	27.05	28.74	27.90	0.84	1.20

续表

	例数	极差全距	最小值	最大值	平均值	均值标准误差	标准差
69－3 下颌体厚Ⅰ R	3	1.80	10.80	12.60	11.76	0.52	0.91
L	3	1.01	11.24	12.25	11.74	0.29	0.51
下颌体厚Ⅱ R	3	4.02	14.45	18.47	16.25	1.18	2.04
L	3	1.14	14.88	16.02	15.31	0.36	0.62
70 下颌体枝高 R	1	0.00	57.43	57.43	57.43	.	.
L	2	6.20	60.62	66.82	63.72	3.10	4.38
71 下颌枝宽 R	1	0.00	38.35	38.35	38.35	.	.
L	2	0.37	39.68	40.05	39.87	0.18	0.26
71a 下颌枝最小宽 R	1	0.00	31.53	31.53	31.53	.	.
L	2	0.33	31.36	31.69	31.53	0.17	0.23
79 下颌角	2	6.00	121.00	127.00	124.00	3.00	4.24
68∶65 下颌骨指数	1	0.00	66.78	66.78	66.78	.	.
71∶70 下颌枝指数 R	1	0.00	66.78	66.78	66.78	.	.
L	2	5.52	59.94	65.46	62.70	2.76	3.90
颏孔间弧	3	6.00	51.00	57.00	54.83	1.92	3.33

　　浮山桥北组（女性）与西周早期女性Ⅰ组（表4.6）相比，主要项目中颅长、颅宽、颅指数、颅长高指数、颅长宽指数的标准差变化较大，但都在同种系标准之内。

表4.6 浮山桥北组颅骨测量值的描述统计量（112项）（女性Ⅰ）

长度：毫米；角度：度；指数:%

测量项	例数	极差全距	最小值	最大值	平均值	均值标准误差	标准差
1 颅骨最大长	3	7.50	172.00	179.50	175.43	2.19	3.79
5 颅基底长	3	1.20	97.00	98.20	97.77	0.38	0.67
8 颅骨最大宽	3	8.20	130.80	139.00	135.93	2.58	4.47
9 额骨最小宽	3	9.60	88.00	97.60	91.47	3.08	5.33
11 耳点间宽	3	8.00	115.00	123.00	120.33	2.67	4.62
12 枕骨最大宽	3	10.70	101.50	112.20	107.23	3.11	5.39
7 枕骨大孔长	3	13.50	31.60	45.10	36.50	4.31	7.47
16 枕骨大孔宽	2	1.20	26.60	27.80	27.20	0.60	0.85
17 颅高	3	4.00	133.50	137.50	135.17	1.20	2.08
21 耳上颅高	3	6.00	110.00	116.00	113.00	1.73	3.00
23 颅周长	3	13.00	503.00	516.00	509.33	3.76	6.51
24 颅横弧	3	18.00	300.00	318.00	311.33	5.70	9.87
25 颅矢状弧	3	10.00	350.00	360.00	356.00	3.06	5.29
26 额骨矢状弧	3	8.00	116.00	124.00	121.33	2.67	4.62
27 顶骨矢状弧	3	16.00	116.00	132.00	124.67	4.67	8.08
28 枕骨矢状弧	3	24.00	92.00	116.00	108.00	8.00	13.86
29 额骨矢状弦	3	7.30	109.20	116.50	112.57	2.13	3.68
30 顶骨矢状弦	3	12.00	107.10	119.10	113.07	3.46	6.00
31 枕骨矢状弦	3	22.30	76.50	98.80	91.20	7.35	12.73
40 面底长	1	0.00	92.00	92.00	92.00	.	.

测量项	例数	极差全距	最小值	最大值	平均值	均值标准误差	标准差
43 上面宽	3	9.00	98.00	107.00	102.93	2.63	4.56
44 两眶宽	2	6.90	91.10	98.00	94.55	3.45	4.88
45 面宽/颧点间宽	2	12.30	122.20	134.50	128.35	6.15	8.70
46 中面宽	2	0.80	96.20	97.00	96.60	0.40	0.57
颧上颌突间高	1	0.00	20.50	20.50	20.50	.	.
47 全面高	1	0.00	102.60	102.60	102.60	.	.
48 上面高 pr	1	0.00	64.90	64.90	64.90	.	.
sd	1	0.00	67.10	67.10	67.10	.	.
50 前眶间宽	3	4.10	16.40	20.50	18.53	1.19	2.06
51 眶宽 R	2	3.70	40.00	43.70	41.85	1.85	2.62
51 眶宽 L	3	1.90	37.20	39.10	38.40	0.60	1.04
51a 眶宽 R	2	4.30	30.70	35.00	32.85	2.15	3.04
L	3	5.30	30.80	36.10	33.27	1.54	2.67
52 眶高 R	2	2.20	42.90	45.10	44.00	1.10	1.56
L	2	2.60	41.20	43.80	42.50	1.30	1.84
MH 颧骨高 R	3	6.30	19.80	26.10	23.70	1.97	3.41
MH 颧骨高 L	2	4.60	21.20	25.80	23.50	2.30	3.25
MB 颧骨宽 R	3	2.80	24.90	27.70	26.17	0.82	1.42
L	3	3.00	48.50	51.50	49.67	0.93	1.61
54 鼻宽	3	7.10	3.10	10.20	6.53	2.05	3.56

续表

	例数	极差全距	最小值	最大值	平均值	均值标准误差	标准差
55 鼻高	3	0.50	1.00	1.50	1.30	0.15	0.26
SC 鼻最小宽	1	0.00	48.00	48.00	48.00	.	.
SS 鼻最小宽高	2	5.10	58.70	63.80	61.25	2.55	3.61
60 上颌齿槽弓长	1	0.00	41.40	41.40	41.40	.	.
61 上颌齿槽弓宽	3	1.90	37.20	39.10	38.40	0.60	1.04
62 腭长	2	4.30	30.70	35.00	32.85	2.15	3.04
63 腭宽	2	1.00	39.00	40.00	39.50	0.50	0.71
FC 两眶内宽	3	5.60	89.80	95.40	92.97	1.66	2.87
FS 鼻根点至两眶内宽之矢高	3	10.00	8.00	18.00	12.33	2.96	5.13
DC 眶间宽	2	3.10	18.90	22.00	20.45	1.55	2.19
32 额侧角 I	3	2.00	84.00	86.00	85.33	0.67	1.15
额侧角 II	3	5.00	81.00	86.00	83.00	1.53	2.65
前囟角	3	2.00	45.00	47.00	45.83	0.60	1.04
72 总面角	1	0.00	85.00	85.00	85.00	.	.
73 中面角	3	13.00	85.00	98.00	91.33	3.76	6.51
74 齿槽面角	1	0.00	66.00	66.00	66.00	.	.
75 鼻梁侧角	2	3.00	70.00	73.00	71.50	1.50	2.12
77 鼻颧角	3	22.99	137.97	160.96	150.47	6.71	11.63
SSA 颧上颌角	1	0.00	133.83	133.83	133.83	.	.
面三角∠n-pr-ba	1	0.00	65.82	65.82	65.82		

	例数	极差全距	最小值	最大值	平均值	均值标准误差	标准差
面三角∠pr－n－ba	1	0.00	74.12	74.12	74.12	.	.
面三角∠n－ba－pr	1	0.00	40.06	40.06	40.06	.	.
8∶1 颅长宽指数	3	3.47	76.05	79.52	77.48	1.05	1.81
17∶1 颅长高指数	3	4.29	74.37	78.66	77.08	1.36	2.36
17∶8 颅宽高指数	3	6.09	96.74	102.83	99.50	1.78	3.09
9∶8 额宽指数	3	7.41	63.31	70.72	67.31	2.16	3.74
16∶7 枕骨大孔指数	2	0.58	84.18	84.76	84.47	0.29	0.41
40∶5 面突指数	1	0.00	94.85	94.85	94.85	.	.
48∶17 垂直颅面指数 pr	1	0.00	48.25	48.25	48.25	.	.
sd	1	0.00	49.89	49.89	49.89	.	.
48∶45 上面指数（K）pr	1	0.00	53.11	53.11	53.11	.	.
sd	1	0.00	54.91	54.91	54.91	.	.
48∶46 上面指数（V）pr	1	0.00	67.46	67.46	67.46	.	.
sd	1	0.00	69.75	69.75	69.75	.	.
54∶55 鼻指数	3	8.18	48.35	56.53	52.76	2.38	4.13
52∶51 眶指数 R	2	3.34	76.75	80.09	78.42	1.67	2.36
L	3	8.55	77.00	85.55	80.29	2.66	4.60
52∶51a 眶指数 R	2	7.96	83.42	91.38	87.40	3.98	5.63

续表

	例数	极差全距	最小值	最大值	平均值	均值标准误差	标准差
L	3	9.53	82.80	92.33	86.57	2.93	5.07
SS:SC 鼻根指数	2	7.51	14.71	22.22	18.47	3.76	5.31
63:62 腭指数	3	5.69	52.33	58.02	55.28	1.65	2.85
45:（1+8）/2 横颅面指数	2	5.01	80.71	85.72	83.22	2.51	3.54
17:（1+8）/2 高平均指数	3	4.75	84.09	88.84	86.86	1.43	2.47
65 下颌髁突间宽	1	0.00	134.05	134.05	134.05	.	.
66 下颌角间宽	2	10.63	95.47	106.10	100.79	5.32	7.52
67 髁孔间径	2	1.56	46.94	48.50	47.72	0.78	1.10
68 下颌体长	2	6.20	71.60	77.80	74.70	3.10	4.38
68-1 下颌体最大投影长	2	8.90	98.00	106.90	102.45	4.45	6.29
69 下颌联合高	1	0.00	28.32	28.32	28.32	.	.
69- 下颌体Ⅰ R	2	6.29	26.15	32.44	29.30	3.15	4.45
L	2	3.53	25.34	28.87	27.11	1.77	2.50
下颌体高Ⅱ R	2	1.12	27.37	28.49	27.93	0.56	0.79
L	1	0.00	27.05	27.05	27.05	.	.
69-3 下颌体厚Ⅰ R	2	1.08	10.80	11.88	11.34	0.54	0.76
L	2	0.50	11.24	11.74	11.49	0.25	0.35
下颌体厚Ⅱ R	2	1.37	14.45	15.82	15.14	0.69	0.97

	例数	极差全距	最小值	最大值	平均值	均值标准误差	标准差
L	2	1.00	15.02	16.02	15.52	0.50	0.71
70 下颌体枝高 R	1	0.00	57.43	57.43	57.43	.	.
L	1	0.00	60.62	60.62	60.62	.	.
71 下颌枝宽 R	1	0.00	38.35	38.35	38.35	.	.
L	1	0.00	39.68	39.68	39.68	.	.
71a 下颌枝最小宽 R	1	0.00	31.53	31.53	31.53	.	.
L	1	0.00	31.36	31.36	31.36	.	.
79 下颌角	2	6.00	121.00	127.00	124.00	3.00	4.24
68:65 下颌骨指数	1	0.00	66.78	66.78	66.78	.	.
71:70 下颌枝指数 R	1	0.00	66.78	66.78	66.78	.	.
L	1	0.00	65.46	65.46	65.46	.	.
颏孔间弧	2	0.50	56.50	57.00	56.75	0.25	0.35

女性 I：不包括 M10　Females I：Females but M10

乡宁内阳垣组男性 112 项测量项目中标准差超过 5 的项目有 35 项，占总项目的 31.25%。包括：颅骨最大宽、最小额宽、枕骨最大宽、颅周长、颅横弧、颅矢状弧、额骨矢状弧、顶骨矢状弧、枕骨矢状弧、顶骨矢状弦、枕骨矢状弦、颧宽、中面宽、全面高、额侧角 I、额侧角 II、齿槽面角、颧上颌角、枕骨大孔指数、上面指数（V）sd、鼻指数、眶指数 R、L（52:51；52；51a）、鼻眶指数 R、L（52；51a）、鼻根指数、下颌髁突间宽、下颌体长、下颌体最大投影长、下颌体枝高 R、下颌角、下颌枝指数（R、L），（表4.7）。

表4.7　乡宁内阳垣组颅骨测量值的描述统计量（112 项）（男性）

长度：毫米；角度：度；指数:%

测量项	例数	极差全距	最小值	最大值	平均值	均值标准误差	标准差
1 颅骨最大长	13	14.50	174.00	188.50	181.64	1.11	4.00
5 颅基底长	13	8.90	96.10	105.00	101.38	0.77	2.76
8 颅骨最大宽	13	18.80	131.50	150.30	142.71	1.44	5.18
9 额骨最小宽	13	19.20	83.80	103.00	92.79	1.59	5.73
11 耳点间宽	13	16.50	117.00	133.50	126.28	1.24	4.47
12 枕骨最大宽	12	16.00	98.50	114.50	105.70	1.49	5.15
7 枕骨大孔长	12	14.30	30.70	45.00	35.40	1.07	3.72
16 枕骨大孔宽	12	7.10	26.90	34.00	29.91	0.59	2.04
17 颅高	13	14.80	133.40	148.20	139.68	1.33	4.78
21 耳上颅高	13	14.50	110.50	125.00	117.30	1.22	4.41
23 颅周长	12	50.00	500.00	550.00	525.42	3.95	13.67
24 颅横弧	13	100.20	240.80	341.00	313.91	6.94	25.04
25 颅矢状弧	12	41.00	357.00	398.00	374.17	3.58	12.39
26 额骨矢状弧	13	15.70	120.30	136.00	127.25	1.40	5.03
27 顶骨矢状弧	12	28.00	117.00	145.00	128.39	2.55	8.83
28 枕骨矢状弧	12	31.30	100.70	132.00	116.81	2.29	7.92
29 额骨矢状弦	13	13.00	107.50	120.50	112.31	1.02	3.67
30 顶骨矢状弦	12	18.60	109.90	128.50	116.48	1.81	6.26
31 枕骨矢状弦	12	22.10	88.00	110.10	97.88	1.82	6.32
40 面底长	13	16.20	90.80	107.00	98.75	1.28	4.62

续表

测量项	例数	极差全距	最小值	最大值	平均值	均值标准误差	标准差
43 上面宽	12	13.00	98.50	111.50	105.28	1.28	4.43
44 两眶宽	13	14.70	92.20	106.90	97.68	1.31	4.71
45 面宽／颧点间宽	8	16.70	130.80	147.50	136.79	1.91	5.39
46 中面宽	11	18.50	97.00	115.50	101.60	1.55	5.15
颧上颌突间高	11	11.40	18.60	30.00	23.76	1.04	3.45
47 全面高	12	32.80	108.60	141.40	120.97	2.38	8.26
48 上面高 pr	11	14.00	67.20	81.20	72.16	1.14	3.78
sd	11	19.10	68.90	88.00	75.85	1.49	4.94
50 前眶间宽	13	7.20	17.00	24.20	19.75	0.62	2.23
51 眶宽 R	13	5.50	40.10	45.60	42.31	0.47	1.68
51 眶宽 L	13	6.00	40.00	46.00	42.06	0.58	2.09
51a 眶宽 R	12	7.00	36.20	43.20	39.52	0.57	1.96
L	12	7.30	36.00	43.30	39.58	0.69	2.38
52 眶高 R	13	7.80	29.50	37.30	33.44	0.73	2.63
L	13	12.70	29.20	41.90	33.59	1.00	3.61
MH 颧骨高 R	12	7.60	39.20	46.80	44.17	0.61	2.11
MH 颧骨高 L	12	9.40	38.90	48.30	44.38	0.78	2.71
MB 颧骨宽 R	12	4.70	22.80	27.50	25.31	0.45	1.56
L	12	5.10	21.90	27.00	25.00	0.45	1.56
54 鼻宽	13	7.40	23.50	30.90	26.98	0.55	1.97

	例数	极差全距	最小值	最大值	平均值	均值标准误差	标准差
55 鼻高	13	9.30	48.90	58.20	53.44	0.96	3.46
SC 鼻最小宽	13	4.40	4.60	9.00	7.18	0.35	1.26
SS 鼻最小宽高	13	3.00	1.00	4.00	2.42	0.27	0.98
60 上颌齿槽弓长	13	9.50	48.50	58.00	53.89	0.88	3.18
61 上颌齿槽弓宽	8	7.20	61.80	69.00	65.44	0.97	2.75
62 腭长	13	14.10	34.80	48.90	44.93	0.99	3.56
63 腭宽	6	11.40	38.50	49.90	41.72	1.73	4.24
FC 两眶内宽	12	15.00	90.50	105.50	97.92	1.26	4.37
FS 鼻根点至两眶内宽之矢高	12	6.00	10.00	16.00	13.15	0.57	1.98
DC 眶间宽	12	9.00	18.00	27.00	21.90	0.72	2.50
32 额侧角 I	13	18.50	72.50	91.00	82.75	1.47	5.31
额侧角 II	13	24.80	62.00	86.80	75.82	1.94	7.00
前囟角	13	12.00	39.00	51.00	45.65	0.97	3.50
72 总面角	12	8.50	78.50	87.00	82.53	0.77	2.68
73 中面角	13	9.00	84.00	93.00	88.65	0.64	2.32
74 齿槽面角	12	19.00	55.00	74.00	65.29	1.60	5.55
75 鼻梁侧角	11	10.00	62.00	72.00	66.90	0.79	2.62
77 鼻颧角	12	15.00	142.30	157.30	149.92	1.36	4.72
SSA 颧上颌角	11	21.90	117.00	138.90	129.92	2.11	7.01
面三角 ∠n-pr-ba	10	6.00	63.00	69.00	66.30	0.73	2.31

续表

	例数	极差全距	最小值	最大值	平均值	均值标准误差	标准差
面三角∠pr-n-ba	10	5.00	69.00	74.00	71.62	0.52	1.65
面三角∠n-ba-pr	10	5.80	39.00	44.80	42.08	0.49	1.56
8:1 颅长宽指数	13	10.60	72.30	82.90	78.58	0.76	2.75
17:1 颅长高指数	13	6.00	74.10	80.10	76.89	0.59	2.12
17:8 颅宽高指数	13	11.30	93.10	104.40	97.95	1.00	3.61
9:8 额宽指数	13	11.10	59.30	70.40	65.02	0.84	3.04
16:7 枕骨大孔指数	12	15.60	75.60	91.20	84.90	1.72	5.95
40:5 面突指数	13	10.50	92.80	103.30	97.38	0.82	2.94
48:17 垂直颅面指数 pr	11	7.50	48.50	56.00	51.75	0.77	2.55
sd	11	9.90	50.80	60.70	54.41	0.97	3.21
48:45 上面指数（K）pr	6	7.60	47.40	55.00	52.03	1.06	2.60
sd	6	8.20	49.40	57.60	54.08	1.17	2.86
48:46 上面指数（V）pr	9	14.20	60.50	74.70	70.23	1.54	4.62
sd	9	16.70	63.10	79.80	73.58	1.79	5.37
54:55 鼻指数	13	20.10	40.60	60.70	50.71	1.42	5.12
52:51 眶指数 R	13	22.50	67.70	90.20	79.18	2.00	7.20
L	13	24.70	66.70	91.40	79.92	2.22	8.01

续表

	例数	极差全距	最小值	最大值	平均值	均值标准误差	标准差
52:51a 眶指数 R	12	22.80	72.10	94.90	84.11	2.23	7.72
54:51 鼻眶指数 R	13	15.60	57.30	72.90	63.84	1.33	4.80
L	13	14.80	58.80	73.60	64.22	1.21	4.35
54:51a 鼻眶指数 R	12	16.50	60.10	76.60	68.48	1.58	5.49
L	12	16.40	60.00	76.40	68.41	1.60	5.54
SS:SC 鼻根指数	13	53.30	13.40	66.70	34.15	3.89	14.03
63:62 腭指数	13	11.80	55.30	67.10	60.38	0.96	3.48
45:(1+8)/2 横颅面指数	8	6.70	80.70	87.40	84.70	0.93	2.64
17:(1+8)/2 高平均指数	13	7.40	83.20	90.60	86.12	0.63	2.27
65 下颌髁突间宽	6	13.10	119.60	132.70	126.23	2.16	5.29
66 下颌角间宽	6	6.70	97.80	104.50	101.97	1.20	2.94
67 髁孔间径	10	9.00	43.90	52.90	47.75	0.71	2.25
68 下颌体长	8	23.40	61.50	84.90	74.64	2.51	7.09
68-1 下颌体最大投影长	9	22.20	95.10	117.30	106.27	2.07	6.20
69 下颌联合高	8	9.90	30.20	40.10	34.63	1.19	3.36
69-下颌体Ⅰ R	11	6.20	28.20	34.40	31.80	0.58	1.93

续表

	例数	极差全距	最小值	最大值	平均值	均值标准误差	标准差
L	10	8.50	28.70	37.20	32.30	0.88	2.77
下颌体高Ⅱ R	10	8.00	24.80	32.80	29.48	0.68	2.16
L	9	10.00	25.20	35.20	30.48	1.04	3.12
69-3 下颌体厚Ⅰ R	12	4.00	10.70	14.70	12.72	0.35	1.21
L	11	3.80	10.00	13.80	12.14	0.36	1.19
下颌体厚Ⅱ R	10	6.60	11.00	17.60	15.16	0.62	1.96
L	11	4.60	13.00	17.60	15.69	0.48	1.58
70 下颌体枝高 R	6	16.80	54.80	71.60	63.42	2.40	5.88
L	9	15.40	57.00	72.40	64.23	1.63	4.90
71 下颌枝宽 R	8	9.70	39.20	48.90	43.90	1.10	3.12
L	8	11.10	35.60	46.70	42.28	1.48	4.18
71a 下颌枝最小宽 R	8	7.10	30.30	37.40	33.81	1.05	2.96
L	9	9.10	28.40	37.50	33.60	0.94	2.83
79 下颌角	8	24.40	111.30	135.70	122.33	2.92	8.25
68:65 下颌骨指数	5	8.87	57.25	66.12	62.17	1.68	3.76
71:70 下颌枝指数 R	5	25.05	58.63	83.68	71.33	4.40	9.85
L	7	18.43	57.86	76.29	66.08	2.63	6.97
颏孔间弧	10	11.00	51.00	62.00	56.10	0.96	3.03

男性颅长绝对值变异范围为 174.00～188.50 毫米，平均值为 181.64 毫米，标准差为 4.00。颅宽绝对值变异范围为 131.50 - 150.30 毫米，平均值为 142.71 毫米，标准差为 5.18。颧宽变异范围为 130.80 - 147.50 毫米，平均值为 136.79 毫米，标准差为 5.39。

乡宁内阳垣组（女性）个体测量数据组内差异检验（包括 M77），112 项中标准差超过 5 的项目有 37 项，占总数的 33.04%。包括：颅骨最大长、颅骨最大宽、枕骨最大宽、颅周长、颅横弧、颅矢状弧、额骨矢状弧、顶骨矢状弧、枕骨矢状弧、顶骨矢状弦、枕骨矢状弦、面底长、中面宽、全面高、上颌齿槽弓长、上颌齿槽弓宽、额侧角Ⅱ、齿槽面角、鼻梁侧角、鼻颧角、颧上颌角、枕骨大孔指数、上面指数（sd）、眶指数 L（52:51；52；51a）、鼻眶指数 R、L（52:51；52；51a）、鼻根指数、腭指数、下颌髁突间宽、下颌角间宽、下颌体长、下颌角、下颌支指数 R、L（表4.8）。

表4.8 乡宁内阳垣组颅骨测量值的描述统计量（112项）（女性）

长度：毫米；角度：度；指数:%

测量项	例数	极差全距	最小值	最大值	平均值	均值标准误差	标准差
1 颅骨最大长	15	20.50	166.50	187.00	174.99	1.48	5.74
5 颅基底长	17	18.80	88.20	107.00	98.11	1.19	4.91
8 颅骨最大宽	16	26.30	130.20	156.50	137.42	1.53	6.11
9 额骨最小宽	17	14.70	82.47	97.17	88.89	0.91	3.74
11 耳点间宽	16	12.50	115.50	128.00	120.33	0.96	3.82
12 枕骨最大宽	15	20.83	91.69	112.52	104.70	1.31	5.09
7 枕骨大孔长	13	6.36	30.36	36.72	33.75	0.52	1.88

续表

测量项	例数	极差全距	最小值	最大值	平均值	均值标准误差	标准差
16 枕骨大孔宽	14	7.50	25.12	32.62	29.08	0.61	2.30
17 颅高	17	13.50	126.60	140.10	135.49	0.91	3.77
21 耳上颅高	16	16.00	103.00	119.00	112.77	1.01	4.03
23 颅周长	12	60.00	480.00	540.00	502.55	5.06	17.55
24 颅横弧	15	32.00	300.00	332.00	309.33	2.26	8.76
25 颅矢状弧	15	60.00	335.00	395.00	359.30	4.18	16.18
26 额骨矢状弧	17	23.00	105.00	128.00	121.35	1.33	5.50
27 顶骨矢状弧	18	30.00	105.00	135.00	123.94	2.01	8.54
28 枕骨矢状弧	16	33.00	100.00	133.00	115.03	2.25	9.01
29 额骨矢状弦	18	15.20	101.80	117.00	108.80	0.94	3.98
30 顶骨矢状弦	18	24.25	96.88	121.13	110.36	1.55	6.56
31 枕骨矢状弦	16	26.62	87.56	114.18	97.61	1.77	7.07
40 面底长	15	26.30	79.90	106.20	96.30	1.65	6.40
43 上面宽	16	16.04	93.57	109.61	99.37	1.12	4.50
44 两眶宽	14	11.60	87.98	99.58	94.13	0.95	3.57
45 面宽/颧点间宽	9	12.00	120.20	132.20	125.88	1.48	4.44
46 中面宽	13	29.50	82.50	112.00	94.03	2.02	7.28
颧上颌突间高	13	9.50	19.00	28.50	22.04	0.73	2.63
47 全面高	16	27.24	101.66	128.90	112.84	1.74	6.97
48 上面高 pr	16	13.50	58.00	71.50	65.58	0.86	3.44
sd	15	11.51	61.50	73.01	68.24	0.91	3.53
50 前眶间宽	18	9.09	14.12	23.21	18.30	0.58	2.48
51 眶宽 R	15	3.01	39.12	42.13	40.60	0.30	1.15

续表

	例数	极差全距	最小值	最大值	平均值	均值标准误差	标准差
51 眶宽 L	15	5.25	38.66	43.91	40.93	0.37	1.43
51a 眶宽 R	16	6.60	36.61	43.21	38.75	0.43	1.71
L	15	10.56	29.66	40.22	37.94	0.63	2.44
52 眶高 R	17	9.37	31.59	40.96	33.67	0.50	2.07
L	17	10.49	24.30	34.79	32.72	0.60	2.45
MH 颧骨高 R	16	10.07	38.12	48.19	42.37	0.61	2.43
MH 颧骨高 L	16	6.92	38.33	45.25	41.89	0.44	1.78
MB 颧骨宽 R	16	11.87	17.44	29.31	23.09	0.73	2.91
L	17	8.91	17.57	26.48	22.24	0.58	2.41
54 鼻宽	18	9.65	21.92	31.57	26.43	0.56	2.36
55 鼻高	18	10.94	44.72	55.66	50.66	0.69	2.92
SC 鼻最小宽	18	8.40	4.00	12.40	7.64	0.54	2.27
SS 鼻最小宽高	17	2.20	0.80	3.00	2.04	0.17	0.72
60 上颌齿槽弓长	16	27.53	39.50	67.03	50.34	1.58	6.32
61 上颌齿槽弓宽	14	26.96	42.38	69.34	60.21	1.66	6.21
62 腭长	17	11.24	35.34	46.58	42.90	0.69	2.83
63 腭宽	13	7.01	36.44	43.45	39.05	0.50	1.80
FC 两眶内宽	16	17.00	83.50	100.50	92.56	1.10	4.39
FS 鼻根点至两眶内宽之矢高	16	15.54	0.96	16.50	11.29	1.18	4.74
DC 眶间宽	16	8.99	15.58	24.57	19.66	0.56	2.24
32 额侧角 I	15	16.50	74.50	91.00	83.59	1.18	4.56

续表

	例数	极差全距	最小值	最大值	平均值	均值标准误差	标准差
额侧角Ⅱ	15	22.50	71.00	93.50	79.92	1.53	5.91
前囟角	16	13.00	38.00	51.00	46.36	0.87	3.49
72 总面角	15	13.00	76.00	89.00	81.29	1.07	4.14
73 中面角	16	20.20	72.80	93.00	84.99	1.18	4.72
74 齿槽面角	15	26.00	55.00	81.00	67.60	1.65	6.40
75 鼻梁侧角	9	17.00	60.00	77.00	67.41	1.88	5.63
77 鼻颧角	15	26.25	142.39	168.64	149.99	1.63	6.32
SSA 颧上颌角	12	16.57	119.62	136.19	129.45	1.51	5.24
面三角∠n－pr－ba	14	12.86	59.59	72.45	68.69	0.86	3.23
面三角∠pr－n－ba	14	13.49	66.72	80.21	71.93	0.90	3.37
面三角∠n－ba－pr	14	5.68	36.70	42.38	39.45	0.49	1.84
8:1 颅长宽指数	13	7.67	75.70	83.37	78.67	0.64	2.29
17:1 颅长高指数	15	5.84	74.82	80.66	77.54	0.46	1.77
17:8 颅宽高指数	15	10.67	93.78	104.45	99.16	0.76	2.95
9:8 额宽指数	15	13.48	55.92	69.40	64.08	0.86	3.31
16:7 枕骨大孔指数	12	25.37	75.00	100.37	86.21	2.05	7.11
40:5 面突指数	15	15.78	87.51	103.29	97.95	0.99	3.83
48:17 垂直颅面指数 pr	15	8.29	43.19	51.48	48.07	0.63	2.44
sd	14	7.57	45.79	53.36	50.08	0.68	2.56

续表

	例数	极差全距	最小值	最大值	平均值	均值标准误差	标准差
48：45 上面指数（K）pr	8	9.02	46.25	55.27	51.93	1.13	3.19
sd	8	10.63	48.96	59.59	54.36	1.33	3.75
48：46 上面指数（V）pr	12	16.26	59.59	75.85	69.14	1.44	4.99
sd	12	78.66	0.00	78.66	65.97	6.19	21.46
54：55 鼻指数	17	16.14	44.02	60.16	52.19	1.07	4.42
52：51 眶指数 R	15	8.46	78.65	87.11	82.03	0.62	2.39
L	15	85.87	0.00	85.87	74.70	5.59	21.64
52：51a 眶指数 R	16	14.20	80.59	94.79	87.15	0.89	3.57
L	15	90.06	0.00	90.06	78.92	5.90	22.85
54：51 鼻眶指数 R	15	20.71	56.79	77.50	65.08	1.35	5.22
L	15	21.85	57.35	79.20	65.67	1.65	6.41
54：51a 鼻眶指数 R	16	22.25	59.58	81.83	68.22	1.41	5.64
L	15	25.29	60.65	85.94	70.99	1.89	7.31
SS：SC 鼻根指数	17	28.56	13.11	41.67	28.08	2.00	8.24
63：62 腭指数	12	21.87	85.15	107.02	93.23	1.95	6.76
45：（1＋8）/2 横颅面指数	7	4.19	78.05	82.24	80.51	0.53	1.40
17：（1＋8）/2 高平均指数	13	6.78	83.23	90.01	87.15	0.53	1.91
65 下颌髁突间宽	7	13.99	111.74	125.73	118.13	1.97	5.21

续表

	例数	极差全距	最小值	最大值	平均值	均值标准误差	标准差
66 下颌角间宽	10	53.75	55.43	109.18	90.83	4.48	14.15
67 髁孔间径	16	6.37	42.45	48.82	45.60	0.50	2.00
68 下颌体长	12	36.44	46.56	83.00	71.05	2.61	9.03
68-1 下颌体最大投影长	15	17.30	89.40	106.70	98.58	1.04	4.04
69 下颌联合高	14	11.77	23.87	35.64	31.09	0.90	3.35
69-下颌体Ⅰ R	16	11.52	24.36	35.88	29.31	0.68	2.73
L	17	9.83	24.91	34.74	29.33	0.73	2.99
下颌体高Ⅱ R	13	8.53	24.33	32.86	28.60	0.72	2.58
L	16	5.97	24.98	30.95	28.01	0.49	1.96
69-3 下颌体厚Ⅰ R	17	4.21	9.54	13.75	11.89	0.30	1.25
L	18	4.85	9.53	14.38	11.96	0.32	1.36
下颌体厚Ⅱ R	15	4.81	13.10	17.91	15.65	0.35	1.36
L	18	5.05	12.77	17.82	16.00	0.35	1.47
70 下颌体枝高 R	9	14.76	51.65	66.41	58.16	1.52	4.57
L	11	14.29	50.23	64.52	56.76	1.19	3.95
71 下颌枝宽 R	9	6.96	35.48	42.44	39.71	0.73	2.20
L·	15	15.66	29.45	45.11	39.67	0.96	3.73
71a 下颌枝最小宽 R	11	6.58	29.04	35.62	32.48	0.63	2.08
L	14	9.52	27.65	37.17	33.54	0.78	2.90
79 下颌角	11	16.00	116.00	132.00	123.41	1.81	6.01

	例数	极差全距	最小值	最大值	平均值	均值标准误差	标准差
68:65 下颌骨指数	7	10.80	57.77	68.57	62.18	1.46	3.87
71:70 下颌枝指数 R	7	12.76	63.76	76.52	69.52	2.01	5.32
L	11	23.60	62.00	85.60	71.19	2.10	6.96
颏孔间弧	14	12.00	48.00	60.00	53.71	0.83	3.12

112 项描述统计结果表明，浮山桥北组男性标本之间具有显著的差异，这种变异可能有两个原因，其一是年代的跨度较大；其二在于这几例标本中具有非常极端形态的个体，如商代晚期的 M18:2 颅型非常狭长，颅长 185.00 毫米，颅宽 127.00 毫米，而春秋晚期的 M4 颅长、颅宽、颅高的绝对值分别为 195.00、150.00、152.00 毫米，表现出超出寻常的颅骨尺寸。112 项数据反映的变化，包括许多线段的绝对值，所以造成标准差增大。这种现象即便不是由于个体的变异或年代造成的人群体质差异，而是果真存在头颅硕大的人群，以这样小的样本量，也很难以这几个特征极端的个体综合平均，作为一组整体数据与其他古代组进行比较。因此，下文中关于体质特征的讨论，不再将浮山桥北组作为一个整体与其他对比组进行比较分析，以避免小样本个体变异和时代差异对于结果的影响。

乡宁内阳垣组女性标本中无论是否包含夏代标本，标准差的变化仍在百分位之内，表明在夏代的标本与春秋时期的标本之间没有显著的差异，但需指出的是 M77 缺少颧宽和鼻颧角两项很关键的数据（表4.9）。

表 4.9 乡宁内阳垣组颅骨测量值的描述统计量（112 项）（女性 I）

长度：毫米；角度：度；指数:%

测量项	例数	极差全距	最小值	最大值	平均值	均值标准误差	标准差
1 颅骨最大长	14	18.50	168.50	187.00	175.59	1.45	5.43
5 颅基底长	16	18.80	88.20	107.00	98.44	1.22	4.87
8 颅骨最大宽	15	26.30	130.20	156.50	137.65	1.61	6.25
9 额骨最小宽	16	14.70	82.47	97.17	89.01	0.96	3.83
11 耳点间宽	15	12.50	115.50	128.00	120.55	0.99	3.85
12 枕骨最大宽	14	20.83	91.69	112.52	104.48	1.39	5.21
7 枕骨大孔长	12	6.36	30.36	36.72	33.87	0.55	1.90
16 枕骨大孔宽	13	7.50	25.12	32.62	28.83	0.60	2.18
17 颅高	16	13.50	126.60	140.10	135.57	0.97	3.88
21 耳上颅高	15	16.00	103.00	119.00	112.95	1.06	4.10
23 颅周长	11	59.00	481.00	540.00	504.60	5.07	16.83
24 颅横弧	14	32.00	300.00	332.00	309.64	2.41	9.01
25 颅矢状弧	14	60.00	335.00	395.00	359.25	4.49	16.79
26 额骨矢状弧	16	23.00	105.00	128.00	121.44	1.42	5.67
27 顶骨矢状弧	17	30.00	105.00	135.00	123.29	2.02	8.33
28 枕骨矢状弧	15	33.00	100.00	133.00	115.63	2.32	8.99
29 额骨矢状弦	17	15.20	101.80	117.00	109.13	0.93	3.84
30 顶骨矢状弦	17	24.25	96.88	121.13	110.07	1.61	6.64
31 枕骨矢状弦	15	26.62	87.56	114.18	98.19	1.79	6.92
40 面底长	14	26.30	79.90	106.20	96.65	1.73	6.49

续表

测量项	例数	极差全距	最小值	最大值	平均值	均值标准误差	标准差
43 上面宽	16	16.04	93.57	109.61	99.37	1.12	4.50
44 两眶宽	14	11.60	87.98	99.58	94.13	0.95	3.57
45 面宽/颧点间宽	9	12.00	120.20	132.20	125.88	1.48	4.44
46 中面宽	12	29.50	82.50	112.00	94.53	2.13	7.37
颧上颌突间高	12	9.50	19.00	28.50	22.13	0.79	2.73
47 全面高	15	26.89	102.01	128.90	113.59	1.68	6.52
48 上面高 pr	15	11.70	59.80	71.50	66.08	0.74	2.88
sd	14	9.71	63.30	73.01	68.72	0.83	3.11
50 前眶间宽	17	9.09	14.12	23.21	18.54	0.57	2.33
51 眶宽 R	14	3.01	39.12	42.13	40.70	0.30	1.13
51 眶宽 L	15	5.25	38.66	43.91	40.93	0.37	1.43
51a 眶宽 R	15	6.20	37.01	43.21	38.89	0.43	1.67
L	15	10.56	29.66	40.22	37.94	0.63	2.44
52 眶高 R	16	9.37	31.59	40.96	33.73	0.53	2.12
L	16	10.49	24.30	34.79	32.77	0.63	2.53
MH 颧骨高 R	15	10.07	38.12	48.19	42.58	0.61	2.35
MH 颧骨高 L	16	6.92	38.33	45.25	41.89	0.44	1.78
MB 颧骨宽 R	15	11.87	17.44	29.31	23.18	0.77	2.99
L	16	8.91	17.57	26.48	22.33	0.61	2.46
54 鼻宽	17	9.65	21.92	31.57	26.52	0.58	2.40

	例数	极差全距	最小值	最大值	平均值	均值标准误差	标准差
55 鼻高	17	10.94	44.72	55.66	50.96	0.66	2.71
SC 鼻最小宽	17	8.40	4.00	12.40	7.80	0.54	2.22
SS 鼻最小宽高	16	2.20	0.80	3.00	2.04	0.19	0.74
60 上颌齿槽弓长	15	27.53	39.50	67.03	50.56	1.67	6.48
61 上颌齿槽弓宽	13	26.96	42.38	69.34	60.08	1.79	6.44
62 腭长	16	11.24	35.34	46.58	43.11	0.69	2.77
63 腭宽	12	7.01	36.44	43.45	38.91	0.52	1.80
FC 两眶内宽	16	17.00	83.50	100.50	92.56	1.10	4.39
FS 鼻根点至两眶内宽之矢高	16	15.54	0.96	16.50	11.29	1.18	4.74
DC 眶间宽	15	8.99	15.58	24.57	19.82	0.57	2.21
32 额侧角 I	14	16.50	74.50	91.00	83.34	1.24	4.63
额侧角 II	14	22.50	71.00	93.50	79.70	1.62	6.07
前囟角	15	13.00	38.00	51.00	46.25	0.92	3.58
72 总面角	14	13.00	76.00	89.00	81.52	1.12	4.19
73 中面角	15	20.20	72.80	93.00	85.12	1.25	4.86
74 齿槽面角	14	26.00	55.00	81.00	68.14	1.68	6.28
75 鼻梁侧角	8	14.50	62.50	77.00	68.34	1.85	5.24
77 鼻颧角	15	26.25	142.39	168.64	149.99	1.63	6.32
SSA 颧上颌角	11	16.57	119.62	136.19	129.49	1.66	5.50
面三角 ∠n−pr−ba	13	12.86	59.59	72.45	68.56	0.92	3.33

续表

	例数	极差全距	最小值	最大值	平均值	均值标准误差	标准差
面三角∠pr-n-ba	13	13.49	66.72	80.21	71.85	0.97	3.50
面三角∠n-ba-pr	13	5.13	37.25	42.38	39.67	0.48	1.73
8:1 颅长宽指数	12	7.67	75.70	83.37	78.53	0.67	2.33
17:1 颅长高指数	14	5.59	74.82	80.41	77.31	0.43	1.61
17:8 颅宽高指数	14	10.67	93.78	104.45	99.08	0.81	3.04
9:8 额宽指数	14	13.48	55.92	69.40	64.02	0.92	3.43
16:7 枕骨大孔指数	11	18.36	75.00	93.36	84.93	1.75	5.82
40:5 面突指数	14	15.78	87.51	103.29	97.91	1.06	3.97
48:17 垂直颅面指数 pr	14	7.35	44.13	51.48	48.42	0.57	2.12
sd	13	6.64	46.72	53.36	50.41	0.65	2.33
48:45 上面指数（K）pr	8	9.02	46.25	55.27	51.93	1.13	3.19
sd	8	10.63	48.96	59.59	54.36	1.33	3.75
48:46 上面指数（V）pr	11	16.26	59.59	75.85	69.44	1.54	5.12
sd	10	17.32	61.34	78.66	72.17	1.86	5.89
54:55 鼻指数	16	16.14	44.02	60.16	52.04	1.13	4.52
52:51 眶指数 R	14	8.46	78.65	87.11	81.95	0.66	2.46
L	14	26.72	59.15	85.87	80.03	1.78	6.67

	例数	极差全距	最小值	最大值	平均值	均值标准误差	标准差
52:51a 眶指数 R	15	14.20	80.59	94.79	87.01	0.94	3.64
L	14	27.93	62.13	90.06	84.56	1.87	7.00
54:51 鼻眶指数 R	14	20.71	56.79	77.50	65.21	1.44	5.39
L	15	21.85	57.35	79.20	65.67	1.65	6.41
54:51a 鼻眶指数 R	15	22.25	59.58	81.83	68.24	1.51	5.83
L	15	25.29	60.65	85.94	70.99	1.89	7.31
SS:SC 鼻根指数	16	27.57	13.11	40.68	27.23	1.92	7.70
63:62 腭指数	11	21.87	85.15	107.02	92.33	1.89	6.28
45:(1+8)/2 横颅面指数	7	4.19	78.05	82.24	80.51	0.53	1.40
17:(1+8)/2 高平均指数	12	6.78	83.23	90.01	86.96	0.54	1.87
65 下颌髁突间宽	6	13.99	111.74	125.73	119.13	2.01	4.91
66 下颌角间宽	10	53.75	55.43	109.18	90.83	4.48	14.15
67 髁孔间径	15	6.37	42.45	48.82	45.65	0.53	2.06
68 下颌体长	11	36.44	46.56	83.00	71.46	2.82	9.35
68-1 下颌体最大投影长	14	17.30	89.40	106.70	98.64	1.12	4.19
69 下颌联合高	13	11.77	23.87	35.64	31.30	0.94	3.39
69-下颌体Ⅰ R	15	11.52	24.36	35.88	29.41	0.72	2.80

续表

	例数	极差全距	最小值	最大值	平均值	均值标准误差	标准差
L	16	9.83	24.91	34.74	29.54	0.74	2.96
下颌体高Ⅱ R	12	8.53	24.33	32.86	28.90	0.71	2.45
L	15	5.97	24.98	30.95	28.21	0.48	1.86
69-3 下颌体厚Ⅰ R	16	4.21	9.54	13.75	11.94	0.32	1.27
L	17	4.85	9.53	14.38	11.98	0.34	1.40
下颌体厚Ⅱ R	14	4.81	13.10	17.91	15.68	0.38	1.41
L	17	5.05	12.77	17.82	16.01	0.37	1.52
70 下颌体枝高 R	9	14.76	51.65	66.41	58.16	1.52	4.57
L	10	14.29	50.23	64.52	56.33	1.23	3.88
71 下颌枝宽 R	8	6.96	35.48	42.44	39.81	0.82	2.33
L	14	15.66	29.45	45.11	39.80	1.02	3.84
71a 下颌枝最小宽 R	10	6.58	29.04	35.62	32.76	0.62	1.97
L	13	7.76	29.41	37.17	33.99	0.68	2.45
79 下颌角	10	16.00	116.00	132.00	122.75	1.86	5.90
68:65 下颌骨指数	6	10.80	57.77	68.57	62.66	1.64	4.01
71:70 下颌枝指数 R	7	12.76	63.76	76.52	69.52	2.01	5.32
L	10	21.57	64.03	85.60	72.11	2.08	6.59
颏孔间弧	13	12.00	48.00	60.00	53.92	0.87	3.15

女性Ⅰ：不包括 M77　Females Ⅰ：Females but M77

　　两个墓地组内个体差异较大的项目包括颅形和面形的绝对值、指数和角度等项。浮山桥北组（男性）、浮山桥北组（女性)、乡宁内阳垣组(男性)也表现出在下颌骨不同项目上具有较大的个体差异。浮山桥北组(女性)组内个体之间在鼻眶形态上没有显著的差别,而浮山桥北组(男性)、乡宁内阳垣组(男性)、乡宁内阳垣组(女性)各组内个体之间在鼻眶形态上则有较大的差异。

第三节　种系关系和种系纯度检验

人类学上判断某一待测组的头骨是否为同种系或异种系,常常考察测量项目的变异性(标准差)。1903 年,皮尔逊(K. Pearson)[②]提出,如果头长及头宽的标准差大于 6.5 单位时,被检测组可能属于异种系的一组。头长标准差小于 5.5 单位时,头宽标准差小于 3.3 单位,则被测组可能为同种系的一组。

与皮尔逊和莫兰特报道的同种系头骨组颅长、颅宽标准差相比较,浮山桥北组的颅长的标准差为 6.78,颅宽的标准差为 6.86,两项稍大于皮尔逊规定的可能为异种系的 6.5 的标准,小样本量和年代跨度都可能是影响统计数据的原因之一。

乡宁内阳垣组的颅长标准差为 4.00,颅宽的标准差为 5.18,两项均小皮尔逊规定的可能为异种系的 6.5 的标准,与颅长标准差 5.5,颅宽标准差 3.3 标准相比,颅宽标准差又高于 3.3 的标准。

豪威尔斯(W. W. Howells)制定了多项颅骨测量平均标准差百分比测试方法[③]。表 4.10 所列欧洲同种系标准差系豪威尔斯选用 15 – 20 个组的欧洲民族同种系头骨的 26 项线度测量和 8 项指数分别所得之数值。将待测组头骨的相同项目的各项标准差与之作相应的比较,如所获得的百分比值越接近 100,则表示被测试组的种系成分可能较纯,反之成分可能较复杂。

　　浮山桥北组在颅宽、耳上颅高、最小额宽、颅基底长、颅周长、颅横弧、额骨矢状弧、顶骨矢状弧、枕骨矢状弧、颧宽、上面高、眶高、眶宽、鼻高、鼻宽、腭宽、下颌髁间宽、颏联合高、下颌枝最小宽、全面高、颅长宽指数、颅长高指数、颅宽高指数、上面指数（K）、腭指数等项目上，与欧洲同种系标准差百分比远离 100，主要项目颅宽高指数、长高指数、上面指数、鼻高、鼻宽、眶高、眶宽、颧宽、上面高、颅宽、最小额宽等项目与欧洲同种系标准差的比值都比较大，表明组内个体之间具有相当显著的差异。

　　乡宁内阳垣组颅长、最小额宽、颅基底长、颅横弧、眶高、腭长、腭宽、下颌髁间宽、下颌枝最小宽、全面高、颅宽高指数、上面指数（K）、眶指数、鼻指数、腭指数等项目的标准差与欧洲同种系标准差的百分比与 100 相差很大。

　　浮山桥北组和乡宁内阳垣组在线弧测量平均标准差百分比及全部 34 项平均标准差百分比上比较接近，但是指数平均标准差百分比相差悬殊，浮山桥北组内变异远大于乡宁内阳垣组，反映出小样本量加上极端特征的个体的影响不可忽视（表 4.10）。

表 4.10　测量值及指数的标准差与欧洲同种系
平均标准差百分比之比较（男性）

项　目	1	2	3	4	5
颅长	6.09	6.78	4.00	111.33	65.71
颅宽	5.03	8.29	5.18	164.81	102.88
颅高	5.12	5.61	4.78	109.57	93.35
耳上颅高	4.24	6.08	4.41	143.40	104.12
最小额宽	4.32	6.33	5.73	146.53	132.60

续表

项 目	1	2	3	4	5
颅基底长	4.22	6.86	2.76	162.56	65.41
面基底长	4.88	5.81	4.62	119.06	94.73
颅周长	14.14	1.41	13.67	10.00	96.66
颅横弧	10.02	4.24	25.04	42.32	249.87
颅矢状弧	12.71	13.11	12.39	103.15	97.45
额骨矢状弧	6.01	9.42	5.03	156.74	83.75
顶骨矢状弧	7.65	10.45	8.83	136.60	115.41
枕骨矢状弧	7.46	9.43	7.92	126.41	106.11
颧宽	5.10	10.47	5.39	205.29	105.71
上面高	4.28	8.50	4.94	198.60	115.54
眶高	2.01	3.80	2.63	189.05	130.73
眶宽	1.82	3.61	1.68	198.35	92.50
鼻高	3.03	4.43	3.46	146.20	114.16
鼻宽	1.81	2.41	1.97	133.15	108.73
腭长	2.93	3.06	3.56	104.44	121.42
腭宽	3.19	3.95	4.24	123.82	132.92
下颌髁间宽	5.58	5.09	2.25	91.22	40.28
下颌角间宽	6.62		7.09		107.04
颏联合高	2.84	2.69	2.77	94.72	97.51
下颌枝最小宽	2.71	3.89	9.85	143.54	363.39
全面高	6.33	10.83	8.26	171.09	130.51
线弧测量平均标准差百分比				116.14	115.96

项　目	1	2	3	4	5
颅长宽指数	3.22	4.26	3.61	132.30	112.24
颅长高指数	3.05	1.22	3.04	40.00	99.66
颅宽高指数	4.61	1.64	5.95	35.57	129.05
额宽指数	3.23	3.12	2.94	96.59	91.16
上面指数（K）	3.30	6.29	5.37	190.61	162.58
眶指数	5.33	6.11	7.72	114.63	144.80
鼻指数	4.49	4.63	8.01	103.12	178.42
腭指数	6.61	17.83	2.27	269.74	34.37
指数平均标准差百分比				133.33	119.03
全部34项平均标准差百分比				119.14	118.19

1. 欧洲同种系标准差　2. 浮山桥北组标准差　3. 乡宁内阳垣组标准差

4. 浮山桥北组与欧洲同种系标准差之百分比

5. 乡宁内阳垣组与欧洲同种系标准差之百分比

第四节　小结

对男性颅骨测量数据进行的统计分析以及同种系的探讨表明，浮山桥北组男性在高颅、狭颅、面部宽度、上面部扁平度等性状方面，表现出较为一致的特点，乡宁内阳垣组男性颅骨具有长宽比例的中颅型，长高比例的高颅型，宽高比例的中颅型，狭额型、中鼻型、中上面型、中眶型，具有比较扁平的面部形态和比较突出的颌部形态，总面角为中颌型，面突指数为正颌型。

浮山桥北组（女性）在长宽比例的中等颅型、狭额、中眶、中面角平颌性状以及特别前突的颌部等性状上反映出一致的特征，但上面部扁平程度具有显著的差异。乡宁内阳垣组（女性）

颅骨宽高比例上表现为狭颅型，鼻指数为阔鼻型，面突指数为中颌型近正颌型，其他指数特征与男性相同。

男性 112 项描述统计结果表明，浮山桥北组标本之间具有显著的差异。乡宁内阳垣组的个体变异在同种系标准之内。

浮山桥北组（女性）与浮山桥北组（女性Ⅰ）相比，主要项目中颅长、颅宽、颅指数、颅长高指数、颅长宽指数的标准差变化较大，但都在同种系标准之内。乡宁内阳垣组（女性）是否包含夏代标本，标准差的变化都在百分位之内，表明在夏代的标本在缺少颧宽和鼻颧角的情况下，与春秋时期的标本之间没有表现出显著的差异。

---

① 薛薇编著：《SPSS 统计分析方法及应用》，第 84～86 页，电子工业出版社，2004 年版。

② Pearson，K.：*Homogeneity and Heterogeneity in collections of crania. Biometrika*，1903，3，345～347；韩康信、潘其风：《安阳殷墟中小墓人骨的研究》；中国社会科学院历史研究所、考古研究所：《安阳殷墟头骨研究》，第 50～81 页，文物出版社，1985 年版。

③ 杨希枚：《河南安阳殷墟墓葬中人体骨骼的整理和研究》，《历史语言研究所集刊》第 42 本，第 231～266 页，1970 年版；中国社会科学院历史研究所、考古研究所：《安阳殷墟头骨研究》，第 21～44 页，文物出版社，1985 年版。

第五章　人种类型的初步探讨

第一节　与亚洲蒙古人种各区域性类型的比较

本文颅骨标本与现代亚洲蒙古人种各区域性类型[1]进行比较的测量项目包括颅长、颅宽、颅指数、颅高、颅长高指数、颅宽高指数、最小额宽、额角、颧宽、上面高（sd）、垂直颅面指数（sd）、上面指数、鼻颧角、面角、眶指数、鼻指数以及鼻根指数等 17 项。

一　浮山桥北组

表 5.1 列举了浮山桥北组颅骨与现代亚洲蒙古人种类型的比较数据。

商代晚期的 M18：2、M18：1 可比较的数据包括颅长、颅宽、颅指数、颅高、最小额宽、上面高 sd、鼻颧角、眶指数、鼻指数、鼻根指数。

M18：2 颅宽（127.00 毫米）、颅指数（68.65%）、最小额宽（86.50 毫米）低于亚洲蒙古人种类型的变异范围的下限，鼻根指数则超出亚洲蒙古人种类型的变异范围的上限。

表 5.1　浮山桥北标本与现代亚洲蒙古人种的比较（男性）

长度：毫米；角度：度；指数：%

马丁号	浮山桥北					北亚	东北亚	东亚	南亚	亚洲
	M4	M5	M17	M18:2	M18:1					
1	195.00	182.00	177.00	185.00	181.00	174.90－192.70	180.70－192.40	175.00－182.20	169.90－181.30	169.90－192.70
8	150.00	138.10	142.00	127.00	138.60	144.40－151.50	134.30－142.60	137.60－143.00	137.90－143.90	134.30－151.50
8:1	76.92	75.88	80.23	68.65	76.57	75.40－85.90	69.80－79.00	76.90－81.50	76.90－83.30	69.80－85.90
17	152.00	142.60	142.00			127.10－132.40	132.90－141.10	135.30－140.20	134.40－137.80	127.10－141.10
17:1	77.95	78.35	80.23			67.40－73.50	72.60－75.20	74.30－80.10	76.50－79.50	67.40－80.10
17:8	101.33	103.26	100.00			85.20－91.70	93.30－102.80	94.40－100.30	95.00－101.30	85.20－102.80
9	98.60		90.50	86.50	84.20	90.60－95.80	94.20－96.60	89.00－93.70	89.70－95.40	89.00－96.60
32	69.00	86.00	86.00			77.30－85.10	77.00－79.00	83.30－86.90	84.20－87.00	77.00－87.00
45	146.60		139.60			138.20－144.00	137.90－144.80	131.30－136.00	131.50－136.30	131.30－144.80
48	91.50	69.90	73.50	76.00	73.10	72.10－77.60	74.00－79.40	70.20－76.60	66.10－71.50	66.10－79.40
48:17	60.20	49.02	51.76			55.80－59.20	53.00－58.40	52.00－54.90	48.00－52.20	48.00－59.20
48:45	62.41		52.65			51.40－55.00	51.30－56.60	51.70－56.80	49.90－53.30	49.90－56.80
77	136.89		143.27	146.44	144.37	147.00－151.40	149.00－152.00	145.00－146.60	142.10－146.00	142.10－1520
72	84.00	89.00	80.00			85.30－88.10	80.50.－86.30	80.60－86.50	81.10－84.20	80.50－88.10
52:51	87.18		76.67	79.44	89.47	79.30－85.70	81.40－84.90	80.70－85.00	78.20－85.70	78.20－85.70
54:55	43.13	53.04	50.93	44.74	52.61	45.00－50.70	47.60－47.60	45.20－50.20	50.30－55.50	42.60－55.50
ss:sc	53.47	36.36	39.33	44.94	20.00	26.90－38.50	34.70－42.50	31.00－35.00	26.10－36.10	26.10－42.50

注：亚洲蒙古人种的各项数值转引自潘其风、韩康信：《柳湾墓地的人骨研究》，中国社会科学院考古研究所、青海省文物管理处考古队，《青海柳湾》附录一，第272页，文物出版社，1984年版。

M18∶1 最小额宽（84.20 毫米）、鼻根指数（20.00%）低于亚洲蒙古人种类型的变异范围的下限，眶指数（89.47%）超出上限。

春秋中期的 M17 颅高值略超出亚洲蒙古人种类型的变异范围的上限，面角略低于下限并接近下限。

由上述可见，M18∶2、M18∶1、M17 除个别项目超出之外，绝大部分项目均落入亚洲蒙古人种变异范围。

春秋晚期 M4 颅指数、颅宽高指数、面角、鼻指数落在亚洲蒙古人种变异范围内，测量绝对值除颅宽（150.00 毫米）一项接近亚洲蒙古人种类型的变异范围上限（151.50 毫米）之外，其他绝对值均超出亚洲蒙古人种类型的变异范围，颅长（195.00 毫米）、颅高（152.00 毫米）、最小额宽（98.60 毫米）、上面高（91.50 毫米），垂直颅面指数（60.20%），眶指数（87.18%）、鼻根指数（53.47%）均超出亚洲蒙古人种类型的变异范围上限，额角（69.00 度）、鼻颧角（136.89 度）则低于变异范围的下限。M5 颅高（142.60 毫米）、颅宽高指数（103.26 毫米）、面角（89.00 度）超出亚洲蒙古人种类型的变异范围上限，其他项目均落入亚洲蒙古人种变异范围。M4 的变异，可能在于颅骨比较大，面部又高又阔，而且作为单个个体进行比较，突出了个体差异的缘故，不过除上面提到的指数外，其他指数较之其他个体相差不大。

商代晚期 M18∶2、M18∶1 落入北亚类型变异范围的项目有颅长、上面高、眶指数。春秋中期的 M17 落入北亚类型变异范围的项目有颅长、颅指数、颧宽、上面高、上面指数。春秋晚期 M4、M5 的颅指数，M5 的颅长、鼻根指数等项目落入北亚类型变异范围，与北亚类型相比，浮山桥北的标本具有相当高而狭长的颅型、中等扁平的上面部、狭窄的额部形态，M4 为狭上面型，M17 为阔上面型接近中上面型，其他标本缺少数据。这些个体显然与北亚类型较低的颅型，高而宽阔面型，颇为扁平的上面部、宽阔的额部形态有着本质的区别。

商代晚期 M18：2 只有颅长、上面高落入东北亚类型变异范围，鼻根指数超出其上限，其余的项目均低于其下限。M18：1 落入东北亚类型变异范围的项目包括颅长、颅宽、颅指数。最小额宽、上面高、鼻颧角低于东北亚类型变异范围的下限，眶指数、鼻指数超出其上限。

春秋中期的 M17 落入东北亚类型变异范围的项目有颅长、颅宽、颅宽高指数、颧宽、上面指数、鼻根指数。颅指数、鼻指数、额角超出其上限，最小额宽、上面高、面角、眶指数均超出其下限。

M17 所表现出的比较小的鼻颧角、狭额、阔鼻、低矮的上面与东北亚类型扁平的面部、宽阔的额部，中等鼻型相异。

浮山桥北标本共同具有的中等扁平的上面部、狭窄的额部特征与东北亚极为扁平的面部、宽阔的额部有着明显的差别。

商代晚期 M18：1 中等颅型、M18：2 中等面高，二者中等扁平的上面部性状与东亚类型接近，狭窄的额部与东亚类型有些差距。鼻指数、眶指数、鼻根指数表现出相异的特点，分别超出下限或上限。

春秋中期 M17 颅高、颧宽、眶指数、鼻根指数超出东亚类型变异范围，但其他特征比较吻合。

春秋晚期 M4 只有颅指数、颅长高指数、面角落入东亚类型的变异范围，鼻颧角、额角、远低于其下限，鼻指数略低于东亚类型变异范围下限，其他项目远高于东亚类型变异范围上限，鼻根指数表明鼻根的突度比较强烈。

M5 上面高、颅指数、垂直颅面指数略超出东亚类型变异范围的下限，颅高、颅宽高指数、面角、鼻指数、鼻根指数超出东亚类型变异范围的上限或接近其上限，其他项目落入其变异范围。

与东亚类型比较结果表明，浮山桥北组存在比较极端的个体，与东亚类型有很大的偏离，但同时也偏离其他类型的变异范围，其指数特征还是与东亚类型比较接近。除 M18：1 之外，鼻根指数均高于东亚类型变异范围的上限。

与南亚蒙古人种类型相比，商代晚期的 M18：2 颅长、上面高、鼻颧角、鼻根指数都超出了其变异范围的上限，而颅宽、颅指数、鼻指数、最小额宽低于其变异范围的下限，只有眶指数与之相匹配。M18：1 颅长、颅宽、上面高、鼻颧角、鼻指数与南亚类型的变异范围吻合，低于其下限的项目有颅指数、鼻指数，最小额宽，鼻根指数。超出上限的项目为眶指数。

春秋中期 M17 颅高、颧宽远超出南亚类型变异范围，眶指数、鼻根指数有所超出，其他项目落入其变异范围或与之接近。但同样的项目与东亚类型也吻合。

春秋晚期的 M4 落入南亚类型变异范围的有颅指数、颅长高指数、面角，颅宽高指数与之上限接近，其他项目均超出下限或上限。M5 与南亚类型变异范围相符的项目有颅宽、颅长高指数、额角、上面高、垂直颅面指数、鼻指数。颅长、鼻根指数超出其上限但与之接近。颅高和面角绝对值明显大于南亚类型。

综上所述，浮山桥北组（男性）颇高的颅高超出蒙古人种类型的变异范围，颇高的颅高、狭长的颅型及前突的颌部特征都与北亚、东北亚蒙古人种类型有明显的差异，总体特征接近东亚蒙古人种类型，比较低的面部、较阔的鼻型则与南亚类型接近，多数标本鼻根部的突度大于南亚类型、上面部扁平程度与东亚和南亚类型都比较接近。阔鼻和低矮的上面形态未必与古代华南地区有更多的渊源关系，这可能是当地土著居民或其中一个群体的特征之一，而阔鼻的倾向，是在中国新石器时代诸多文化类型居民中普遍具有的特征，更为可能的是一种由于地域及人类群体演化的不平衡性的直接反映。②

二　乡宁内阳垣组

表5.2列举了乡宁内阳垣组颅骨与现代亚洲蒙古人种各区域性类型的比较数据（男性），图5.1为乡宁内阳垣组颅骨与现代亚洲蒙古人种各区域性类型的比较图解（男性）。

乡宁内阳垣组颅骨测量数据全部比较项目均落入亚洲蒙古人种变异范围之内。

与北亚蒙古人种类型相比，乡宁内阳垣组颅长、颅指数、最小额宽、上面高、额角、上面指数、鼻颧角等项落入北亚类型变异范围，颅宽、颧宽、垂直颅面指数和面角超出北亚类型变异范围的下限，颅高、颅长高指数、颅宽高指数和鼻根指数超出北亚类型变异范围的上限，眶指数为北亚类型的下限，鼻指数则与其上限相当。乡宁内阳垣组（男性）的高颅型，偏狭的中颅型、狭额型、齿槽突颌构成与北亚蒙古人种类型的显著差异，但在颇为扁平的上面部特征方面与北亚蒙古人种类型比较相近。

乡宁内阳垣组超出东北亚蒙古人种类型变异范围下限的项目有最小额宽，颧宽，眶指数、鼻根指数。额角、颅宽、颅长高指数及鼻指数超出变异范围的上限。落入东北亚蒙古人种类型变异范围的项目包括颅长、颅指数、颅高、颅宽高指数、上面高、上面指数、垂直颅面指数、鼻颧角、面角等项。乡宁内阳垣组比较狭窄的额部、狭窄的面部、齿槽突颌与东北亚类型的阔额、阔面、扁平的颌部差异显著。颇扁平的上面部特征与东北亚类型接近。

表 5.2　乡宁内阳垣组与现代亚洲蒙古人种的比较（男性）

长度：毫米；角度：度；指数：%

马丁号	乡宁内阳垣组	例数	北亚	东北亚	东亚	南亚	亚洲
1	181.64	13	174.90－192.70	180.70－192.40	175.00－182.20	169.90－181.30	169.90－192.70
8	142.71	13	144.40－151.50	134.30－142.60	137.60－143.90	137.90－143.90	134.30－151.50
8:1	78.58	13	75.40－85.90	69.80－79.00	76.90－81.50	76.90－83.30	69.80－85.90
17	139.68	13	127.10－132.40	132.90－141.10	135.30－140.20	134.40－137.80	127.10－141.10
17:1	76.90	13	67.40－73.50	72.60－75.20	74.30－80.10	76.50－79.50	67.40－80.10
17:8	97.94	13	85.20－91.70	93.30－102.80	94.40－100.30	95.00－101.30	85.20－102.80
9	92.79	13	90.60－95.80	94.20－96.60	89.00－93.70	89.70－95.40	89.00－96.60
32	82.75	1̂3	77.30－85.10	77.00－79.00	83.30－86.90	84.20－87.00	77.00－87.00
45	136.79	8	138.20－144.00	137.90－144.80	131.30－136.00	131.50－136.30	131.30－144.80
48	75.85	11	72.10－77.60	74.00－79.40	70.20－76.60	66.10－71.50	66.10－79.40
48:17	54.39	11	55.80－59.20	53.00－58.40	52.00－54.90	48.00－52.20	48.00－59.20
48:45	54.09	6	51.40－55.00	51.30－56.60	51.70－56.80	49.90－53.30	49.90－56.80
77	150.08	12	147.00－151.40	149.00－152.00	145.00－146.00	142.10－146.00	142.10－1520
72	82.53	12	85.30－88.10	80.50.－86.30	80.60－86.50	81.10－84.20	80.50－88.10
52:51	79.17	13	79.30－85.70	81.40－84.90	80.70－85.00	78.20－85.70	78.20－85.70
54:55	50.71	13	45.00－50.70	47.60－47.60	45.20－50.20	50.30－55.50	42.60－55.50
ss:sc	34.16	13	26.90－38.50	34.70－42.50	31.00－35.00	26.10－36.10	26.10－42.50

注：亚洲蒙古人种的各项数值转引自：潘其凤，韩康信：《柳湾墓地的人骨研究》青海省文物管理处考古队、中国社会科学院考古研究所：《青海柳湾》附录一，第 272 页，文物出版社，1984 年版。

126

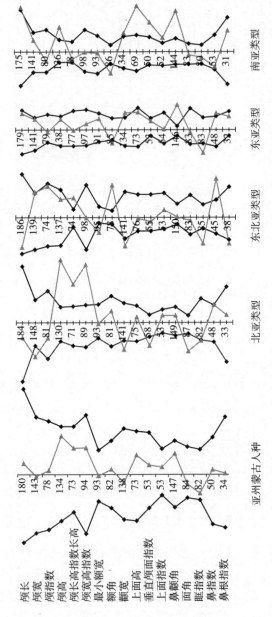

图5.1　乡宁内阳垣组与亚洲蒙古人种各区域性类型的比较图解（男性）

与东亚蒙古人种类型相比，乡宁内阳垣组绝对值和指数、角度项多比较吻合，只有眶指数超出变异范围的下限，颧宽、鼻颧角超出变异范围的上限，表明乡宁内阳垣组居民的颅面形态与现代东亚蒙古人种类型已相当接近。

与南亚蒙古人种类型相比，乡宁内阳垣组与之相符的项目有颅宽、颅指数、颅长高指数、颅宽高指数、最小额宽、面角、鼻指数、鼻根指数。额角超出其变异范围的下限，颅高、上面高、垂直颅面指数、上面指数、鼻颧角均超出南亚蒙古人种类型的变异范围。乡宁内阳垣组中等面型且相当扁平的上面部形态与南亚蒙古人种类型的低矮的较突出的上面部形态有着本质的差别。

由此可见，乡宁内阳垣组（男性）扁平的上面部特征构成与东亚和南亚蒙古人种类型的主要差异，颇高的颅高和突出的颌部特征是其与北亚蒙古人种类型的显著差异。主体体质因素与现代的东亚蒙古人种类型相似，但含有某些与北亚蒙古人种特征相对应的因素。

浮山桥北组女性个体虽年代有别，但在中颅、狭颅、超突颌型的面角，中面角平颌形态等特征上具有一致性。西周早期的3例标本中，有2例上面部颇为扁平，表现出与北亚类型的特征相对应。中等偏狭的高颅型、狭额、上面部平颌特征，中等眶型，中等上面，都与东亚蒙古人种类型特征相近。阔鼻倾向与南亚类型的特点相对应。春秋晚期的M10宽阔的额部与西周早期的标本具有显著的差异。

乡宁内阳垣组（女性）与浮山桥北组女性有比较一致的特征。偏狭的颅型、相当窄的面宽，比较陡直的额角，比较阔的鼻型，与东北亚蒙古人种类型有着明显的差别。

两组女性的中颅、高颅、狭颅、中上面、狭额、中眶等特征与现代的东亚蒙古人种类型特征相近。相当大的上面部扁平度则与东亚、南亚类型差异显著。

第二节　与亚洲蒙古人种各近代组的比较

本文采用统计学中平均数组间差异均方根函数和欧氏距离系数计算分析浮山桥北组和乡宁内阳垣组与有关各近代组之间的亲疏关系。其计算公式为：

平均数组间差异均方根函数[③]：

$$r = \sqrt{\frac{1}{n} \sum_{k=1}^{n} \frac{(X_{ik} - X_{jk})}{\delta^2}}$$

欧氏距离系数[4]：

$$D_{ij} = \sqrt{\frac{1}{m} \sum_{k=1}^{m} (X_{ik} - X_{jk})^2}$$

其中，k 表示项目，M_{ik}、M_{jk} 分别为参加比较的两组之各项平均值，m、n 为比较的项目数，δ 为每项特征的同种系标准差，本文借用莫兰特（G. M. Morant）的埃及（E）组等各项标准差，函数值表示两对比组之间关系的密切程度，函数值越小，则两组在种族关系上有可能越接近。

表 5.3 列举了利用两种统计方法计算的乡宁内阳垣组与蒙古人

表 5.3　乡宁内阳垣组与现代蒙古人种各近代组均方根和欧式距离系数的比较（男性）

乡宁内阳垣组	华北组	蒙古组	通古斯组	华南组	爱斯基摩组
r 全部项目 18 项	0.73	1.09	1.24	0.65	1.03
r 指数与角度 8 项	0.59	1.27	1.52	0.69	1.23
Dij 全部项目 18 项	2.64	4.30	5.13	2.63	4.14
Dij 指数与角度 8 项	2.34	4.68	5.43	3.17	5.65

表5.4 浮山桥北组与现代蒙古人种各近代组的比较（男性）

长度：毫米；角度：度；指数：%

马丁号	F4	F5	F17	F18	F18:1	华北组	蒙古组	通古斯组	华南组	爱斯基摩组
1	195.00	182.00	177.00	185.00	181.00	178.25	182.20	185.50	179.90	182.30
8	150.00	138.10	142.00	127.00	138.60	138.20	149.00	145.70	140.90	141.20
17	152.00	142.60	142.00			137.20	131.40	126.30	137.80	135.20
9	98.60		90.50	86.50	84.20	89.40	94.30	90.60	91.50	94.90
45	146.60		139.60			132.70	141.80	141.60	136.60	138.40
48 sd	91.50	69.90	73.50	76.00	73.10	75.30	78.00	75.40	73.82	77.60
52R	40.80		32.20	34.00	34.00	35.50	35.80	35.00	34.60	36.70
51R	46.80		42.00	42.80	38.00	44.00	43.20	43.00	42.10	43.40
55	62.60	52.60	54.00	53.20	51.70	55.30	56.50	55.30	52.60	54.60
54	27.00	27.90	27.50	23.80	27.20	25.00	27.40	27.10	25.25	24.40
8:1	76.92	75.88	80.23	68.65	76.57	77.56	82.00	78.70	78.75	77.40
17:1	77.95	78.35	80.23			77.02	72.12	68.09	76.60*	74.46*
17:8	101.33	103.26	100.00			99.53	88.19	86.68	97.80	95.75
48:45	62.41		52.65			56.80	55.01	53.25	64.94*	67.21*
52:51	87.18		76.67	79.44	89.47	80.66	82.90	81.50	81.00	85.00
54:55	43.13	53.04	50.93	44.74	52.61	45.23	48.60	49.40	48.00	45.00
9:8	65.73		63.73	68.11	60.75	64.69	63.29	62.18	64.69*	67.21*
72	84.00	89.00	80.00			83.39	87.50	86.60	84.70	83.30

注：标注＊号的数据系根据平均值计算所得。颅高和额宽览指数借用挪威组数值用同种系标准差，上面指数为欧洲同种系标准差，其他为莫兰特埃及E组各项标准差。

表 5.5　乡宁内阳垣组与现代蒙古人种各近代组的比较（男性）

长度：毫米；角度：度；指数:%

马丁号	乡宁内阳垣组	华北组	蒙古组	通古斯组	华南组	爱斯基摩组
1	181.64	178.25	182.2	185.50	179.90	182.30
8	142.71	138.20	149.00	145.70	140.90	141.20
17	139.68	137.20	131.40	126.30	137.80	135.20
9	92.79	89.40	94.30	90.60	91.50	94.90
45	136.79	132.70	141.80	141.60	136.60	138.40
48 sd	75.85	75.30	78.00	75.40	73.82	77.60
52R	33.44	35.50	35.80	35.00	34.60	36.70
51R	42.31	44.00	43.20	43.00	42.10	43.40
55	53.44	55.30	56.50	55.30	52.60	54.60
54	26.98	25.00	27.40	27.10	25.25	24.40
8:1	78.58	77.56	82.00	78.70	78.75	77.40
17:1	76.9	77.02	72.12	68.09	76.60*	74.46*
17:8	97.94	99.53	88.19	86.68	97.80	95.75
48:45	54.09	56.80	55.01	53.25	64.94*	67.21*
52:51	79.17	80.66	82.90	81.50	81.00	85.00
54:55	50.71	45.23	48.60	49.40	48.00	45.00
9:8	65.01	64.69	63.29	62.18	64.69*	67.21*
72	82.53	83.39	87.50	86.60	84.70	83.30

注：*标注 * 号的数据系根据平均值计算所得。颅高和额宽指数借用挪威组同种系标准差，上面指数为欧洲同种系标准差，其他为莫兰特埃及 E 组各项标准差。

种各近代组之平均数组间差异均方根函数和欧式距离系数[5]。表 5.4、5.5 为各组的测量数据，浮山桥北组以个体数据形式列入表内。

　　所选择的项目包括颅长、颅宽、颅高、最小额宽、颧宽、上面高、眶高、眶宽、鼻高、鼻宽等 10 项线段测量的绝对值，总面角、颅指数、颅长高指数、颅宽高指数、上面指数、眶指数、鼻指数、额宽指数等 8 项角度和指数项目进行比较。

浮山桥北组个体和蒙古人种各近代组相比，M4 的线段测量值偏差较大，指数与同组其他个体则相差不大。全组颅长、颅高两项与近代各组均有差距，或许是古代人种类型的体现。抛开 M4 的极端个例，其他个体比较狭的额部，中等或偏低的上面高度，比较接近华北近代组或华南近代组，颧宽只有 M17 一例，宽于华北及华南近代组，但小于蒙古、通古斯近代组，与爱斯基摩近代组接近。颅指数、颅长高指数多与华北近代组接近。总体表现出与华北近代组具有比较密切的关系，某些项目与华南近代组相近，而与蒙古、通古斯、爱斯基摩近代组相对疏远。

全部项目比较结果表明，乡宁内阳垣组与蒙古人种各近代组中的华南近代组最为接近，为 0.65，其次为华北近代组，为 0.73，与爱斯基摩近代组呈中等接近程度，与蒙古近代组的距离则较为疏远，与通古斯近代组的关系最为疏远。指数及角度的计算，则华北近代组最为接近，华南近代组其次，欧式距离系数显示出乡宁内阳垣组与通古斯近代组关系最为疏远，而平均数组间差异均方根函数显示出与爱斯基摩近代组的关系最为疏远。

由此可见，乡宁内阳垣组均与华北近代组和华南近代组有着比较亲近的关系。如果采用指数与角度计算，可以尽量减少颅骨个体尺寸绝对值的影响，则浮山桥北组和乡宁内阳垣组都与华北近代组的关系更为密切。

第三节　小结

浮山桥北组和乡宁内阳垣组居民都属于亚洲蒙古人种的范畴。

浮山桥北组居民总体特征接近现代东亚蒙古人种类型，颇高的颅高超出现代亚洲蒙古人种各区域性类型的变异范围，显著的高颅类型、狭长的颅型及前突的颌部特征都与北亚、东北亚蒙古人种类型有明显的差异，偏低的面部、较阔的鼻型则与南亚类型接近，这一特点与中国新石器时代其他诸多文化类型居民相同，可能是当地土著居民原始特征的反映。

乡宁内阳垣组居民主体特征与现代东亚蒙古人种类型相近似，但扁平的上面部特征可与北亚蒙古人种特征相对应，构成与东亚和南亚蒙古人种类型的主要差异，颇高的颅高和突出的颌部特征是其与北亚蒙古人种类型的显著差异。

与亚洲蒙古人种 6 个近代组的比较结果表明，浮山桥北组和乡宁内阳垣组与华北近代组的形态学距离较小，同时又与华南近代组在某些个别特征上颇相一致。

浮山桥北组（女性）与乡宁内阳垣组（女性）具有中颅型、高颅型结合狭颅型、中上面型、狭额型、中眶型等特征，与现代的东亚蒙古人种类型相近。相当大的上面部扁平度则与北亚蒙古人种类型相对应。

---

① 转引自潘其风、韩康信：《柳湾墓地的人骨研究》，青海省文物管理处考古队、中国社会科学院考古研究所：《青海柳湾》，第 261～303 页，文物出版社，1984 年版。

② 潘其风、朱泓：《先秦时期我国居民种族类型的地理分布》，《苏秉琦与当代中国考古学》，第 525～535 页，科学出版社，2001 年版。

③ 转引自潘其风、韩康信：《柳湾墓地的人骨研究》，青海省文物管理处考古队、中国社会科学院考古研究所：《青海柳湾》，第 261～303 页，文物出版社，1984 年版。

④ 转引自朱泓：《夏家店上层文化居民的种族类型及相关问题》，《辽海文物学刊》，1989 年第 1 期，第 111～122 页。

⑤　华北近代颅骨组数据转引自潘其风、韩康信：《柳湾墓地的人骨研究》，青海省
　　文物管理处考古队、中国社会科学院考古研究所：《青海柳湾》，第261～303
　　页，文物出版社，1984 年版。蒙古近代颅骨组数据转引自潘其风、韩康信：
　　《柳湾墓地的人骨研究》，青海省文物管理处考古队、中国社会科学院考古研究
　　所：《青海柳湾》，第261～303 页，文物出版社，1984 年版。爱斯基摩近代颅
　　骨组数据转引自潘其风、韩康信：《东汉北方草原游牧民族人骨的研究》，《考
　　古学报》，1982 年第 1 期，第 117～136 页。通古斯近代颅骨组数据转引自韩康
　　信：《沈阳郑家洼子的两具青铜时代人骨》，《考古学报》，1975 年版，第 1 期，
　　第 157～164 页。

第六章　与先秦时期相关人群的比较研究

第一节　先秦时期古代人种类型及地理分布

体质人类学研究表明，现代蒙古人种的各区域性类型的形成年代比较晚，与古代人种类型相比，已经发生了很大的变化。迄今为止，先秦时期古代人类体质类型的框架，已经有不同的构建结果。韩康信等认为，"陕西境内仰韶文化各组体质上的联系应属于同一类型，她们和大汶口文化组群之间虽在某些性状上存在差异，但两者基本上还是同种系的"。"仰韶组群与甘肃史前组群之间存在比较明显的差异"，庙底沟组与仰韶组明显接近，但与甘肃史前组之间存在较大的差异[①]。张振标等由欧式距离系数聚类结果分析，认为大汶口、野店、西夏侯、下王岗和宝鸡组体质类型相同，定为中原地区类型，半坡组、华县组体质类型为关中地区类型，推测宝鸡组可能是一支由黄河下游经华北地区迁至今日陕西境内的居民的典型代表，可能与当地居民混合[②]。陈德珍采用 Penrose's 形状距离聚类、Q 型相关系数的主成分分析方法，将新石器时代居民的体质特征分为华南、华北两大类型，华北类群可分为三个小的类群：下王岗组、庙底沟组、野店组为一组，石固组、大汶口组、西夏侯组为一组，宝鸡组、华县组、半坡组、横阵组为一组③。

朱泓以体质特征的地域性分布特点，将先秦时期居民划分为五个大的类型："古中原类型"、"古华北类型"、"古西北类型"、"古华南类型"以及"古东北类型"④。

黄河中下游新石器时代居民基本属于同一体质类型，这一类居民具有高而偏狭的颅型，中等的面部扁平程度，偏低的眶型以及低面和阔鼻倾向，将其命名为"古中原类型"，并利用聚类分析方法，将其分为两个亚型，黄河中游亚型和黄河下游亚型⑤。

主要分布在黄河上游甘青地区的新石器时代居民的体质特征与黄河中下游地区居民有很大差异，代表了一种以偏长的颅型、高颅、偏狭的颅型、中等偏狭的面宽、高而狭的面型、中等的上面部扁平度、中眶型、狭鼻型和正颌型为特征的群体，定义为"古西北类型"。这种类型向北扩展至内蒙古额济纳旗的居延地区，向东在稍晚时期渗透至陕西省关中平原及其邻近地区⑥。

内蒙古长城地带的居民以内蒙古乌兰察布盟察右前旗庙子沟组为代表，具有高颅、窄面的特征与仰韶文化各组比较相似，但其中等的上面高度、偏低的中眶型、中鼻型以及很大的上面部扁平度等却与仰韶文化居民的低面、低眶、阔鼻倾向具有不可忽视的差异。这些性状"或许就是内蒙古中南部地区早期新石器时代原住居民所固有的性状"⑦，姜家梁组居民也具有此类体质特征⑧。这些居民的体质特征以"古华北类型"来表征。其中心分布区可能是在内蒙古中南部到晋北、冀北一带的长城沿线⑨。

福建闽侯县石山组和广东佛山河宕组居民具有长颅、低面、阔鼻、低眶、突颌特征，此外，广东南海鱿鱼岗居民、广西桂林甑皮岩居民、浙江余姚河姆渡居民，或许还包括广东增城金兰寺组居民也表现出相近的体质特征，并且与现代华南地区汉族亦有差别，可称为"古华南类型"，先秦时期主要分布在南方沿海地区⑩。

东北地区先秦时期的土著居民则代表了一种以高颅、阔面、颊为扁平的上面部为特征的体质类型，被朱泓定义为"古东北类型"[⑪]。

第二节　与新石器时代相关人群的比较研究

为了探讨浮山桥北组和乡宁内阳垣组的种系来源及与其他地区新石器时代居民的种系异同关系，本文在以往体质人类学研究成果的基础上，选取了一些在地域和空间上与之相关的对比组进行比较及统计分析（图6.1）。

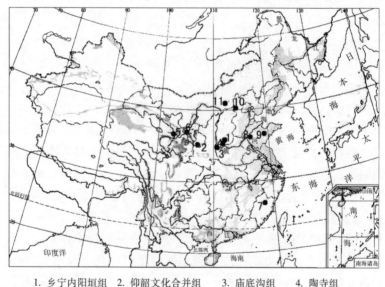

1. 乡宁内阳垣组　　2. 仰韶文化合并组　　3. 庙底沟组　　4. 陶寺组
5. 阳山组　　　　　6. 菜园村组　　　　　7. 昙石山组　　8. 西夏侯组
9. 呈子组　　　　　10. 姜家梁组　　　　　11. 庙子沟组

图6.1　新石器时代11组人群的地理分布

仰韶文化合并组包括陕西省半坡组、宝鸡组、华县组、横阵组，年代为新石器时代。这四组在体质特征上比较一致，具有偏长的中颅型结合高颅的性质，偏狭的颅型，中等的上面部扁平度，明显的低面，中等面宽，伴有偏低的眶型和阔鼻倾向[12]。因此，本文将其作为一个整体合并为仰韶文化合并组。

庙底沟组颅骨出土于河南省陕县庙底沟新石器时代遗址庙底沟二期文化墓葬。其体质特征表现为高颅型和狭颅型，中等倾斜的额角，明显的齿槽突颌，较宽的中部面宽，上面稍低，较大的上面部扁平度，较低的眶型以及阔鼻的倾向[13]。庙底沟居民与现代亚洲蒙古人种中的东亚人种类型具有较为接近的性质。

陶寺组颅骨来源于山西省襄汾县陶寺遗址，遗址的文化内涵初步认定为龙山文化的陶寺类型，[14]C校正年代为公元前2500－公元前2000年。该组颅骨形态所反映的人种类型似不单纯，大体上表现为高颅、中颅型，中等上面型，中等鼻型，突颌，中等上面部扁平度和低眶特征。与现代蒙古人种东亚类型较相近，而且在某些特征上还与南亚类型相对应[14]。

阳山组颅骨资料来自青海省民和县阳山古墓地。其年代相当于半山期。研究者指出，该颅骨组多偏长颅型和长狭面型及偏狭鼻型相配合，形态学上与我国甘青地区古代组和现代华北组比较接近，具有东亚蒙古人种特点，而与北亚和东北亚支系类型则有较明显的区别[15]。

宁夏回族自治区海原县菜园村新石器时代墓地人骨的体质特征表现为中长颅、高颅结合狭颅类型，面型相对较高而狭，面部水平扁平度较明显，中等或略偏低的眶型配合中鼻型和较低扁的鼻突度。与甘青地区古代居民之间在体质上具有同质性。较多测量性状上，似乎又与甘肃古代组更接近一些。与现代蒙古人种东亚类型接近，而与北亚和东北亚代表类型之间存在明显的差异[16]。

昙石山组颅骨出土于福建省闽侯县昙石山遗址，年代大约为公元前 1300 年。该组颅骨具有长的颅型、低面、中等的上面部扁平度、阔鼻等体质特征。与甘肃河南史前组及山东大汶口组存在较明显的差异，与仰韶文化各组在一般体质形态上存在更多接近的关系，但有比其头形更长，上面很低，鼻型更宽等与南亚新石器时代人类相似的某些特征[17]。昙石山组居民具有与现代南亚蒙古人种更为一致的特征。

西夏侯组颅骨资料出自山东省曲阜县东南的西夏侯遗址，属于大汶口文化晚期阶段。原报告认为该组颅骨"除去颅周长、头高、鼻高、眶宽（mf－ek）和眶间宽五项外，西夏侯组的其余各项均位于波里尼西亚近代组群变异范围内"[18]。韩康信、潘其风先生的研究认为，西夏侯组与波里尼西亚组群之间的差异除去原报告中所指出的几项差异外，在整个颅型上存在明显的差异。西夏侯组颅骨具有较标准的中颅型、高颅型，而波里尼西亚组群中，除去有变形头的汤加和夏威夷组外，其余各组都接近长颅型与正颅型，比西夏侯组更长更低。大汶口文化居民在体质上与仰韶文化居民属于同种系，较多地接近现代蒙古人种东亚类型[19]。朱泓先生的研究认为，大汶口文化居民在基本种系特征上，与仰韶文化居民是颇为相似的。他们之间的差异在于低面阔鼻倾向有所减弱，面部略显高、宽，身材略显高大[20]。

山东省诸城县呈子组颅骨出土于山东省诸城县呈子新石器时代墓地。该组测量数据来自呈子二期龙山文化时期颅骨。其特征表现出与大汶口、西夏侯两组之间形态上相当明确的一致性，与现代东亚蒙古人种比较接近。大体上都代表了中颅、高颅、狭颅和狭额型的类型，中面或接近狭面，中鼻型和低矮鼻突度，平颌型接近中颌型，齿槽面角属中颌型，短齿槽型等综合的颅面类型[21]。

姜家梁组颅骨材料来自河北省张家口市阳原县东城镇西水地

村东的山丘顶，该遗址处于由仰韶时代向龙山时代过渡时期。姜家梁组居民的体质特征以中颅型为主，少量长颅型和圆颅型，伴以高颅型和狭颅型，中等程度的上面高和面宽，中等偏狭的面型，中等偏阔的鼻型，低眶型和偏低的中眶型，相对较大的面部扁平度，其体质特征与现代东亚蒙古人种类型有更多的一致性，上面部扁平度比较大表明含有北亚类型因素[22]。

庙子沟组颅骨出土于内蒙古自治区乌兰察布盟察右前旗黄旗海南岸的庙子沟新石器遗址，年代相当于中原仰韶时代晚期。该组居民表现为中颅型、高颅型和典型的狭颅型，中上面型，较为后倾的前额，颇大的面部扁平度、较阔的鼻型和略高的鼻根部形态和低眶倾向。体质特征与现代蒙古人种东亚类型接近，扁平的上面部形态又含有某些与北亚蒙古人种接近的成分[23]。

除了上面所选取的 20 个对比组外，鉴于大南沟组在所处年代和地理位置的重要性，有必要进行体质特征的比较，以明确一定时空范围内的古代居民在体质上的差异。但其颅骨保存状况不好，与各组聚类分析会因缺失的数据较多出现偏差，在聚类时没有将其加入，只进行体质特征的描述性比较。

大南沟组人骨出土于内蒙古自治区昭乌达盟翁牛特旗解放营子乡大南沟村的一处新石器时代晚期墓葬遗址。处于由红山文化向夏家店下层文化过渡阶段。保存下来的颅骨都不完整。这些颅骨形态特征观察均反映出具有蒙古大人种的性质，该组居民具有宽而短的颅型，较宽的面宽，较大的鼻颧角等与北亚人种类型相关的特征，但较高的耳上颅高和较高的眶型则有别于北亚人种而可能与东亚蒙古人种相关[24]。

浮山桥北组狭长的颅型、乡宁内阳垣组偏狭的颅型、较狭的面型和突出的齿槽突颌与大南沟组居民在体质形态上有较大的差异。

文中分析乡宁内阳垣组与新石器时代相关人群之间的亲疏关

系时，采用了统计学中平均数组间差异均方根函数和欧氏距离系数方法、组间联系层次聚类方法以及主成分分析方法。

平均数组间差异均方根函数计算公式为[25]：

$$r = \sqrt{\frac{1}{n} \sum_{k=1}^{n} \frac{(X_{ik} - X_{jk})^2}{\delta^2}}$$

欧氏距离系数和差异均方根函数的计算公式为：

欧氏距离系数[26]：

$$D_{ij} = \sqrt{\frac{1}{n} \sum_{k=1}^{m} \frac{(X_{ik} - X_{jk})^2}{\delta^2}}$$

其中，k 表示项目，M_{ik}、M_{jk} 分别为参加比较的两组之各项平均值，m、n 为比较的项目数，δ 为每项特征的同种系标准差，本文借用莫兰特（G. M. Morant）的埃及（E）组的各项标准差，函数值表示两对比组之间关系的密切程度，函数值越小，则两组在种族关系上有可能越接近。

乡宁内阳垣组与新石器时代相关组进行比较分析所选择的项目包括颅长、颅宽、颅高、最小额宽、颧宽、上面高、眶高、眶宽、鼻高、鼻宽 10 项线段测量的绝对值，总面角、颅指数、颅长高指数、颅宽高指数、上面指数、眶指数、鼻指数、额宽指数等 8 项角度和指数项目进行比较（表 6.1）。

表 6.1　乡宁内阳垣组与新石器时代相关组的比较（男性）

长度：毫米；角度：度；指数：%

	1	2	3	4	5	6	7	8	9	10	11
1	181.64	180.08	179.43	183.80	181.80	179.60	189.70	180.30	184.50	178.27	177.63
8	142.71	141.92	143.75	139.69	133.30	135.60	139.20	140.90	144.20	134.20	137.03
17	139.68	141.51	143.17	142.67	133.90	140.10	141.30	148.33	144.30	138.10	140.93
9	92.79	93.44	93.69	94.53	87.70	93.70	91.00	93.94	94.80	88.60	90.36
45	136.79	135.05	140.83	136.37	131.70	131.20	135.60	139.43	136.90	135.63	136.64
48sd	75.85	73.96	73.48	74.11	75.60	71.90	70.50	74.33	74.90	75.53	73.5
52R	33.44	33.51	32.42	32.79	33.30	33.30	33.40	34.34	34.07	33.39	32.93
51R	42.31	43.17	41.75	44.80	42.20	40.50	43.10	44.22	44.07	44.41	43.93
55	53.44	53.69	53.99	54.45	54.80	51.00	51.9	57.12	53.20	55.58	52.63
54	26.98	27.59	27.31	27.23	25.90	25.80	29.50	27.66	26.20	27.04	26.23
8:1	78.58	79.30	80.31	76.07	73.31	75.20	73.40	78.20	78.20	75.76	77.22
17:1	76.9	78.58	77.64	74.44	73.76	78.40	73.80	82.29	78.10	78.74	79.57
17:8	97.94	99.04	99.47	101.16	101.84	103.80	99.50	105.34	99.50	102.33	102.95
48:45sd	54.09	53.62	51.86	54.18	53.68	54.90	52.00	54.17	54.70	55.71	51.69
52:51R	79.17	78.31	77.71	73.19	79.29	82.20	77.10	77.97	78.90	77.39	74.94
54:55	50.71	51.55	50.15	50.01	47.25	50.70	57.00	48.46	49.30	49.00	49.90
9:8	65.01	65.86	65.18	68.00	65.79	69.10	65.00	66.67	65.70	66.02	66.03
72	82.53	81.84	85.75	84.86	89.20	93.30	81.00	84.38	85.80	82.59	82.33

1. 乡宁内阳垣组　2. 仰韶文化合并组　3. 庙底沟组　4. 陶寺组　5. 阳山组　6. 菜园村组　7. 昙石山组　8. 西夏侯组
9. 呈子组　10. 姜家梁组　11. 庙子沟组

由于浮山桥北组颅骨年代跨度较大，颅骨残缺不全，标本个体变异较大，标本量小，因此不适宜合并为一组进行统计学分析，故此处只讨论乡宁内阳垣组与其他相关人群的亲缘关系。

全部 18 项数据平均数组间差异均方根函数值的比较结果表明，乡宁内阳垣组与仰韶文化合并组之间具有最小函数值，其次为庙底沟组、呈子组和陶寺组关系较为密切，与庙子沟组、姜家梁组、西夏侯组具有中等接近关系，与昙石山组、阳山组、菜园村组的关系十分疏远。8 项指数及角度的平均数组间差异均方根函数值的比较结果显示出与呈子组的关系更近于庙底沟组，与姜家梁组的关系比陶寺组更为接近，但亲疏程度没有改变（表6.2）。

表 6.2 乡宁内阳垣组与新石器时代各组的平均数组间
差异均方根函数值（男性）

r 全部 18 项				
仰韶文化合并组	庙底沟组	呈子组	陶寺组	庙子沟组
0.30	0.48	0.49	0.69	0.75
姜家梁组	西夏侯组	昙石山组	阳山组	菜园村组
0.75	0.87	0.92	1.20	1.24
r8 项指数与角度				
仰韶文化合并组	呈子组	庙底沟组	姜家梁组	陶寺组
0.29	0.44	0.49	0.62	0.79
庙子沟组	西夏侯组	昙石山组	阳山组	菜园村组
0.88	0.96	1.02	1.25	1.45

欧式距离系数的比较结果与平均数组间差异均方根函数值的比较结果大体一致，无论是全部项目还是指数及角度，乡宁内阳垣组仍然与仰韶文化合并组、呈子组和庙底沟组最为接近，只是乡宁内阳垣组与庙子沟组的关系表现得较为疏远（表6.3）。

表 6.3　乡宁内阳垣组与新石器时代各组的欧式距离函数值（男性）

Dij 全部 18 项				
仰韶文化合并组	呈子组	庙底沟组	陶寺组	姜家梁组
1.11	1.81	1.92	2.48	2.94
西夏侯组	昙石山组	庙子沟组	菜园村组	阳山组
3.39	3.44	3.72	4.59	4.60
Dij8 项指数与角度				
仰韶文化合并组	呈子组	庙底沟组	姜家梁组	陶寺组
0.97	1.50	1.73	2.26	3.05
昙石山组	西夏侯组	阳山组	庙子沟组	菜园村组
3.35	3.49	3.97	4.29	5.23

　　乡宁内阳垣组与新石器时代各组全部 18 项数据的层次聚类结果与平均数组间差异均方根函数、欧式距离系数的计算结果比较吻合。层次聚类结果表明，乡宁内阳垣组首先与仰韶文化合并组聚类，庙底沟组和呈子组首先聚类，这两组再与陶寺组相聚，然后与西夏侯组聚成大类，表现出具有较密切的关系，姜家梁组和庙子沟组首先聚类，并且与黄河中下游各组构成具有相对密切亲缘关系的第一集群。菜园村组与阳山组首先聚类，与第一集群具有非常疏远的关系，昙石山组也与第一集群有很大的偏离。总的来说，新石器时代各组分为中原地区、西北地区集群，华南地区的昙石山组显然与之关系疏远。如此聚类，分别与先秦时期古代人种类型中的古中原类型、古西北类型相对应，昙石山归属于古华南类型（图 6.2）。

　　主成分分析提取出的前三个因子的累积方差贡献率为65.338%。在第一个因子上载荷最大的原变量为颧宽，载荷量较大的原变量依次为颅宽、面角、颅高、鼻宽，代表了颅面特征的综合因素，可称之为综合因子，方差贡献率为 27.148%。第二个

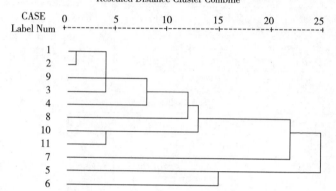

1. 乡宁内阳垣组　2. 仰韶文化合并组　3. 庙底沟组　4. 陶寺组　5. 阳山组
6. 菜园村组　7. 昙石山组　8. 西夏侯组　9. 呈子组　10. 姜家梁组　11. 庙子沟组

图6.2　乡宁内阳垣组与新石器时代各组组间联系树状聚类图（男性）

因子载荷量最大的原变量为鼻指数、载荷量较大的原变量依次为颅长、颅长高指数、鼻高、上面高，方差贡献率为23.127％，主要表现颅骨长度与面部高度的特征。第三个因子载荷量最大的原变量为最小额宽，方差贡献率为15.063％，代表额部形态（表6.4，6.5）。

表6.4　前三个因子总方差贡献率

Component	Initial Eigenvalues Total	% of Variance	Cumulative %	Extraction Sums of Squared Loadings Total
1	4.887	27.148	27.148	4.887
2	4.163	23.127	50.275	4.163
3	2.711	15.063	65.338	2.711

Extraction Method：Principal Component Analysis.

表6.5　前三个因子载荷矩阵

	Component		
	1	2	3
1	.316	−.667	2.968E−02
8	.817	.153	.396
17	.691	.415	.424
9	.481	.264	.729
45	.838	.358	−4.018E−02
48	−.127	.633	−.492
52	5.237E−02	.382	8.163E−02
51	.442	.313	−.585
55	.158	.658	−.535
54	.680	−.455	−.117
8 : 1	.589	.561	.290
17 : 1	.156	.780	.252
17 : 8	−.453	.450	1.641E−02
48 : 45	−.433	.475	1.668E−02
52 : 51	−.480	4.214E−02	.541
54 : 55	.417	−.794	.224
9 : 8	−.524	.212	.443
72	−.751	.107	.512

Extraction Method：Principal Component Analysis.

　　第一因子和第二因子构成的坐标系中，乡宁内阳垣组位于中原地区集群，与仰韶文化合并组及陶寺组非常接近，庙底沟组、呈子组、庙子沟组与之构成相对集中的集群，西夏侯组的偏离说明在第一、第二因子所代表的原变量上某项有显著的差异，从测量特征可知，具有相当高的颅高和较高的鼻高，是西夏侯组偏离的主要原因。姜家梁组的偏离主要是第一因子所代表的原变量的差异，其颅宽、鼻宽与中原地区集群有些偏差。阳山组、菜园村组显然与中原地区各组拉开距离，这些变化显示出在颅面长度、宽度、高度、角度等多数项目上与中原地区各组具有显著的差异。昙石山组与中原各组的主要偏离在于第二因子得分，表明在第二因子所代表的原变量颅长、鼻高、上面高等项与中原地区集群有比较明显的差异（图6.3）。

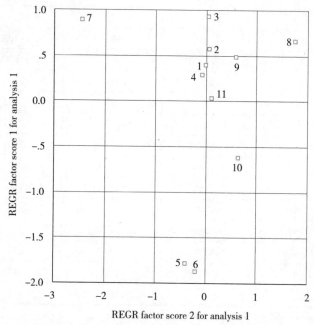

1. 乡宁内阳垣组　2. 仰韶文化合并组　3. 庙底沟组　4. 陶寺组　5. 阳山组
6. 菜园村组　7. 昙石山组　8. 西夏侯组　9. 呈子组　10. 姜家梁组　11. 庙子沟组

图6.3　主成分分析第1–2因子得分分散点图

　　第一因子和第三因子构成的坐标系中，揭示出阳山组与菜园村组的差异，两组的额宽有显著的差异。昙石山组在第一、第三因子所代表的原变量项目上，与中原地区集群没有显著的差异（图6.4）。

主成分分析方法得到的结果与前述三种统计分析方法得到的结果相符合，而且很具体地展示出族群之间的特征差异。

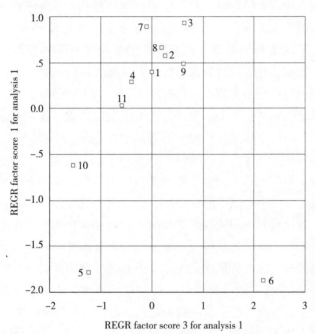

1. 乡宁内阳垣组　2. 仰韶文化合并组　3. 庙底沟组　4. 陶寺组　5. 阳山组
6. 菜园村组　7. 昙石山组　8. 西夏侯组　9. 呈子组　10. 姜家梁组　11. 庙子沟组

图 6.4　主成分分析第 1－3 因子得分散点图

乡宁内阳垣组与新石器时代各组 18 项数据的比较分析表明，乡宁内阳垣组与仰韶文化合并组的体质特征最接近，其次为庙底沟组，以及呈子组，同时也与陶寺组具有比较亲近的关系，而与其他各组的关系均比较疏远，与菜园村组、阳山组及昙石山组具有显著的差异。

从体质特征来看，乡宁内阳垣组具有偏狭的中颅型结合高颅型以及狭额型，与仰韶文化居民以及山东大汶口文化居民相同，

中等上面高与仰韶文化的华县、半坡等组以及山东大汶口文化的
西夏侯组比较接近，而乡宁内阳垣组的颇扁平的上面部特征与这
些组则有比较大的差异，而与庙子沟组比较相近。乡宁内阳垣组
平均眶型为中眶型，但低眶型所占的比例高于中眶型和高眶型，
同样，平均值为中鼻型，其中阔鼻型的比例高于狭鼻型和中鼻
型，与仰韶文化组居民的普遍的低眶、阔鼻倾向接近。但是，乡
宁内阳垣组鼻颧角相当大，具有颇为扁平的上面特征，而该项目
对于确定人种类型至关重要，居民的体质中，含有比较复杂的人
种因素，组内个体变异较大，然而又很难将某一个体以某一种体
质类型区别于其他个体。颅面形态多趋于中等类型，平均颅长高
比例为高颅型，其中包含了部分偏高的正颅形，表明有些个体颅
高值偏低。鼻型和眶型的多形性，已经表明北方新石器时代居民
中曾经普遍具有的偏低的眶型和阔鼻倾向在乡宁内阳垣组东周时
期居民中已呈现弱化趋势。韩康信认为低眶阔鼻可以与现代华南
地区居民相对比的特征，是保存了旧石器时代祖先类型的某种尚
未十分分化的性质[27]，朱泓认为这种类似南亚蒙古人种的体质因
素在我国北方地区至少从新石器时代一直延续到夏商时期[28]。

综上所述，尽管乡宁内阳垣组居民表现出与古中原类型具有
亲密的关系，但其扁平的上面部特征，又有别于古中原类型，在
种系类型上可归属于古华北类型。与庙子沟组典型的古华北类型
居民相比，乡宁内阳垣组居民所处地理位置和年代因素决定其具
有变异的特征。

第三节　与夏至战国晚期相关人群的比较研究

图 6.5 标出了与乡宁内阳垣组春秋时期居民及年代或地域相
近的 23 个夏至战国晚期颅骨组所代表的人群的空间分布。

天马曲村组颅骨出土于山西省曲沃县天马—曲村附近的西周

墓地。天马曲村组颅面形态特征所反映出的人种类型较复杂，颅
宽、颅高、颧宽和上面高等项绝对值的变异范围幅度较大，但相
关指数显示的颅型和面型则差别不大，综合特征为中等长的颅长
和颅宽，较高的颅高，颅型以中、长颅型伴以高颅型和狭颅型为
主。中等的上面高和颧宽。中等偏低的眶型和中等偏阔的鼻型。
中等的面部突度及较明显的齿槽突颌，上面部较为扁平。主要与
东亚蒙古人种类型接近，同时具有某些北亚和南亚蒙古人种类型
的因素[29]。

　　游邀组颅骨出土于山西省忻州市游邀夏代遗址。该组颅骨表
现出中颅、高颅、狭颅、偏窄的中上面型，中鼻型和比较陡直的
前额、偏阔的鼻型、低眶倾向等特征，与东亚蒙古人种颇相一
致。游邀组部分个体中存在着具有很大的鼻颧角的现象（最大值
男性 155.5 度，女性 156.5 度）故亦不能完全排除在该群体的种
系构成中曾经受到过来自北亚蒙古人种的某些个别影响的可
能性[30]。

　　侯马乔村组颅骨出土于山西省侯马市市区东南约 10 公里的
侯马乔村墓地，年代在战国中期至战国晚期。原报告将全部颅骨
按照年代分为两个组，A 组年代为战国中期，B 组年代为战国晚
期，本文中提到侯马乔村组时是指全组，注明 A 组、B 组时则单
指分组。据研究，两个不同年代分组的居民均表现为具有中颅型
结合高颅型和狭颅型、中等的鼻型、中眶型和中上面型等特征，
平均特征表现为中等扁平的上面部形态，与亚洲蒙古人种的东亚
类型接近。战国晚期居民与战国中期居民相比，鼻型较宽，鼻根
更显平缓，但这种差异并未超出同种系的范围[31]。

　　侯马上马组颅骨资料来自山西省侯马市南约 1 公里的侯马上
马墓地，年代自西周末及整个春秋战国时期，墓葬可分为四期，
通过种系纯度测试，上马墓地各期人骨均属同种系的群体。该组
颅骨形态表现为以下特征，头形以中颅型结合高颅型和狭颅型为

主，眉弓发育较显著，中等的眶型，中等的面高和面宽，鼻型中等偏宽，上面部扁平度中等，垂直位置的面突度也属中等，以及较明显的齿槽突颌。同时也具有较为突出的鼻根、较高的上面高和较阔的颧宽等可以与东北亚或北亚人种相对应的特征。研究者认为上马墓地颅骨的人种特征并不是很单纯，可能是一组主要接近东亚蒙古人种的群体，但其中也含有一些东北亚蒙古人种和南亚蒙古人种的因素[②]。

殷墟中小墓组颅骨资料来自河南省安阳殷墟多年发掘中陆续采集的距离王陵较远的中小墓，代表了殷王朝平民阶层中的主体种族类型。这些颅骨平均颅面特征为中颅型结合高颅型和狭颅型、狭额型，中面型，中眶型，阔鼻型，面部侧面突度为平颌型，鼻面角为平颌型，齿槽面角为突颌型。原报告中将全部颅骨标本作为一个整体，称之为殷墟中小墓Ⅰ组，将其中8个具有低颅、阔面、高面、大而突出的颧骨、鼻根偏高、中等面部扁平度，有某些类似北亚特征的混合的颅骨标本作为一组，称之为殷墟中小墓Ⅲ组，除去Ⅲ组8个标本之后剩余的颅骨标本作为一组，称为殷墟中小墓Ⅱ组。本文沿用原报告分组[③]。

殷代祭祀坑的颅骨标本出土于河南省安阳殷墟王陵区附近的祭祀坑中。殷代祭祀坑Ⅰ组颅骨较低而阔，主要种系成分与北亚蒙古人种类型接近。殷代祭祀坑Ⅳ＋Ⅴ组，由体质类型本质相同的Ⅳ和Ⅴ组组合而成，体质上与东亚蒙古人种类型接近[③]。

瓦窑沟组颅骨资料来自陕西省铜川市瓦窑沟墓地。年代约为先周晚期。该组颅骨的基本特征表现为中颅、高颅结合狭颅型，偏高的上面，中鼻型，偏低的中眶型，中颌型及中等的齿槽突颌，中等略大的上面部扁平度。其特别高的颅高，偏高的上面和较狭的面宽及不阔的鼻型等特征上，更趋近东亚类型的综合特征[⑤]。

西村周组颅骨数据出自陕西省凤翔县南指挥公社西村墓葬，

该遗址的年代跨度自先周中期至西周中期。该组居民具有较高、狭的中颅型，较窄的前额及面部，中眶，阔鼻，偏狭的上面，较低的上面高度，中等上面部扁平度等特征。研究者认为该组居民与现代蒙古人种类型中的东亚类型较接近，但其中眶、阔鼻的特征接近南亚人种类型，颅型上接近东北亚人种类型[36]。

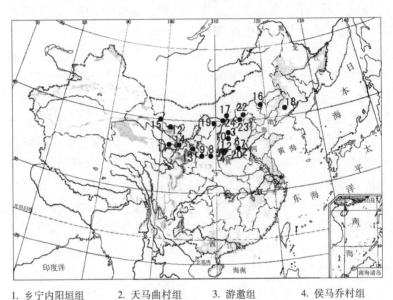

1. 乡宁内阳垣组　　　2. 天马曲村组　　　3. 游邀组　　　4. 侯马乔村组

5. 侯马上马组　　　6. 殷墟中小墓Ⅱ组　7. 殷墟中小墓Ⅲ组　8. 瓦窑沟组

9. 西村周组　　　10. 白燕夏商合并组　11. 李家山组　　　12. 东灰山组

13. 固原彭堡组　　14. 核桃庄小旱地组　15. 干骨崖组　　16. 小黑石沟组

17. 崞县窑子组　　18. 本溪组　　　　19. 朱开沟组　　20. 殷代祭祀坑Ⅰ组

21. 殷代祭祀坑Ⅳ+Ⅴ组 22. 白庙Ⅰ组　　　23. 白庙Ⅱ组　　24. 新店子组

图 6.5　夏至战国晚期 24 组人群的地理分布

白燕夏商合并组颅骨资料包括山西省晋中地区太谷县白燕遗址夏代、早商和晚商三个阶段颅骨标本的数据，该组居民具有中颅型、高颅型和狭颅型，中等的面型、眶型、鼻型、额型，平颌型的面角。基本种系特征与现代蒙古人种中的南亚和东亚类型比较接近,尤其与南亚蒙古人种之间的关系更为密切一些[57]。

李家山组人骨材料出自青海省湟中县李家山下西河村潘家梁卡约文化墓地。卡约文化持续的时间大致相当于夏末至周初。该组居民的平均体质特征为偏长的中颅型结合偏高的正颅型(接近高颅型下限)和偏狭的颅型,额宽偏狭,额坡度中等,面型趋高狭,垂直颅面比例大,上面部水平方向扁平强烈,矢状方向突度较小,为平颌型,上齿槽突度中颌型接近平颌型。中眶型结合偏狭中鼻型以及比较扁平的上面部特征。原报告认为李家山组在不同项目上与亚洲蒙古人种各类型均存在偏离,在"形态学上的地区类群性质似乎并不明确"[58]。

东灰山组人骨资料采集自甘肃省民乐县六坝乡东灰山四坝文化遗址。偏短的高颅型,较窄的面形和额型,面部中等程度向前突出,狭窄的鼻型。较大的面部扁平度。个体差异较大,有的个体为长而偏狭的颅型,面宽明显小于与其他标本。基本种系成分应归属东亚蒙古人种,但也可能存在某些北亚蒙古人种体质因素的影响。与古代的火烧沟组,安阳1组,甘肃史前组以及近代的华北组最相近似[59]。

固原彭堡组的颅骨资料出自宁夏回族自治区固原县彭堡乡于家庄附近的一处古墓地,年代可能相当于春秋晚期或战国早期。该颅骨组具有短颅型、正颅型和阔颅型、高而宽的面型、颇为扁平的上面部、中等高的眶型和偏狭的鼻型等形态学特征。其综合特征接近现代北亚蒙古人种类型,显示出与宁夏海原新石器时代和甘肃的铜石时代及青铜时代组之间具有明显的形态学偏离,而与内蒙古东部的几个古代组尤其同扎赉诺尔和南杨家营子两组显示了更多的同质性[60]。

青海省民和县核桃庄乡出土小旱地墓地和马排墓地两组人骨材料中,小旱地墓地属于辛店文化,马排墓地属于马厂文化类型。小旱地和马排墓地出土的颅骨共同表现出的特征为中长颅结合高颅型和狭颅型，额部中等倾斜而狭，面型较狭，中鼻中眶，阔腭，面部垂直方向较平直，水平方向扁平度中等偏大，与蒙古人种的东亚类型相似，在面部扁平度，额部倾斜度及鼻根突度等方面，与蒙古人种北亚类型的分化趋势一致[41]。需要说明的是，尽管两组具有一致的体质特征，但在组间聚类统计分析时，却出现归属不明的状况，因此，考虑到两组年代上的差异，在本文统计分析时，核桃庄组仅采用样本量较大的小旱地辛店文化墓地的颅骨资料。

干骨崖组颅骨出土于甘肃酒泉干骨崖墓地。据出土文物考证和 ^{14}C 年代测定，该墓地的年代大约相当于公元前 1840～1600 年，文化性质为青铜时代四坝文化中后期，相当于中原地区的夏代至夏商之际。该组颅骨具有偏长的中颅型、正颅型结合狭颅型，狭上面型、中鼻型、中眶型、面突指数为正颌型、面角为平颌型，表现出与蒙古人种东亚类型接近的综合特征[42]。

小黑石沟组颅骨资料出自内蒙古赤峰市宁城县甸子乡境内老哈河南岸小黑石沟遗址。文化面貌属于夏家店上层文化，该文化的年代上限大致相当于商代晚期或不晚于商周之际，下限已进入战国时期。该组颅骨主要颅面特征为中颅型、高颅型结合狭颅型，中眶型和偏阔的中鼻型，多数个体具有颇大的上面部扁平度，垂直方向上的面部突度较小，多为正颌型或中颌型。与现代东亚蒙古人种比较相似，扁平的上面部形态近似于现代蒙古人种的北亚类型[43]。

崞县窑子组颅骨采自内蒙古自治区凉城县崞县窑子墓地。该墓地的文化性质呈现为北方草原游牧民族文化系统，年代为春秋晚期至战国早期。该墓地的族属可能为楼烦的一支[44]。该组居民的主要特征为长宽比例偏短的中颅型和圆颅型，长高比例为正颅型，个别标本的颅高绝对值较小，显示出某种低颅性质，宽高比例为接近中颅型的阔颅型。该组居民的主要颅面特征与北亚蒙古人种类型颇为一致，所不同的是与典型的北亚类型相比，该组在低颅、阔颅和阔面倾向上的表现程度较弱，因此也不能排除该组中存在着某些个别的东亚蒙古人种类型因素的可能性[45]。

本溪庙后山青铜时代颅骨为辽宁省博物馆和本溪市博物馆于1979～1985年间从本溪市庙后山古墓葬中发掘和收集的，^{14}C 年代为距今3600～3300年左右[46]。原报告认为庙后山居民的颅骨特征为长颅型、正颅型和狭颅型相结合，面型宽阔而且相当扁平，与前苏联外贝加尔地区青铜时代居民以及日本北海道8－12世纪的大岬人最为近似[47]。朱泓的研究认为，庙后山青铜时代居民在种族类型上仍属于东亚蒙古人种类型，同时也含有某些接近北亚人种类型的因素[48]。

朱开沟组颅骨出土于内蒙古自治区伊克昭盟伊金霍洛旗纳林塔乡朱开沟遗址，时代相当于自龙山晚期至殷墟一期。该组居民具有以下体质特征：颅长中等偏短，结合高颅型和中颅型，额部较窄，眶高偏低，接近中鼻型的阔鼻型，中等的面宽和面高，面部显得较为扁平。该组的体质特征与东亚蒙古人种类型接近，而其面部突度又显示出某些北亚人种类型的因素[49]。

白庙墓地颅骨资料出自河北省张家口市宣化区白庙墓地，年代大约为春秋时期。潘其风先生认为白庙墓地的居民明显可以区分为两种类型，标记为白庙Ⅰ组和白庙Ⅱ组[50]。白庙Ⅰ组居民具有中颅、高颅和狭颅、中鼻型、中等上面部扁平度及狭上面型特点。显示出和东亚蒙古人种具有明显的一致性。个别性状如平颌型与北亚蒙古人种因素相一致。白庙Ⅱ组比较阔的颅型、阔面、阔额以及平颌性状与北亚蒙古人种的种系分化趋势一致。但两组都表现出高颅、中鼻型和较高的上面等特征，与东亚蒙古人种具有较强的一致性[51]。

新店子组颅骨资料出自内蒙古自治区和林格尔县新店子墓

表6.6　乡宁内阳垣组颅骨测量平均值与夏至战国晚期各组比较

长度：毫米；角度：度；指数：%

	1	2	3	4	5	6	7	8	9	10	11	12
1	181.6	183.26	183.65	181.78	181.62	184.03	187.18	181.33	180.63	179.46	182.20	176.70
8	142.7	141.56	140.65	142.79	143.41	140.13	142.67	140.08	136.81	136.54	140.00	137.63
17	139.7	141.30	142.13	140.99	141.11	140.32	134.83	139.45	139.29	138.82	136.50	136.05
9	92.8	94.70	94.00	92.49	92.41	90.43	93.86	91.50	93.29	91.39	91.20	88.28
45	136.8	138.28	137.60	137.52	137.36	133.08	145.40	136.31	131.48	136.15	138.60	133.33
48	75.9	73.55	73.95	74.39	75.02	73.81	75.08	77.50	72.60	72.09	77.30	73.10
52	33.4	34.21	34.08	34.43	33.57	33.55	35.52	33.38	33.62	32.49	35.40	34.33
51	42.3	40.37	44.42	43.45	42.99	42.43	44.88	41.92	42.48	41.91	43.20	43.40
55	53.4	53.99	53.10	54.55	54.41	53.38	56.42	55.00	51.61	53.14	57.00	51.95
54	27.0	27.16	26.79	26.34	27.27	26.99	28.96	26.38	27.74	26.07	26.70	26.30
8:1	78.6	77.30	76.73	79.10	79.00	76.50	76.27	77.00	75.75	76.09	76.93	78.39
17:1	76.9	77.18	77.15	78.45	77.69	76.09	72.08	76.90	77.16	77.35	74.96	77.01
17:8	97.9	99.68	101.02	98.59	98.62	99.35	94.53	99.55	102.04	101.71	97.60	98.08
48:45	54.1	53.56	53.53	54.56	54.59	53.98	51.66	53.24	55.28	52.90	55.88	55.66
52:51	79.2	77.05	76.73	78.96	78.00	78.59	79.32	80.00	79.25	77.61	82.02	81.16
54:55	50.7	50.52	50.52	49.00	50.43	50.98	51.41	48.21	53.84	49.08	47.01	50.63
9:8	65.0	70.68	66.64	65.00	64.40	64.35	65.46	65.27	68.22	66.93	65.98	63.97
72	82.5	85.58	84.44	84.02	82.42	83.81	84.63	83.53	81.05		87.00	83.83

续表

	13	14	15	16	17	18	19	20	21	22	23	24
1	182.20	178.49	181.20	175.00	186.40	192.80	179.07	182.50	181.50	185.38	181.13	173.80
8	146.80	139.58	138.70	137.00	149.00	144.00	139.89	144.44	138.07	139.88	149.25	153.27
17	131.90	135.49	136.60	141.83	133.60	143.50	131.81	135.10	138.67	146.50	140.00	129.18
9	96.00	88.30	89.40	86.50	90.06	99.00	90.84	94.98	90.27	94.00	98.03	94.33
45	139.80	135.75	133.60	133.00	138.74	145.30	135.20	141.18	133.60	136.50	145.50	142.08
48	77.80	75.04	74.30	77.00	75.80	75.50	71.77	73.56	72.62	76.00	76.38	73.91
52	33.80	35.04	34.80	33.73	33.90	32.60	33.36	33.50	32.97	33.13	33.15	33.12
51	42.60	43.23	42.10	43.33	43.98	44.60	39.85	41.64	41.29	42.80	44.25	44.38
55	58.60	54.00	52.90	55.27	55.28	54.10	52.35	54.42	52.85	54.63	54.50	56.52
54	26.80	25.00	25.90	27.90	25.62	25.90						
	13	14	15	16	17	18	19	20	21	22	23	24
8:1	81.09	78.33	76.60	78.31	79.93	74.80	179.07	182.50	181.50	185.38	181.13	173.80
17:1	72.39	76.02	74.20	81.04	72.63	74.50	139.89	144.44	138.07	139.88	149.25	153.27
17:8	89.65	97.10	98.49	103.52	91.73	99.65	131.81	135.10	138.67	146.50	140.00	129.18
48:45	55.63	55.24	55.60	57.99	54.78	51.96	90.84	94.98	90.27	94.00	98.03	94.33
52:51	79.46	81.04	82.50	78.02	77.07	74.94	135.20	141.18	133.60	136.50	145.50	142.08
54:55	46.24	47.93	48.70	50.69	46.30	48.02	71.77	73.56	72.62	76.00	76.38	73.91
9:8	65.11	63.27	64.46	63.26	60.46	68.75	33.36	33.50	32.97	33.13	33.15	33.12
72	90.70	85.86	85.00	82.00	89.83	85.00	39.85	41.64	41.29	42.80	44.25	44.38

注：核桃庄小旱地组额宽指数由测量数据计算得到。

1. 乡宁内阳垣组 2. 天马曲村组 3. 游邀组 4. 侯马乔村组 5. 侯马上马组 6. 殷墟中小墓Ⅱ组 7. 殷墟中小墓Ⅲ组 8. 瓦窑沟组 9. 西村周组 10. 白燕夏商合并组 11. 李家山组 12. 固原彭堡组 13. 东灰山组 14. 核桃庄小旱地组 15. 干骨崖组 16. 小黑石沟组 17. 峙峪县窑子组 18. 本溪沟组 19. 朱开沟组 20. 殷代祭祀坑Ⅰ组 21. 殷代祭祀坑Ⅳ+Ⅴ组 22. 白庙Ⅰ组 23. 白庙Ⅱ组 24. 新店子组

地。年代为东周时期。该组男性居民一般具有特圆颅型、偏低的正颅型和阔颅型，偏阔的面宽绝对值和颇大的上面部偏平度、偏低的眶型和偏狭的中鼻型，较为垂直的面形和中等程度的齿槽面性质。女性在颅面部测量特征上，主要特征与男性基本相同，只是女性组低颅性质更加明显，眶型也更高一些[②]。

　　文中分析乡宁内阳垣组与夏至战国时期相关人群之间的亲疏关系时，采用了统计学中平均数组间差异均方根函数和欧氏距离系数方法、组间联系层次聚类方法以及主成分分析方法。

　　统计分析所选择的项目包括颅长、颅宽、颅高、最小额宽、颧宽、上面高、眶高、眶宽、鼻高、鼻宽等 10 项线段测量的绝对值以及总面角、颅指数、颅长高指数、颅宽高指数、上面指数、眶指数、鼻指数、额宽指数等 8 项角度和指数项目进行比较（表 6.6）。

　　夏代至战国晚期各组全部 18 项数据的平均数组间差异均方根函数值（表 6.7）比较结果，显示出乡宁内阳垣组与与侯马上马组关系最为密切，其次为侯马乔村组、瓦窑沟组、殷墟中小墓Ⅱ组，均具有相当小的函数值。与殷代祭祀坑Ⅳ + Ⅴ组、游邀组、殷代祭祀坑Ⅰ组为中等接近程度。与新店子组关系最为疏远，与固原彭堡组、崞县窑子组、本溪组都表现为非常疏远的关系。指数及角度平均数组间差异均方根函数值显示出乡宁内阳垣组与侯马上马组的关系仍然最为密切，东灰山组的排序仅次于侯马上马组，表现出在指数与角度上与乡宁内阳垣组较为接近。与全部项目相比，瓦窑沟组与殷墟中小墓Ⅱ组互换了排序。关系最为疏远的仍然是新店子组、固原彭堡组、崞县窑子组，白庙Ⅰ、Ⅱ组和本溪组相对疏远。

　　夏至战国晚期各组全部 18 项数据的欧式距离系数值的比较结果（表 6.8）与平均数组间差异均方根函数值的比较结果基本吻合，关系最为亲近的为侯马上马组、侯马乔村组、瓦窑沟组、中小墓Ⅱ组，最为疏远的仍然是新店子组、本溪组、固原彭堡组、崞县窑子组。指数及角度的欧式距离系数比较排序与平均数组间差异均方根函数值比较结果大体上是一致的，关系最近和最远的组别顺序没有变化，亲疏关系居中的组别相互次序有所改变。全部项目中，乡宁内阳垣组与本溪组的关系相对更为疏远。

表 6.7　乡宁内阳垣组与夏代至战国晚期各组的平均数组间
差异均方根函数值（男性）

r 全部 18 项							
侯马上马组	侯马乔村组	瓦窑沟组	殷墟中小墓Ⅱ组	殷代祭祀坑Ⅳ+Ⅴ组	游邀组	殷代祭祀坑Ⅰ组	白燕夏商合并组
0.20	0.34	0.34	0.39	0.49	0.50	0.52	0.57
东灰山组	干骨崖组	天马曲村组	核桃庄小旱地组	西村周组	李家山组	朱开沟组	白庙1组
0.58	0.58	0.62	0.63	0.67	0.68	0.69	0.79
小黑石沟组	殷墟中小墓Ⅲ组	白庙2组	本溪组	崞县窑子组	固原彭堡组	新店子组	
0.81	0.94	0.98	1.02	1.04	1.10	1.57	
侯马上马组	东灰山组	侯马乔村组	殷墟中小墓Ⅱ组	瓦窑沟组	殷代祭祀坑Ⅳ+Ⅴ组	游邀组	核桃庄小旱地组
0.17	0.26	0.31	0.36	0.37	0.42	0.49	0.52
殷代祭祀坑Ⅰ组	白燕夏商合并组	朱开沟组	干骨崖组	西村周组	李家山组	天马曲村组	小黑石沟组
0.53	0.54	0.60	0.6	0.70	0.73	0.75	0.76
中小墓Ⅲ组	本溪组	白庙1组	白庙2组	崞县窑子组	固原彭堡组	新店子组	
0.77	0.88	1.03	1.03	1.27	1.36	1.93	

表 6.8 乡宁内阳垣组与夏至战国晚期各组的欧式距离函数值（男性）

Dij 全部 18 项							
侯马上马组	侯马乔村组	瓦窑沟组	殷墟中小墓Ⅱ组	游邀组	殷代祭祀坑Ⅳ+Ⅴ组	天马曲村组	殷代祭祀坑Ⅰ组
0.70	0.98	1.26	1.61	1.69	1.94	2.03	2.18
干骨崖组	白燕夏商合并组	核桃庄小旱地组	李家山组	东灰山组	西村周组	朱开沟组	白庙1组
2.22	2.28	2.3	2.31	2.55	2.67	3.14	3.18
殷墟中小墓Ⅲ组	小黑石沟组	白庙2组	崞县窑子组	固原彭组	本溪组	新店子组	
3.38	3.42	3.68	3.92	4.17	4.30	6.19	
Dij8 项指数与角度							
侯马上马组	侯马乔村组	东灰山组	殷墟中小墓Ⅱ组	瓦窑沟组	殷代祭祀坑Ⅳ+Ⅴ	游邀组	核桃庄小旱地组
0.65	1.04	1.07	1.11	1.32	1.41	1.81	1.88
祭祀坑Ⅰ组	白燕夏商合并组	干骨崖组	朱开沟组	西村周组	中小墓Ⅲ组	天马曲村组	李家山组
1.93	1.98	2.1	2.19	2.48	2.53	2.54	2.56
小黑石沟组	本溪组	白庙2组	白庙1组	崞县窑子组	固原彭堡组	新店子组	
2.93	3.03	3.40	3.71	4.43	4.8	6.70	

夏至战国晚期各组组间联系树状聚类图（图6.6）展示出各组之间的亲疏关系，并且与平均数组间差异均方根函数和欧式距离函数计算所得到的结果比较一致。乡宁内阳垣组与侯马上马组、侯马乔村组、瓦窑沟组首先聚类，天马曲村组与游邀组首先聚类，殷墟中小墓Ⅱ组和殷代祭祀坑Ⅳ+Ⅴ组首先聚类，这三组与西村周组相聚形成第一大类。核桃庄小旱地组、干骨崖组及东灰山组首先聚类，后与李家山组聚成第二大类。殷墟中小墓Ⅲ组和殷代祭祀坑Ⅰ组；固原彭堡组和崞县窑子组分别聚类，这两小类与白庙Ⅱ组形成

第三大类。在聚类中偏离最大的当属新店子组，其次为本溪组，表现出在体质特征上与其他组具有显著差异。

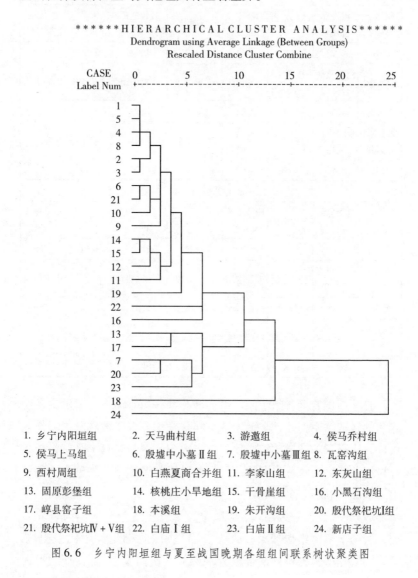

******HIERARCHICAL CLUSTER ANALYSIS******
Dendrogram using Average Linkage (Between Groups)
Rescaled Distance Cluster Combine

1. 乡宁内阳垣组	2. 天马曲村组	3. 游邀组	4. 侯马乔村组
5. 侯马上马组	6. 殷墟中小墓Ⅱ组	7. 殷墟中小墓Ⅲ组	8. 瓦窑沟组
9. 西村周组	10. 白燕夏商合并组	11. 李家山组	12. 东灰山组
13. 固原彭堡组	14. 核桃庄小旱地组	15. 干骨崖组	16. 小黑石沟组
17. 崞县窑子组	18. 本溪组	19. 朱开沟组	20. 殷代祭祀坑Ⅰ组
21. 殷代祭祀坑Ⅳ+Ⅴ组	22. 白庙Ⅰ组	23. 白庙Ⅱ组	24. 新店子组

图6.6 乡宁内阳垣组与夏至战国晚期各组组间联系树状聚类图

乡宁内阳垣组与夏至战国晚期各比较组颅面形态特征数据的主成分分析结果表明，前三个因子累计方差贡献率为65.830%，其中，第一因子方差贡献率为33.972%，第二因子方差贡献率为18.336%，第三因子方差贡献率为13.522%（表6.9）。

第一主成分代表了颅宽、颅宽高指数、颧宽、鼻高、颅长高指数、颅指数及鼻指数，反映了颅面综合特征的差异。

第二主成分代表的原变量为额宽、额宽指数、颅长，代表了颅骨长度和额部宽度的特征。

第三主成分载荷量最大的原变量为上面高。反映了面部高度的变化（表6.10）。

表6.9 前三个因子总方差贡献率

Component	Initial Eigenvalues Total	% of Variance	Cumulative %	Extraction Sums of Squared Loadings Total
1	6.115	33.972	33.972	6.115
2	3.300	18.336	52.308	3.300
3	2.434	13.522	65.830	2.434

Extraction Method：Principal Component Analysis.

表6.10 前三个因子载荷矩阵

	Component		
	1	2	3
1	.126	.658	.506
8	.921	.128	-.150
17	-.563	.513	.463
9	.487	.792	$3.218E-02$
45	.774	.500	.108
48	.403	-.136	.730

	Component		
	1	2	3
52	3. 464E − 02	− . 470	. 348
51	. 472	6. 217E − 02	. 321
55	. 738	− . 144	. 391
54	− 3. 196E − 02	. 209	− . 299
8∶1	. 718	− . 296	− . 438
17∶1	− . 727	6. 180E − 02	8. 802E − 03
17∶8	− . 910	. 233	. 279
48∶45	− . 397	− . 598	. 469
52∶51	− . 276	− . 572	. 329
54∶55	− . 623	. 227	− . 539
9∶8	− . 391	. 721	. 183
72	. 721	− 4. 461E − 02	9. 224E − 02

Extraction Method: Principal Component Analysis.

第一、第二因子得分构成的坐标系中，古中原类型与古华北类型各组集中分布于中心位置，包括乡宁内阳垣组、侯马乔村组、侯马上马组、瓦窑沟组、殷墟中小墓Ⅱ组、殷代祭祀坑Ⅳ + Ⅴ组、朱开沟组、天马曲村组、游邀组、白燕夏商合并组与白庙Ⅰ组。边缘有古西北类型、北亚类型、古东北类型聚集。古西北类型集群包括东灰山组、核桃庄小旱地组、干骨崖组，李家山组稍有偏离，但还是有相聚的趋势，小黑石沟在第一、第二因子所代表的原变量项目与古西北类型各组比较接近。北亚类型的固原彭堡组、崞县窑子组、新店子组组成一个相对集中的集群，与其他组有相当的距离，表现出在第一第二因子所代表的原变量项目上有着根本的差异。殷代祭祀坑Ⅰ组、殷墟中小墓Ⅲ组、白庙Ⅱ

组在颅面的综合特征上比较相似，形成比较松散的集群，本溪组偏离较大。西村周组在前两个因子表达的原变量项目上表现出特殊的性质（图6.7）。

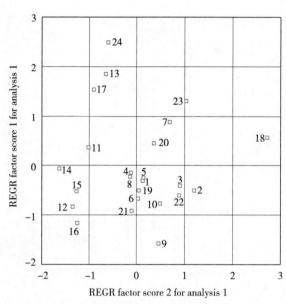

1. 乡宁内阳垣组　　2. 天马曲村组　　3. 游邀组　　4. 侯马乔村组
5. 侯马上马组　　6. 殷墟中小墓Ⅱ组　7. 殷墟中小墓Ⅲ组　8. 瓦窑沟组
9. 西村周组　　10. 白燕夏商合并组　11. 李家山组　　12. 东灰山组
13. 固原彭堡组　　14. 核桃庄小旱地组　15. 干骨崖组　　16. 小黑石沟组
17. 崞县窑子组　　18. 本溪组　　19. 朱开沟组　　20. 殷代祭祀坑Ⅰ组
21. 殷代祭祀坑Ⅳ＋Ⅴ组　22. 白庙Ⅰ组　　23. 白庙Ⅱ组　　24. 新店子组

图6.7　第一、第二因子得分散点图

　　第一、第三因子得分构成的坐标系中，新店子组远离各组。北亚类型和古东北类型居民相对集中，古中原类型、古华北类型、古西北类型人群分布相对比较集中。朱开沟组的低面性质导致其在这一坐标系中的偏离。

前三个因子构成的两个坐标系相比较可知，第一、第二因子反映了主要颅面特征的差异，因而能够很好地表达人种学类型的分布，而第三因子体现了某些特征的突出表现。图6.8）

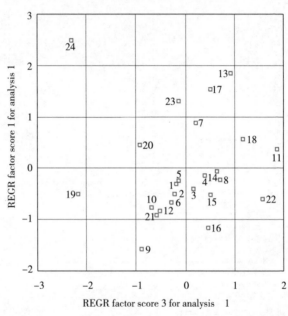

1. 乡宁内阳垣组　　　2. 天马曲村组　　　3. 游邀组　　　　4. 侯马乔村组
5. 侯马上马组　　　　6. 殷墟中小墓Ⅱ组　7. 殷墟中小墓Ⅲ组 8. 瓦窑沟组
9. 西村周组　　　　　10. 白燕夏商合并组 11. 李家山组　　　12. 东灰山组
13. 固原彭堡组　　　 14. 核桃庄小旱地组 15. 干骨崖组　　　16. 小黑石沟组
17. 崞县窑子组　　　 18. 本溪组　　　　　19. 朱开沟组　　　20. 殷代祭祀坑Ⅰ组
21. 殷代祭祀坑Ⅳ+Ⅴ组 22. 白庙Ⅰ组　　　 23. 白庙Ⅱ组　　　24. 新店子组

图6.8　第一、第三因子得分散点图

主成分分析方法与前述三种统计方法所得结果基本一致。由几种统计方法分析可知，在不考虑上面部扁平度因素时，乡宁内阳垣组与古中原类型各组具有非常相近的形态特征。

综上所述，夏至战国晚期这一历史时期内，相对于新石器时代，人群之间的交流加剧，由此产生更为复杂的基因融合乃至变异，区域性人种类型的中心分布区各自向外辐射扩大，各地区居民人种学分布的界限已经变得模糊。

西村组先周和西周时期居民、瓦窑沟组先周居民、殷墟中小墓Ⅱ组所代表的殷商平民、山西侯马上马组、侯马桥村组的晋国居民整体特征均属于古中原类型，同时也存在较为复杂的人种学形态。乡宁内阳垣组居民处于中原地区与北方草原地区的过渡地带，人种类型反映出复杂多型的结构，属于古华北类型。尽管如此，乡宁内阳垣组居民的体质特征仍然体现出与晋南地区年代相近的居民的一致性。天马曲村组居民情况比较复杂，年代跨度较大，个体变异也比较大，具体到每个时期，标本量又比较小，主要特征与晋南地区各组比较接近，但鼻颧角偏大。

乡宁内阳垣组居民的偏狭的中颅型结合高颅型、中等面型、中眶型、中等偏宽的鼻型，较明显的齿槽突颌等特征，与侯马上马组、侯马乔村组居民比较一致。但是，乡宁内阳垣组居民颇为扁平的上面部特征，却与侯马上马组、侯马乔村组居民有着较大的差别，就平均特征而言，分属于古华北类型和古中原类型。乡宁内阳垣组居民与天马曲村组居民相比，天马曲村组居民具有较低矮的面部，较低的眶型。乡宁内阳垣组居民面部和齿槽前突的程度高于天马曲村组居民，上面部较之更为扁平。

陕西省凤翔南指挥西村先周和西周组居民，铜川瓦窑沟组先周居民代表了周人的体质特征。两组在中颅、高颅结合狭颅型，中等上面部扁平度、比较小的面角等形态上比较一致，但是西村周组上面部较窄并且低矮，鼻型偏阔，颅形也更狭长，与瓦窑沟组还是有差别的。相比之下，乡宁内阳垣组居民与瓦窑沟组居民大多数形态特征都比较接近，这与两者隔黄河相邻的地理位置有关。主要差异在于乡宁内阳垣组居民具有扁平的上面部特征，鼻颧角为 150. 10 度，而瓦窑沟组鼻颧角为 145. 10 度，表现为中等扁平的上面部结构。在颅宽高比例方面，瓦窑沟组居民颅形更为狭长。乡宁内阳垣组居民与西村周组狭长的颅型、低矮的面部、阔鼻、中等扁平的上面部形态有比较大的差别。面角的中颌型性状比较一致。

乡宁内阳垣组居民与殷墟中小墓Ⅱ组所代表的商人和殷代祭祀坑Ⅳ + Ⅴ组居民在高颅型、面型、眶型、额宽等项特征上较为一致，但扁平的上面部形态与中小墓Ⅱ组的中等扁平程度的上面部形态差别悬殊。殷墟中小墓Ⅱ组、殷代祭祀坑Ⅳ + Ⅴ组居民具有更为狭长的颅型。殷代祭祀坑Ⅳ + Ⅴ组面角的平颌性状也是与乡宁内阳垣的差异之一。

乡宁内阳垣组居民中等颅形、中等面高和中等眶型与山西中部地区的忻州游邀夏代组居民狭长的颅型、偏低的上面和偏低的眶型有所差别，游邀组上面部也比较扁平，但程度上不及乡宁内阳垣组居民。

夏至战国时期内，在内蒙古中南部地区，古中原类型与古华北类型的居民共同生活在这片土地上，春秋晚期以后又出现北亚类型居民。

内蒙古中南部的古中原类型居民与中原地区古中原类型居民在颅型的比例上属于同一类型，即指数上非常接近，但是颅长、颅宽、颅高 3 项绝对值都明显具有比较小的尺寸，如内蒙古准格尔旗西麻清西周晚期 - 春秋早期组居民[53]。短小的颅型也是内蒙古中南部地区部分居民的特点之一，是其地域性的特征。据考古学研究，中原地区和内蒙古中南部地区同属古中原类型的居民有着共同的基因来源，内蒙古中南部这些古中原类型的居民是由仰韶文化居民北上，与当地居民相融合的后裔[54]，但是两个地区居民之间的差别还是很明显的。

乡宁内阳垣组明显的高颅以及偏狭的颅型、中等偏狭的面型、中等偏阔的鼻型、突出的颌部等项特征与内蒙古凉城县崞县窑子组、宁夏固原县彭堡组以北亚类型特征为主体的居民、内蒙古和林格尔县新店子组由蒙古高原南下的北亚类型牧人的低颅、阔颅、阔面、偏狭的鼻型以及平颌性状等颅面特征存在显著差异，与其相近的特征是同样具有扁平的上面部形态。乡宁内阳垣组及山西南部人群与北亚类型人群的疏远关系，暗示着至少在春秋战国时期，北亚类型的人群还没有造成对于晋南地区居民体质因素的普遍影响。

中心分布区在内蒙古中南部到晋北、冀北一带长城沿线的古华北类型分布范围较之新石器时代有所扩展，包括朱开沟组、毛庆沟组、饮牛沟组、白庙Ⅰ组并且向东已经波及到西辽河流域夏家店上层文化居民[55]。乡宁内阳垣组居民则代表了晋南地区古华北类型的地方变异。在不同区域的古华北类型居民之间的差异也是很明显的，乡宁内阳垣组与同为古华北类型的朱开沟龙山晚期至殷墟一期居民以及白庙Ⅰ组春秋时期居民形态距离的疏远，就是不同区域类型变异的体现。

主要分布在黄河上游甘青地区的古西北类型居民中，核桃庄组居民、李家山组居民、东灰山组居民、干骨崖组居民均具有扁平的上面部形态，与新石器时代组中等上面部扁平度不同。颅型也不似新石器时代古西北类型居民那样狭长，指数上与古中原类型接近。乡宁内阳垣组居民与古西北类型的主要差别在于古西北类型具有稍狭长的颅型，更窄的面部，平颌型的面角，相对小的颅长、颅宽、颅高。

乡宁内阳垣组居民比较偏狭的颅型，中等面型，明显的齿槽突颌与本溪组、白庙Ⅱ组所代表的古东北类型居民阔颅、阔面以及平颌性状差异显著，二者相同的面部特征是颇为扁平的上面部形态。

第四节　小结

本章采用多种统计分析方法，包括平均数组间差异均方根函数，欧式距离系数，统计分析，层次聚类方法，主成分分析方法，探讨了乡宁内阳垣组与新石器时代、夏至战国晚期各颅骨组的亲缘关系。

乡宁内阳垣组居民具有偏狭的中颅型结合高颅型以及狭额型，与古中原类型的仰韶文化居民以及山东大汶口文化居民相同，中等的上面高也与之接近。乡宁内阳垣组居民中，低眶型占了相当的比例，阔鼻型的比例高于狭鼻型和中鼻型，与仰韶文化组居民的普遍的低眶、阔鼻倾向接近，而颇扁平的上面部特征与这些组则有比较大的差异。乡宁内阳垣组居民颇为扁平的上面部特征与古华北类型居民相一致，构成与侯马上马组、侯马乔村组、瓦窑沟组居民的显著差异，除此之外，其他颅面形态十分一致。乡宁内阳垣组居民的人种类型当归于古华北类型，但是与古中原类型人群的密切关系，暗示可能与其有着共同的基因来源，其颅面形态明显带有时代和地域的特色，含有比较复杂的人种因素，组内个体变异较大并呈现出多型现象。

乡宁内阳垣组居民与北亚类型的新店子组相比，只是上面部扁平度一项特征比较接近，整体颅面形态相差甚远。新店子组居民与山西南部各组居民的疏远的关系，表明至少在这一时段，内蒙古中南部地区北亚类型的人群还没有影响山西南部居民的体质构成。

---

① 韩康信，潘其风：《古代中国人种成分的研究》，《考古学报》，1984 年第 2 期，第 245 ~ 263 页。

② 张振标、王令红、欧阳莲：《中国新石器时代居民体征类型初探》，《古脊椎动物与古人类》，1982 年第 1 期，第 72～78 页。

③ 陈德珍：《中国新石器时代居民体质类型及其承继关系》，《人类学学报》，1986年第 2 期，第 114～127 页。

④ 朱泓：《建立具有自身特点的中国古人种学研究体系》，《我的学术思想——吉林大学建校 50 周年纪念》，第 471～478 页，吉林大学出版社，1996 年版。

⑤ 朱泓：《中原地区的古代种族》，《庆祝张忠培先生七十岁论文集》，第 549～557 页，科学出版社，2004 年版。

⑥ 朱泓：《中国西北地区的古代种族》，《考古与文物》，2006 年第 5 期，第60～65页。

⑦ 朱泓：《内蒙古察右前旗庙子沟新石器时代颅骨的人类学特征》，《人类学学报》，1994 年第 2 期，第 126～133 页。

⑧ 李法军：《河北阳原姜家梁新石器时代人骨研究》，中国优秀博硕士学位论文全文数据库，cnki 中国知网，2004 年 6 月 25 日网络出版。

⑨ 朱泓：《内蒙古长城地带的古代种族》，《边疆考古研究》，2002 年第 1 期，第301～313 页。

⑩ 朱泓：《中国南方地区的古代种族》，《吉林大学社会科学学报》，2002 年第 3期，第 5～12 页。

⑪ 朱泓：《中国东北地区的古代种族》，《文物季刊》，1998 年第 1 期，第 54～64 页。

⑫ 颜訚、吴新智、刘昌芝、顾玉珉：《西安半坡人骨研究》，《考古》，1960 年第 9期，第 36～37 页；颜訚：《华县新石器时代人骨的研究》，《考古学报》，1962年第 2 期，第 85～104 页；颜訚、刘昌芝、顾玉珉：《宝鸡新石器时代人骨研究报告》，《古脊椎动物与古人类》，1960 年第 1 期，第 33～43 页；中国社会科学院考古研究所体质人类学组：《陕西华阴横阵的仰韶文化人骨》，《考古》，1977年第 4 期，第 247～250 页。

⑬ 韩康信、潘其风：《陕县庙底沟二期文化墓葬人骨研究》，《考古学报》，1979年第 2 期，第 255～270 页。

⑭ 潘其风：《我国青铜时代居民人种类型的分布和演变趋势——兼论夏商周三族的起源》，《庆祝苏秉琦考古五十五年论文集》，第 294～304 页，文物出版社，1989 年版；李法军：《陶寺居民人类学类型的研究》，《文物春秋》，2001 年第4 期，第 8～16 页。

⑮ 韩康信：《青海民和阳山墓地人骨》，青海省文物考古研究所：《民和阳山》附

录一，第 160～173 页，文物出版社，1990 年版。

⑯ 韩康信：《宁夏海原菜园村新石器时代墓地人骨的性别年龄鉴定与体质类型》，宁夏文物考古研究所、中国历史博物馆考古部编著：《宁夏菜园：新石器时代遗址、墓葬发掘报告》附录二，第 349～357 页，科学出版社，2003 年版。

⑰ 韩康信、张振标、曾凡：《闽侯县石山遗址的人骨》，《考古学报》，1976 年第 1 期，第 121～129 页。

⑱ 颜訚：《西夏侯新石器时代人骨的研究报告》，《考古学报》，1973 年第 2 期，第 91～126 页。

⑲ 韩康信、潘其风：《大汶口文化居民的种属问题》，《考古学报》，1980 年第 3 期，第 387～401 页。

⑳ 朱泓：《中原地区的古代种族》，《庆祝张忠培先生七十岁论文集》，第 549～557 页，科学出版社，2004 年版。

㉑ 韩康信：《山东诸城呈子新石器时代人骨》，《考古》，1990 年第 7 期，第 644～654页。

㉒ 李法军：《河北阳原姜家梁新石器时代人骨研究》，中国优秀博硕士学位论文全文数据库，cnki 中国知网，2004 年 6 月 25 日网络出版。

㉓ 朱泓：《内蒙古察右前旗庙子沟新石器时代颅骨的人类学特征》，《人类学学报》，1994 年第 2 期，第 126～133 页。

㉔ 潘其风：《大南沟新石器时代墓葬出土人骨的观察鉴定与研究》，辽宁省文物考古研究所、赤峰市博物馆：《大南沟——后红山文化墓地的发掘报告》附录二，第 145～150 页，科学出版社，1998 年版。

㉕ 转引自潘其风、韩康信：《柳湾墓地的人骨研究》，青海省文物管理处考古队、中国社会科学院考古研究所：《青海柳湾》，第 261～303 页，文物出版社，1984 年版。

㉖ 转引自朱泓：《夏家店上层文化居民的种族类型及相关问题》，《辽海文物学刊》，1989 年第 1 期，第 111～122 页。

㉗ 韩康信：《仰韶新石器时代人类学材料研究中的几个问题》，《史前研究》，1988 年第 2 期，第 240～256 页。

㉘ 朱泓：《关于殷人与周人的体质类型比较》，《华夏考古》，1989 年第 1 期，第 103～108 页。

㉙ 潘其风：《天马－曲村遗址西周墓地出土人骨的研究报告》，北京大学考古学系商周组、山西省考古研究所：《天马曲村.1980－1989》第三册，附录一，第 1138～1152 页，科学出版社，2000 年版。

㉚ 朱泓：《忻州游邀夏代居民的人类学特征》，忻州考古队编著：《忻州游邀考古》附录二，科学出版社，第 188～214 页，2004 年版。

㉛ 潘其风：《侯马乔村墓地出土人骨的人类学研究》，山西省考古研究所编著：《侯马乔村墓地（1959-1996）》附录四，第 1218～1255 页，科学出版社，2004 年版。

㉜ 潘其风：《上马墓地出土人骨的初步研究》，山西省考古研究所：《上马墓地》附录一，第 398～483 页，文物出版社，1994 年版。

㉝ 韩康信、潘其风：《安阳殷墟中小墓人骨的研究》，中国社会科学院历史研究所等编：《安阳殷墟头骨研究》，第 50～80 页，文物出版社，1985 年版。

㉞ 韩康信、潘其风：《殷墟祭祀坑人头骨的种系》，中国社会科学院历史研究所等编：《安阳殷墟头骨研究》，第 82～108 页，文物出版社，1985 年版。

㉟ 陈靓：《瓦窑沟青铜时代墓地颅骨的人类学特征》，《人类学学报》，2000 年第 1 期，第 32～43 页。

㊱ 焦南峰：《凤翔南指挥西村周墓人骨的初步研究》，《考古与文物》，1985 年第 3 期，第 85～103 页；韩伟、吴镇锋、马振智、焦南峰：《凤翔南指挥西村周墓人骨的测量与观察》，《考古与文物》，1985 年第 3 期，第 55～84 页。

㊲ 转引自朱泓：《忻州游邀夏代居民的人类学特征》，忻州考古队编著：《忻州游邀考古》附录二，第 188～214 页，科学出版社，2004 年版。

㊳ 张君：《从头骨非测量性状看青海李家山卡约文化居民的种族类型》，《考古》，2001 年第 5 期，第 80～84 页。

㊴ 朱泓：《东灰山墓地人骨的研究》，甘肃省文物考古研究所、吉林大学北方考古研究室：《民乐东灰山考古——四坝文化墓地的揭示与研究》附录二．第 172～179 页，科学出版社，1998 年版。

㊵ 韩康信：《宁夏彭堡于家庄墓地人骨种系特点之研究》，《考古学报》，1995 年第 1 期，第 109～125 页。

㊶ 王明辉、朱泓：《民和核桃庄史前文化墓地人骨研究》，青海省文物考古研究所等编著：《民和核桃庄》附录，第 281～320 页，科学出版社，2004 年版。

㊷ 郑晓瑛：《甘肃酒泉青铜时代人类头骨种系类型的研究》，《人类学学报》，1993 年第 4 期，第 328～335 页。

㊸ 朱泓：《小黑石沟夏家店上层文化居民的人类学特征》，《青果集——吉林大学考古系建系十周年纪念文集》，第 228～236 页，知识出版社，1998 年版。

㊹ 内蒙古自治区文物工作队：《崞县窑子墓葬发掘报告》，《考古学报》，1989 年第 1 期，第 57～82 页。

㊸ 朱泓:《内蒙古凉城东周时期人骨研究》,《考古学集刊》七,第 169 ~ 191 页,科学出版社,1991 年版。

㊹ 李恭笃:《辽宁东部地区青铜文化初探》,《考古》,1985 年第 6 期,第 550 ~ 556 页、第 558 页。

㊺ 魏海波、张振标:《辽宁本溪青铜时代人骨》[J],《人类学学报》,1989 年第 4 期,第 320 ~ 328 页。

㊻ 朱泓:《中国东北地区的古代种族》,《文物季刊》,1998 年第 1 期,第 54 ~ 64 页。

㊼ 潘其风:《朱开沟墓地人骨的研究》,内蒙古自治区文物考古研究所、鄂尔多斯博物馆:《朱开沟》附录一,第 341 ~ 352 页,文物出版社,2000 年版。

㊽ 潘其风:《从颅骨材料看匈奴的人种》,《中国考古学研究——夏鼐先生考古五十年纪念文集》二,第 292 ~ 301 页,科学出版社,1986 年版。

㊾ 易振华:《河北宣化白庙墓地青铜时代居民的人种学研究》,《北方文物》,1998 年第 4 期,第 8 ~ 17 页。

㊿ 张全超:《内蒙古和林格尔县新店子墓地人骨研究》,博士论文,中国优秀博硕士学位论文全文数据库,cnki 中国知网,2005 年 8 月 6 日,网络出版。

○53 张全超:《内蒙古和林格尔县新店子墓地人骨研究》,博士论文,中国优秀博硕士学位论文全文数据库,cnki 中国知网,2005 年 8 月 6 日,网络出版。

○54 严文明:《内蒙古中南部原始文化的有关问题》,《内蒙古中南部原始文化研究文集》,第 3 ~ 12 页,海洋出版社,1991 年版。

○55 朱泓:《内蒙古长城地带的古代种族》,《边疆考古研究》,2002 年第 1 期,第 301 ~ 313 页。

第七章　山西南部商代晚期至战国晚期相关人群比较研究

在商代晚期至战国晚期的时段内，山西南部居民的体质特征表现出较为混杂的状态，源自古中原类型和古华北类型的人群在这里交织、融和，个体的变异增大，人群趋于多型，往往出现两种古代类型的混合而又已经不同于典型的古代类型之现象。因此，作者认为以不同形态特征出现的百分率进行分析，能够比较不同人群的主体成分以及体质因素的变化，从而引发我们对于变化产生原因的思索。

第一节　颅面特征比较分析

颅面测量形态比较分析的对比组包括浮山桥北组女性、乡宁内阳垣组、天马曲村组、侯马上马组、侯马乔村 A、B 组（A 组：战国中期组；B 组：战国晚期组）。浮山桥北组女性包括西周早期 3 例，春秋晚期 1 例，乡宁内阳垣组女性包括春秋时期女性 17 例，夏代女性 1 例，这两组女性标本具有组内一致的体质特征，所以合并一起讨论。

从统计结果来看（表 7.1），除侯马乔村 A 组男性长宽指数圆颅型（42.10%）、特圆颅型（5.30%）合起来比例高于中颅型

（39.50%），其他各组颅骨的长宽指数均以中颅型为主，浮山桥北组女性全部为中颅型。乡宁内阳垣组女性没有长颅型的个例，中颅型和圆颅型分别占69.23%和30.77%，其他各组均有一定比例的长颅型和圆颅型。相对而言，乡宁内阳垣组男性、侯马上马组男性、侯马乔村B组男性、女性、侯马乔村A组男性、女性、圆颅型的比例要高于长颅型，天马曲村男性组，长颅型的比例高于圆颅型，天马曲村组女性长颅型与圆颅型的比例相当。

表7.1　山西南部商代晚期至战国晚期相关人群颅面特征比较

		浮山桥北组		天马曲村组				乡宁内阳垣组			
		女性百分比	例数	男性百分比	例数	女性百分比	例数	男性百分比	例数	女性百分比	例数
长宽指数	特长颅型										
	长颅型			25.00	5	18.75	3	7.69	1		
	中颅型	100.00	4	60.00	12	62.50	10	53.85	7	69.23	9
	圆颅型			15.00	3	18.75	3	38.46	5	30.77	4
长高指数	特圆颅型										
	低颅型										
	正颅型	50.00	2	15.80	3			30.77	4	7.14	1
	高颅型	50.00	2	84.20	16	100.00	15	69.23	9	92.86	13
宽高指数	狭颅型	50.00	2	57.90	11	93.30	14	38.46	5	71.43	10
	中颅型	50.00	2	42.10	8	6.70	1	61.54	8	21.43	3
	阔颅型									7.14	1
额顶宽指数	狭额型	100.00	4	33.30	6	37.50	6	69.23	9	66.67	10
	中额型			38.90	7	31.30	5	15.38	2	26.67	4
	阔额型			27.80	5	31.30	5	15.38	2	6.67	1
鼻指数	狭鼻型			27.80	5			15.38	2	6.25	1
	中鼻型	25.00	1	27.80	5	29.40	5	38.46	5	43.75	7
	阔鼻型	75.00	3	44.40	8	70.60	12	46.15	6	43.75	7
	特阔鼻型									6.25	1

续表

		浮山桥北组		天马曲村组				乡宁内阳垣组			
		女性百分比	例数	男性百分比	例数	女性百分比	例数	男性百分比	例数	女性百分比	例数
上面指数	特狭上面型										
	狭上面型			37.50	6	27.30	3	7.69	1		
	中上面型	100.00	1	50.00	8	63.60	7	66.67	4	75.00	6
	阔上面型			12.50	2	9.10	1	7.69	1	25.00	2
	特阔上面型										
眶指数R	低眶型			37.50	9	31.30	5	38.46	5		
	中眶型	100.00	3	62.50	8	50.00	8	30.77	4	92.86	13
	高眶型			18.80	3	30.77	4	7.14	1		
总面角	超平颌型										
	平颌型	50.00	1	64.70	11	20.00	3	25.00	3	18.75	3
	中颌型	50.00	1	29.40	5	73.30	11	58.33	7	37.50	6
	突颌型			5.90	1	6.70	1	16.67	2	43.75	7
	超突颌型										
中面角	平颌型	100.00	4	94.40	17	80.00	12	92.31	12	62.50	10
	中颌型			5.60	1	20.00	3	7.69	1	31.25	5
	突颌型									6.25	1
齿槽面角	超平颌型										
	平颌型			5.90	1						
	中颌型			5.90	1						
	突颌型			86.20	15	100.00	15	16.67	2	50.00	7
	超突颌型	50.00	1					16.67	2	14.29	2
	特突颌型	50.00	1					66.67	8	35.71	5
面突指数	平颌型					6.70	1				
	正颌型	50.00	1	94.10	16	93.30	14	53.85	7	53.30	8
	中颌型	50.00	1	5.90	1			38.46	5	40.00	6
	突颌型							7.69	1	6.67	1

续表

		侯马上马组		侯马乔村 A 组				侯马乔村 B 组			
		男性百分比	例数	男性百分比	例数	女性百分比	例数	男性百分比	例数	女性百分比	例数
长宽指数	特长颅型										
	长颅型	5.88	9	13.20	5	10.70	3	17.20	5	5.60	1
	中颅型	56.86	87	39.50	15	64.20	18	41.40	12	72.20	13
	圆颅型	35.29	54	42.10	16	25.00	7	37.90	11	22.20	4
	特圆颅型	1.96	3	5.30	2						
长高指数	低颅型	0.66	1								
	正颅型	11.26	17	3.30	1	7.14	1	15.40	4		
	高颅型	88.08	133	96.70	29	92.86	22	84.60	22	100.00	18
宽高指数	狭颅型	53.90	76	46.70	14	65.40	17	61.50	16	70.60	12
	中颅型	40.43	57	50.00	15	34.60	9	38.50	10	29.40	5
	阔颅型	5.67	8	3.30	1						
额顶宽指数	狭额型	69.68	108	62.90	22	34.80	11	62.10	18	50.00	9
	中额型	22.58	35	22.80	8	43.50	10	27.60	8	22.20	4
	阔额型	7.74	12	14.30	5	8.70	2	10.30	3	27.80	5
鼻指数	狭鼻型	21.29	33	43.40	13	34.80	8	31.00	9	10.50	2
	中鼻型	38.06	59	33.30	10	30.40	7	27.60	8	21.10	4
	阔鼻型	36.77	57	23.30	7	34.80	8	44.40	12	52.60	10
	特阔鼻型	3.87	6							15.80	3
上面指数	特狭上面型	4.44	6								
	狭上面型	39.26	53	38.50	10	52.40	11	30.80	8	26.70	4
	中上面型	52.59	71	61.50	16	47.60	10	69.20	18	73.30	11
	阔上面型	3.70	5								
	特阔上面型										
眶指数 R	低眶型	22.02	37	16.10	5	16.70	4	24.10	7	10.50	2
	中眶型	70.83	119	67.80	21	75.00	18	72.40	21	84.20	16
	高眶型	7.14	12	16.10	5	8.30	2	3.50	1	5.30	1

续表

		侯马上马组		侯马乔村 A 组				侯马乔村 B 组			
		男性百分比	例数	男性百分比	例数	女性百分比	例数	男性百分比	例数	女性百分比	例数
总面角	超平颌型										
	平颌型	24.02	37	48.20	13	36.40	8	46.40	13	27.80	5
	中颌型	61.04	94	37.00	10	54.50	12	46.40	13	55.50	10
	突颌型	14.94	23	14.80	4	9.10	2	7.20	2	16.70	2
	超突颌型										
中面角	平颌型			91.30	21			90.32	56		
	中颌型			8.70	2			9.68	6		
	突颌型										
齿槽面角	超平颌型										
	平颌型			3.70	1			3.60	1		
	中颌型	2.63	4	7.40	2			7.10	2	5.60	1
	突颌型	49.34	75	33.30	9	28.60	6	42.90	12	22.20	4
	超突颌型	48.03	73	55.60	15	71.40	15	46.40	13	72.20	13
	特突颌型										
面突指数	平颌型	75.89	107	73.08	19	63.60	14	84.60	22	64.70	11
	中颌型	19.86	28	23.08	6	27.30	6	15.40	4	35.30	6
	突颌型	4.26	6	3.84	1	9.10	2				

在颅长高指数方面，天马曲村组女性、侯马乔村 B 组的男性均为 100% 的高颅型，侯马乔村 A 组男性高颅型占 96.7%，浮山桥北组女性高颅型与正颅型各占 50.00%，其他各组高颅型的比例不等，但均高于 50.00%。侯马上马组含有 0.66% 的低颅型。

颅宽高比例方面，浮山桥北组女性狭颅型和中颅型各占 50.00%，其他各组女性以及天马曲村组男性、侯马上马组男性、侯马乔村 B 组男性均以狭颅型为主，乡宁内阳垣组男性、侯马乔村 A 组男性以中颅型为主，其他男性组狭颅型和中颅型所占的比例相当或相差不多。乡宁内阳垣组女性、侯马上马组男性、侯马乔村组 A 组男性有极少量的阔颅型，其他组则没有。

额顶宽指数的统计表明，浮山桥北组女性为 100% 的狭额型，天马曲村组男性、侯马乔村 A 组女性中额型的比例高于狭额型，其他各组均以狭额型为主。阔额型所占比例较少或不出现。

侯马乔村 A 组男性以狭鼻型为主，女性狭鼻型与阔鼻型所占比例相等（34.8%）。天马曲村组男、女性、侯马乔村 B 组男、女性、乡宁内阳垣组男性阔鼻型的比例均高于中鼻型。侯马上马组中鼻型与阔鼻型相差不大。乡宁内阳垣组女性中鼻型和阔鼻型的比例相等（43.75%），浮山桥北组女性阔鼻型占绝大多数。侯马乔村男、女组狭鼻型的比例都相当高，A 组男性：43.40%；女性：34.80%；B 组男性：31.00%；女性：0.50%，其次为天马曲村组（27.80%）、侯马上马组（21.29%）及乡宁内阳垣组（男性：15.38%；女性：6.25%）。天马曲村女性组没有狭鼻型个体。

浮山桥北组 1 例女性为中上面型。侯马乔村 A 组女性以狭上面型为主，其他各组均以中上面型为主，狭上面型其次，阔上面型只占很少的比重。

乡宁内阳垣组男性低眶型比例较大，天马曲村组男、女性都具有很高比例的低眶型，但是均以中眶型居多，其他各组都以中眶型为主。乡宁内阳垣组男性高眶及中眶型的比例相近。

天马曲村组、侯马乔村 A 组男性的总面角以平颌型为主，但中颌型亦占相当的比重。浮山桥北组女性平颌型与中颌型比例相等（50.00%），乡宁内阳垣组（女性）突颌型占了相当的比重（43.75%），其他组均以中颌型为主。

　　各组中面角均以平颌型为主。乡宁内阳垣组女性中颌型达到31.25%的比例，高于其他组。

　　齿槽面角的统计分析表明，天马曲村组男性以及侯马乔村A组男性、侯马乔村B组男性有较少个体为平颌型，其余各组没有平颌型，具有突颌型甚至超突颌型、特突颌型特征者居多。侯马上马男性组只有2.63%中颌型，其余均为突颌型和超突颌型，两种类型所占比例相差无几，中颌型比例极少或没有。

　　侯马上马组男性、侯马乔村A组男性、A组女性、B组男性、B组女性面突指数以平颌型为主，其他组均以正颌型为主，中颌型占有相当的比例。在这一点上表现出群体间的差别。

　　由上述统计分析可知，长宽比例的中颅型，长高比例的高颅型，明显的齿槽突颌，中面角的平颌性状，是山西南部商代晚期至战国晚期居民的主体特征。不同组的面突指数分别以正颌型或平颌型为主，鼻型倾向不同，反映出群体之间的差异。

第二节　种系纯度比较分析

　　前文中计算了浮山桥北组及乡宁内阳垣组测量值及指数的标准差与欧洲同种系平均标准差百分比的比较。与皮尔逊和莫兰特报道的同种系头骨组颅长、颅宽标准差相比较，浮山桥北组的颅长的标准差为6.78，颅宽的标准差为6.86，两项稍大于皮尔逊规定的可能为异种系的6.5的标准，颅长标准差低于大甸子全组而高于所参照的各组数据，颅宽标准差高于所有参照组，小样本量和年代跨度都是影响统计数据的原因（表7.2）。

表7.2　颅骨测量值及指数的标准差之比较[①]（男性）

项目	颅长标准差	例数	颅宽标准差	例数	颅指数标准差	例数
浮山桥北组	6.78	5	8.29	3	4.26	5
乡宁内阳垣组	4.00	13	5.18	13	3.61	13
天马曲村组	5.46	20	4.35	20	2.52	20
侯马上马组	5.02	164	4.77	160	6.85	160
侯马乔村A组	5.43	39	5.18	39	3.80	28
侯马乔村B组	6.04	29	5.01	29	3.88	29
大甸子全组	8.09	66	7.29	66	6.86	64
大甸子一组	5.19	30	4.91	30	3.06	29
大甸子二组	4.86	21	4.16	21	2.12	21
殷墟中小墓组	5.79	42	4.44	42	2.85	36
殷代祭祀坑组	6.20	319	5.90	319	3.98	316
阿依努组	5.94	76	5.21	76		
巴伐利亚组	6.09	100	5.85	100		
巴黎组	5.94	77	5.21	77		
纳夸达组	5.72	139	4.62	139		
英国组	6.09	136	4.80	136		
埃及E组	5.73	800	4.76	800	2.67	
纳夸达组	6.03		4.60		2.88	
维特卡普组	6.17		5.28		2.97	
莫菲尔德组	5.90		5.31		3.27	
刚果尼格鲁组	6.55		5.00		2.88	
欧洲组	6.09		5.03		3.22	

　　乡宁内阳垣组颅长的标准差为4.00，颅宽的标准差为5.18，两项均小皮尔逊规定的可能为异种系的6.5的标准。乡宁内阳垣组标准差的变异性与大多数组接近，颅长标准差小于所参照的同种系各组数据。颅宽标准差大于阿依努组、纳夸达组、刚果尼格

鲁组、欧洲组。

　　将浮山桥北组、乡宁内阳垣组、天马曲村组、侯马上马组、侯马乔村 A、B 组的颅长、颅宽、颅指数的标准差与先秦时期其他对比组相比较，浮山桥北组的颅长、颅宽、颅指数的标准差高于其他对比组而低于大甸子全组，乡宁内阳垣组颅长标准差小于其他各组，颅宽、颅指数标准差小于大甸子全组而高于其他各组。山西南部各组中，颅长的标准差普遍大于颅宽标准差，侯马上马组的颅长标准差是这几组中变化最小的一组，颅指数标准差仅小于大甸子全组，表明颅长与颅宽的比例出现比较大的反差。侯马乔村 B 组颅长的标准差大于 A 组，说明战国晚期的 B 组颅长的变化更大。

　　浮山桥北组和乡宁内阳垣组的线性测量平均标准差分别为116.14%；115.91%，全部项目 34 项平均标准差分别为 119.14%、118.19%，两组比较相近，但是指数项平均标准差相差较多，为133.33%、119.03%。浮山桥北组的变异较大，与标本量少、年代跨度大而且个体具有比较极端的颅面形态有直接关系。天马曲村组与侯马乔村 A 组各项平均标准差相差不多，最接近 100%。侯马上马组线性测量平均标准差和全部项目 34 项平均标准差高于天马曲村组与侯马乔村 A 组而低于侯马乔村 B 组（表 7.3）。

表 7.3　颅骨测量值及指数的平均标准差与相关各组[②]之比较（男性）

组　别	线性测量平均标准差比值%	指数平均标准差比值%	全部 34 项平均标准差比值%
浮山桥北组	116. 14	133. 33	119. 14
乡宁内阳垣组	115. 91	119. 03	118. 19
天马曲村组	102. 83	98. 13	101. 73
侯马上马组	96. 77	106. 37	99. 03
侯马乔村 A 组	102. 29	100. 85	100. 33
侯马乔村 B 组	105. 43	109. 21	108. 61

组　　别	线性测量平均标准差比值%	指数平均标准比值%	全部 34 项平均标准差比值%
同种系爱尔兰组			102.00
牙买加棕种组			105.20
大甸子全组	97.98	96.56	97.64
大甸子一组	106.03	103.74	105.46
大甸子二组	107.94	125.33	112.03
殷墟中小墓组	105.30	91.97	102.16
殷墟祭祀坑组	104.48	108.94	105.53

由此可见，由于浮山桥北的标本数量小，我们还不能肯定标准差大于同种系标准，是群体内存在比较混杂的状况还是个体之间的差异，而乡宁内阳垣组、侯马乔村 B 组的标准差说明，较之天马曲村组、侯马上马组和侯马乔村 A 组呈现出更为混杂的状态。

第三节　鼻颧角的演变

本文所指鼻颧角作为古华北类型和古中原类型的重要识别因素，是以鼻颧角已经作为群体的一致特征为前提的，即它已作为一个被固定下来的群体特征存在，而不是群体内的个体变异现象。对于现代大人种类型来说，鼻颧角是一个很重要的鉴别标准之一。而关于早期人类鼻颧角的变化引发的基因来源的讨论[③]，显然涉及到太多未知的进化与分化的过程，亦不在本文的讨论之内。张银运先生已对新石器时代居民鼻颧角的变异作过专门研究，认为华北地区居民颜面扁平度大于华南，但没有严格的地理上的差异[④]。

表7.4　山西南部商代晚期至战国晚期居民鼻颧角的变化（男性）

鼻颧角：度

组别	年代	<140 例数	占总数的百分比%	140-144.5 例数	占总数的百分比%	145-147 例数	占总数的百分比%	>147 例数	占总数的百分比%	总计
浮山桥北组	商晚期			1	50.00	1	50.00			2
	春秋中期			1	100.00					1
	春秋晚期	1	100.00							1
天马曲村组	西周早期	1	50.00	1	50.00					2
	西周中期			1	20.00			4	80.00	5
	西周晚期					1	100.00			1
	春秋早期					1	100.00			1
	春秋中期							2	100.00	2
侯马上马组	西周晚期			7	100.00					7
	春秋早期	3	5.45	28	50.91	12	21.82	12	21.82	55
	春秋中期	12	16.44	33	45.21	20	27.40	8	10.96	73
	春秋晚期	3	13.64	10	45.45	5	22.73	4	18.18	22
乡宁内阳垣组	春秋时期			2	16.67	2	16.67	8	66.67	12
侯马乔村组	战国中期	2	5.41	15	40.54	7	18.92	13	35.14	37
	战国晚期	4	15.38	11	42.31	5	19.23	6	23.08	26

从陕西南部商代晚期至战国晚期各相关人群鼻颧角的变化可知（表7.4），浮山桥北组男性含有鼻颧角数据的4例标本中，没有大于147度的个体，但商代晚期的M18：2的鼻颧角（146.44度）相对于山西南部古中原类型土著居民整体状况有些偏大。西

周早期 3 例女性中有 2 例鼻颧角大于 152 度，另 1 例却相当小，仅为 137. 97 度，形成强烈的反差。天马曲村西周早期男性标本只有 2 例，没有大于 147 度的个体，但是西周早期女性个体中鼻颧角大于 147 度的个体，4 例中有 2 例，院内 M1 和 M7047，鼻颧角分别为 149. 00、148. 50 度。西周中期男性鼻颧角大于 147 度的个体占同期总数的 80%。春秋中期的两例都超过 147 度。侯马上马西周晚期没有鼻颧角小于 140 度和大于 147 度的居民，春秋早期鼻颧角小于 140 度的个体占 5. 45%，大于 147 度的个体有21. 82%。春秋中期鼻颧角小的个体陡增 10. 99%，鼻颧角中等水平的个体比例增加 5. 88%，中等偏大的个体增加幅度为 5. 58%，大于 147 度的个体数量则下降 10. 86%。春秋晚期鼻颧角在 140 –144. 5 之间的个体数相对春秋中期减少 4. 67%，鼻颧角小的居民下降 2. 8%，鼻颧角大的个体比例增加 7. 22%。乡宁内阳垣鼻颧角大于 147. 5 度的个体所占比例最大，占总数的 66. 67%，140 ~145 度之间的比例为 16. 67%，平均值为 150 度，没有小于 140 度的标本。侯马乔村战国中期鼻颧角小于 140 度的个体只占总数的5. 41%，战国晚期增加到 15. 38%，上升 9. 97%，而鼻颧角大于147 度的居民数量有所减少，由 35. 14% 降低到 23. 08%，减少12. 06%，中等扁平上面的个体数量增加 1. 77%。

　　浮山桥北组及天马曲村组个体较少，姑且不作讨论。侯马上马组、侯马乔村 A 组、B 组标本数量较大，具有统计意义。山西南部地区人群鼻颧角的变化有几个明显的转折：春秋早期、春秋中期以及战国晚期。侯马上马西周晚期标本中未含有面部扁平的因素，春秋早期面部扁平的个体突然增加到 21. 82%，春秋中期鼻颧角两个极端的比例变化形成强烈的反差，鼻颧角偏小和中等偏大的比例都大幅度增加。乡宁内阳垣春秋时期的居民以扁平面部为整体的特征。相对战国中期而言，侯马乔村战国晚期鼻颧角小于 145 度的个体增加 11. 74%，大于 147 度的比例则锐减。鼻颧角的这些阶段性变化直接体现了在西周晚期至春秋战国时期，区域性人群的流动增大，产生了人群间基因的融合及变异。鼻颧角增大的因素显然与古华北类型人群相关。

第四节 小结

山西南部商代晚期至战国晚期的时段内，人种学构成比较复杂，人群中的多型现象和个体的变异增大，人种类型趋于复杂，比较分析的难度增大。颅面特征分析和同种系分析揭示出这种复杂的状况并显示出人群主体特征以及变异幅度。

一个墓地较多标本量反映出的鼻颧角显著变化，应是区域性人群流动、融合乃至变异的直接体现。山西南部人群中突然增加的扁平的上面部特征因素显然与古华北类型的人群相关。

---

① 皮氏 Karl Pearson、莫兰特 Morant、豪威尔斯 Howells 等人计测的同种系各组及大甸子各组数据转引自潘其风：《天马 - 曲村遗址西周墓地出土人骨的研究报告》；北京大学考古学系商周组、山西省考古研究所：《天马曲村 1980~1989》第三册，附录一，第 1138~1152 页，科学出版社，2000 年版；Karl Pearson：*Homogeneity and Heterogeneity in collections of crania. Biometrika*，1903，3，345~347. Morant, C. M.：*A first study of the Tibetan skull. Biometrika*，1923，Vol. 14：222.

② 潘其风：《天马 - 曲村遗址西周墓地出土人骨的研究报告》；北京大学考古学系商周组、山西省考古研究所：《天马曲村 1980~1989》第三册，附录一，第 1138~1152 页，科学出版社，2000 年版。

③ Weidenreich，Franz：*On the earliest representatives of modern mankind recovered on the soil of East Asia. Bulletin of the Natural History Society of Peking* 13（1939）：161~173. 张银运：《颜面扁平度的变异和山顶洞人类化石的颜面扁平度》，《人类学学报》，1998 年第 4 期，第 247~253 页。

④ 张银运：《颜面扁平度的变异和山顶洞人类化石的颜面扁平度》，《人类学学报》，1998 年第 4 期，第 247~253 页。

第八章　身高的推算

第一节　肢骨测量结果

本文所测标本包括浮山桥北男性 6 例，女性 4 例；乡宁内阳垣组男性 17 例，女性 14 例。测量项目包括股骨最大长、胫骨最大长、腓骨最大长、肱骨最大长、尺骨最大长以及桡骨最大长。测量结果见表 8.1、8.2。

表 8.1　浮山桥北商代晚期至春秋晚期人骨四肢骨最大长测量值

长度：厘米

	性别		股骨	胫骨	腓骨	肱骨	尺骨	桡骨
M4	♂	L	44.20	38.50	37.80	32.60	28.50	
		R	44.20	39.00	37.20	33.20		
M5	♂	L	40.60	34.20	33.00	29.40		23.40
		R	40.10	34.00				
M17	♂	L	44.60	31.10		30.50		24.60
		R	44.20	37.00	35.40	31.30		24.90
M18：1	♂	L		34.50		29.40		28.20
		R		34.50		30.00		28.00
M8：20	♂	L	42.50	32.70		29.60		22.60
		R	42.00					

续表

	性别		股骨	胫骨	腓骨	肱骨	尺骨	桡骨
T9M30	♂	L					26.30	
		R						
M10	♀	L			32.50			
		R						
M16	♀	L	36.80	30.00		24.50		
		R	36.80	30.00		25.10	21.10	
T8M22	♀	L						
		R	39.50					
M25	♀	L	40.50			27.60	18.70	21.90
		R	40.10	31.90	31.40	28.00		

表8.2 乡宁内阳垣春秋时期人骨四肢骨最大长测量值

长度：厘米

	性别		股骨	胫骨	腓骨	肱骨	尺骨	桡骨
M2	♂	L	43.90	36.20	36.00	29.60	24.70	23.10
		R	43.50	36.50	35.40	29.20	25.70	22.70
M3：2	♂	L	49.30	36.00	35.80	30.30	26.00	
		R	49.80	36.70	35.80	31.20	26.30	25.50
M8	♂	L	39.00		32.00	27.50		21.20
		R	39.20		32.10	28.30		0.00
M15	♂	L	44.50	36.10				19.30
		R				24.00		
M23	♂	L	43.30	35.80	34.90	31.00	26.20	
		R	43.80	36.00	34.60			
M32①	♂	L	47.50	38.20				
		R	47.50	38.00				
M41	♂	L	44.20	38.00	36.30	32.10	26.20	24.80
		R	43.90	37.70		32.80		

续表

	性别		股骨	胫骨	腓骨	肱骨	尺骨	桡骨
M52	♂	L	45. 30	36. 20		32. 20		24. 00
		R	45. 00	35. 80		32. 70	26. 70	24. 50
M54	♂	L	46. 70	35. 00				
		R				31. 00	25. 30	
M58	♂	L	40. 00	34. 20		29. 80		22. 60
		R		34. 00	32. 20	30. 30	25. 40	
M63	♂	L	46. 10	36. 80	26. 00	32. 20	26. 80	
		R		37. 00	25. 80		27. 00	
M66	♂	L						
		R	43. 80					
M67	♂	L	44. 30	36. 10	35. 10	31. 30	25. 70	24. 20
		R	44. 20	35. 70	35. 30	32. 30	26. 00	26. 10
M83	♂	L	42. 20	35. 40		29. 50		
		R	42. 20	35. 40	34. 50	29. 80		
M86	♂	L	47. 70					
		R	47. 80					
M101	♂	L	15. 90	36. 30		32. 00		
		R	45. 90	36. 30		31. 00		
M103	♂	L	49. 70					
		R	49. 00					
M4	♀	L	40. 40	33. 50	32. 10	28. 50	23. 60	
		R	41. 60	33. 60	32. 00	29. 30	24. 20	
M5	♀	L	41. 90					
		R	41. 80	34. 70	33. 60		24. 30	
M6	♀	L	43. 30					
		R						

续表

	性别		股骨	胫骨	腓骨	肱骨	尺骨	桡骨
M10	♀	L	40.10	36.60				
		R		36.80				
M16	♀	L		33.50				
		R	40.50	33.30		29.40		21.70
M17	♀	L						
		R	42.50					
M18：2	♀	L	46.00			30.10		19.30
		R	46.00					
M22	♀	L	38.80	30.60		28.70		
		R				28.40	23.00	
M25	♀	L	38.10	29.90		26.70		
		R	39.00	30.20		27.10		20.50
M27	♀	L		41.70	33.80	33.30	29.30	26.70
		R		34.10	32.40	29.10	29.10	22.10
M29	♀	L	46.50				22.40	
		R	46.60			28.70		
M35：2	♀	L		36.10				
		R						
M42	♀	L	44.80	36.30				
		R	44.80	36.00				
M98	♀	L	40.20					
		R	41.10					

第二节 身高推算及讨论

本节研究依据人骨标本的肢骨最大长的测量结果，对浮山桥北组和乡宁内阳垣组标本个体的身高进行推算。本文采用黄种人身高公式[①]，参考朱泓有关黄种人身高推算说明[②]，吴汝康、邵象清有关中国汉族的身高推算方法[③]，M. Trotter 与 G. G. Glesser 计算蒙古人种男性身高公式[④]。潘其风先生比较了两种方法由股骨最大长估计身高的差别，认为利用公式②估算的身高值可能比较合乎实际，而用公式①估计之身高变异过大[⑤]。为了比较不同方法以及不同肢骨估计值的差异，本节采用两种方法给出身高估计值。

①黄种人身高计算公式：

男性：

身高 = 股骨最大长 ×3. 66 + 5. 00 厘米

身高 = 胫骨最大长 ×4. 53 + 5. 00 厘米

身高 = 腓骨最大长 ×4. 58 + 5. 00 厘米

身高 = 肱骨最大长 ×5. 06 + 5. 00 厘米

身高 = 尺骨最大长 ×6. 41 + 5. 00 厘米

身高 = 桡骨最大长 ×6. 86 + 5. 00 厘米

女性：

身高 = 股骨最大长 ×3. 71 + 5. 00 厘米

身高 = 胫骨最大长 ×4. 561 + 5. 00 厘米

身高 = 腓骨最大长 ×4. 66 + 5. 00 厘米

身高 = 肱骨最大长 ×5. 22 + 5. 00 厘米

身高 = 尺骨最大长 ×6. 66 + 5. 00 厘米

身高 = 桡骨最大长 ×6. 16 + 5. 00 厘米

②M. Trotter 与 G. G. Glesser 计算蒙古人种男性身高公式：

身高 = 股骨最大长 ×2. 15 + 72. 57 厘米

　　由公式①全部项目平均计算，浮山桥北男性 6 例平均身高 162.77 厘米，变异范围为 152.61 ~ 170.92 厘米，标准差为 8.39。4 例女性平均身高为 146.08 厘米，变异范围为 139.3 ~ 151.95 厘米，标准差为 5.21。由股骨最大长公式①计算。浮山桥北男性 6 例平均身高 156.42 厘米，变异范围为 147.27 ~ 163.74 厘米，标准差为 2.51。女性组平均身高为 144.23 厘米，变异范围 137.03 ~ 150.76 厘米，标准差 6.70。由股骨最大长公式②计算，浮山桥北 6 例男性平均身高 164.59 厘米，变异范围为 158.79 ~ 168.46 厘米，标准差为 3.81。4 例女性平均身高 155.86 厘米，变异范围 151.69 ~ 159.65 厘米，标准差 1.74（表 8.3）。

表8.3　浮山桥北商代晚期至春秋晚期人骨身高推算

长度：厘米

	性别		股骨①	股骨②	胫骨	腓骨	肱骨	尺骨	桡骨	平均值
M4	♂	L	162.27	167.60	174.91	173.62	165.46	183.19		170.92
		R	162.27	167.60	177.17	170.88	168.49			
M5	♂	L	149.10	159.86	155.43	151.64	149.26		161.02	152.61
		R	147.27	158.79	154.52					
M17	♂	L		168.46						164.78
		R	163.74	167.60			154.83		169.26	
M18：1	♂	L			156.79		149.26		193.95	166.94
		R			156.79		152.3		192.58	
M8：20	♂	L	156.05	163.95	148.63		150.28		155.54	152.94
		R	154.22	162.87						
T9M30	♂	L						169.08		169.08
		R								
M10	♀	L				151.95				151.95
		R								

续表

	性别		股骨①	股骨②	胫骨	腓骨	肱骨	尺骨	桡骨	平均值
M16	♀	L	137.03	151.69	138.8		128.39			139.30
		R	137.03	151.69	138.8		131.52	141.03	137.03	
T8M22	♀	L								147.05
		R	147.05	157.50						
M25	♀	L	150.76	159.65			144.57	125.04	157.3	146.00
		R	149.27	158.79	147.56	146.82	146.66			
M2	♂	L	161.17	166.96	164.49	165.38	150.28	158.83	158.97	159.75
		R	159.71	166.10	165.85	162.63	148.25	165.24	156.22	
M3	♂	L	180.94	178.57	163.58	164.46	153.82	167.16		167.89
		R	182.77	179.64	166.75	164.46	158.37	169.08	175.43	

由公式①全部项目平均计算，乡宁内阳垣 17 例男性平均身高 162.46 厘米，变异范围为 144.44 ~ 181.12 厘米。标准差为 9.80（表8.4）。

表8.4 乡宁内阳垣春秋时期人骨身高推算

长度：厘米

	性别		股骨①	股骨②	胫骨	腓骨	肱骨	尺骨	桡骨	平均值
M8	♂	L	143.24	156.42		147.06	139.65		145.93	144.44
		R	143.97	156.85		147.52	143.7			
M15	♂	L	163.37	168.25	164.03				132.9	153.66
		R						154.34		
M23	♂	L	158.98	165.67	162.67	160.34	157.36	168.44		161.39
		R	160.81	166.74	163.58	158.97				
M32	♂	L	174.35	174.70	173.55					173.72
		R	174.35	174.70	172.64					

续表

	性别		股骨①	股骨②	胫骨	腓骨	肱骨	尺骨	桡骨	平均值
M41	♂	L	162.27	167.60	172.64	166.75	162.93	168.44	170.63	166.95
		R	161.17	166.96	171.28		166.47			
M52	♂	L	166.30	169.97	164.49		163.43		165.14	165.93
		R	165.20	169.32	162.67		165.96	171.65	168.57	
M54	♂	L	171.42	172.98	159.05					162.63
		R					157.36	162.67		
M58	♂	L	146.90	158.57	155.43		151.29		155.54	153.6
		R			154.52	147.98	153.82	163.31		
M63	♂	L	169.23	171.69	167.2	119.58	163.43	172.29		156.51
		R			168.11	118.66		173.57		
M66	♂	L								160.81
		R	160.81	166.74						
M67	♂	L	162.64	167.82	164.03	161.26	158.88	165.24	166.51	164.66
		R	162.27	167.60	162.22	162.17	163.94	167.16	179.55	
M83	♂	L	154.95	163.30	160.86		149.77			155.89
		R	154.95	163.30	160.86	158.51	151.29			
M86	♂	L	175.45	175.13						175.27
		R	175.08	175.34						
M101	♂	L	158.69	171.26	164.94	·	162.42			146.14
		R	168.49	171.26	164.94		157.36			
M103	♂	L	182.40	179.43						181.12
		R	179.84	177.92						
M4	♀	L	150.38	159.43	154.94	150.09	149.27	157.68		153.73
		R	154.84	162.01	155.4	149.62	153.45	161.67		
M5	♀	L	155.95	162.66						158.28
		R	155.58	162.44	160.47	157.08		162.34		

	性别		股骨①	股骨②	胫骨	腓骨	肱骨	尺骨	桡骨	平均值
M6	♀	L	161.14	165.67						161.14
		R								
M10	♀	L	153.4	158.79	169.23					118.24
		R			170.15					
M16	♀	L			154.94					153.23
		R	150.76	159.65	154.01					
M17	♀	L								158.18
		R	158.18	163.95						
M18：2	♀	L	171.16	171.47			157.62		138.69	159.66
		R	171.16	171.47						
M22	♀	L	144.45	155.99	141.57		150.31			147.75
		R					148.75	153.68		
M25	♀	L	141.85	154.49	138.34		139.87			142.03
		R	145.19	156.42	139.72		141.96		147.28	
M27	♀	L	155.21		156.32	155.68	153.45	178.32	150.14	160.34
		R			157.7	151.48	152.4	194.31	158.74	157.7
M29	♀	L	173.02	172.55				149.68		165.36
		R	173.39	172.76						
M35：2	♀	L			166.92					166.92
		R								
M42	♀	L	166.71	168.89	167.84					166.93
		R	166.71	168.89	166.46					
M98	♀	L	149.64	159.00						151.31
		R	152.98	160.94						

由公式①股骨最大长计算，乡宁内阳垣 17 例男性平均身高 164.89 厘米，变异范围为 143.24 ～ 182.77 厘米，标准差

为 10. 67。

由公式②股骨最大长计算，乡宁内阳垣 17 例男性平均身高 169. 33 厘米，变异范围为 156. 42 ~179. 64 厘米，标准差为 6. 24。

由公式①全部项目平均计算，乡宁内阳垣 14 例女性平均身高 157. 70 厘米，变异范围为 142. 03 ～ 166. 93 厘米。标准差为 1. 96。

由公式①股骨最大长平均计算，乡宁内阳垣女性平均身高 161. 91 厘米，变异范围为 141. 85 ~173. 39 厘米，标准差为 9. 81。

由公式②股骨最大长计算，乡宁内阳垣女性平均身高 163. 55 厘米，变异范围为 154. 49 ~172. 76 厘米，标准差为 5. 91。

两个公式的比较结果表明，公式②推算的身高值高于由公式①计算的结果，标准差较小。

以同样骨骼、相同公式计算结果相比，乡宁内阳垣组男性居民平均身高高于浮山桥北组男性居民，与侯马上马组男性居民（由公式①股骨最大长计算平均身高：164. 33 厘米，变异范围：143. 90 ~ 181. 78 厘米。由股骨最大长计算公式②：平均身高 166. 17 厘米，变异范围：154. 06 ~ 176. 42 厘米）相近。乡宁内阳垣组女性居民平均身高远高于浮山桥北组女性居民，与侯马乔村组女性居民（由公式①股骨最大长计算：平均身高：161. 56 厘米，变异范围：149. 69 ~ 170. 42 厘米）相接近，而且变异范围更大。本文标本采用不同公式的计算结果表明，不同公式计算的结果相差较大，利用不同骨骼的测量值推算身高，也有很大的差别。从变异范围来看，乡宁内阳垣组男性居民变异范围稍大于侯马上马组男性居民，远大于侯马乔村组男性居民（由中国汉族男性从股骨推算身高的一元回归方程[6]计算，A 组男性居民平均身高：166. 67 厘米，变异范围：159. 33 ~ 176. 22 厘米。B 组男性居民平均身高：166. 59 厘米，变异范围：161. 02 ~ 175. 83 厘米）。

乡宁内阳垣组男性居民（公式②）平均身高与西村周墓组男

性居民接近（公式②：168.29 厘米）[7]，高于朱开沟组男性居民（公式②）165.83 厘米）[8]。与新石器时代各组相比，接近华县组（公式②：168.4 厘米）、宝鸡组（公式②：168.22 厘米）[9]、半坡组（公式②：169.45 厘米）[10]，小于西夏侯组（公式②：171.3 厘米）。

浮山桥北组男性居民（公式②）平均身高则低于上述各组。

乡宁内阳垣组男性居民平均身高（公式①）小于姜家梁新石器时代组男性居民（公式①：169.69 厘米）[11]。

由平均身高的推算结果可知，采用不同的骨骼或采用同样的骨骼却采用不同的方法得出的平均身高差别很大，因此，只有在同样条件情况下得到的数据才具有可比性。

---

① 陈世贤：《法医骨学》，群众出版社，1980 年版。

② 朱泓：《体质人类学》，吉林大学出版社，1993 年版。

③ 吴汝康、吴新智、张振标：《人体测量方法》，科学出版社，1984 年版；邵象清：《人体测量手册》，上海辞书出版社，1985 年版。

④ 陈世贤：《法医骨学》，群众出版社，1980 年版。

⑤ 潘其风：《上马墓地出土人骨的初步研究》，山西省考古研究所：《侯马上马》附录一，第 398~483 页，文物出版社，1994 年版。

⑥ 邵象清：《人体测量手册》，上海辞书出版社，1985 年版。

⑦ 焦南峰：《凤翔南指挥西村周墓人骨的初步研究》，《考古与文物》，1985 年第 3 期，第 85~103 页。

⑧ 潘其风：《朱开沟墓地人骨的研究》，内蒙古自治区文物考古研究所、鄂尔多斯博物馆：《朱开沟》附录一，第 341~352 页，文物出版社，2000 年版。

⑨ 颜訚、刘昌芝、顾玉珉：《宝鸡新石器时代人骨研究报告》，《古脊椎动物与古人类》，1960 年第 1 期，第 33~43 页。

⑩ 颜訚、吴新智、刘昌芝、顾玉珉：《西安半坡人骨研究》，《考古》，1960 年第 9 期，第 36~37 页。

⑪ 李法军：《河北阳原姜家梁新石器时代人骨研究》，博士论文，中国优秀博硕士学位论文全文数据库，cnki 中国知网，2004 年 6 月 25 日，网络出版。

第九章 骨骼的病理及异常研究

古代人骨标本的病理学研究直接反映出某一地点、某一时期人群的饮食结构、健康状况、生活水准以及生存环境的优劣，同时也提供了有关现代疾病的起源和病理演化的信息。古病理学研究数据积累得越多，某一种疾病的发展趋势和发展脉络就越清晰。本文拟从四个方面进行探讨，第一：骨骼的病理，包括各种骨骼疾病；第二：骨骼异常、骨骼畸形；第三：口腔疾病，讨论牙龋病、牙周炎以及根尖脓肿等口腔疾患；第四：口腔的异常状态，包括第三臼齿的阻生和退化及牙齿异位。

第一节 观察的材料及研究依据

本章所观察的浮山桥北墓地标本 13 例，牙齿和骨骼观察各 11 例。乡宁内阳垣墓地标本 62 例，牙齿观察 52 例，骨骼观察 45 例（表 9.1、9.2）。在研究过程中，依据体质人类学、法医人类学、解剖学、骨骼病理学、临床医学、遗传学等学科的理论和骨骼病理特征，参照古代人骨病理的研究成果[①]，对人体骨骼进行详细的观察并对其发生率进行统计分析。

表9.1 浮山桥北墓地标本

墓葬编号（标本号）	性别	年龄	牙齿	骨骼
4	♂	25－30	√	√
5	♂	40±	√	√
8（20）	♂	25－30	√	√
9	♂	25	√	√
17	♂	50±	√	√
18	♂	25±	√	√
18（1）	♂	25－30	√	
30	♂	50±	√	√
31	♀	45±	√	
2	♀	20±	√	√
10	♀	老年	√	√
16	♀	25－30		√
25	♀	40±		√
总计观察标本数：13			11	11

注：√表示观察项目

表9.2 乡宁内阳垣墓地标本

墓葬编号（标本号）	性别	年龄	牙齿	骨骼
2	♂	35±		√
3	♂	45±	√	√
8	♂	35－40	√	√
9	♂	40±	√	
11	♂	40－45	√	
14	♂	30＋	√	
15	♂	50－55	√	√
17	♂	45－50	√	√
23	♂	50－55	√	√

墓葬编号（标本号）	性别	年龄	牙齿	骨骼
31	♂	40 +	V	V
32	♂	25 ±	V	V
36	♂	成年		
41	♂	40 +	V	V
44	♂	45 – 50	V	V
51	♂	45 – 50	V	V
52	♂	45 – 50	V	V
58	♂	40 ±	V	V
63	♂	45 – 50	V	V
66	♂	30 ±	V	V
67	♂	50 – 55	V	V
69	♂	45 +	V	
74	♂	20 – 25		V
78	♂	35 +	V	
83	♂	成年		V
101	♂	老年		V
103	♂	30 – 35	V	V
4	♀	45 – 50	V	V
5	♀	40 – 45	V	V
6	♀	35 – 40	V	V
10	♀	40 +	V	V
16	♀	55 – 60	V	V
18	♀	30 – 35	V	V
20	♀	45 – 50	V	V
21	♀	30 – 35	V	V
22	♀	25 – 30	V	
24	♀	老年	V	V
25	♀	老年	V	V

续表

墓葬编号（标本号）	性别	年龄	牙齿	骨骼
26	♀	30 +	V	V
27	♀	35 – 40	V	V
28	♀	45 – 50	V	
29	♀	30 +	V	V
34	♀	35 ±	V	
35（2）	♀	35 ±		V
39	♀	30 – 35	V	
42	♀	50 – 55	V	V
43	♀	30 ±	V	V
50	♀	45 +	V	V
72	♀	35 ±	V	V
75	♀	45 ±	V	
77	♀	30 ±	V	
89	♀	成年	V	
91	♀	30 +		V
92	♀	35 ±	V	
94	♀			V
98	♀	50 ±	V	V
100	♀	45 – 50	V	V
佚号1	♀	40 ±	V	
3（1?）	?	成年	V	V
7	?	?		V
57	?	45 – 50	V	
88	?	成年	V	
94	?	35 +		V
总计观察标本数：62			52	45

注：V 表示观察项目

第二节 骨骼的病理

一 股骨头坏死

股骨头坏死有两种情况，创伤性股骨头坏死和特发性股骨头坏死。髋关节的创伤，如股骨颈骨折，髋关节脱位等引起的股骨头坏死，是由于创伤破坏供应股骨头的血供所致，且致病原因早已为学者们所公认。特发性股骨头坏死的发病机理目前尚不清楚。骨细胞、骨外动静脉、骨内动静脉、骨内血管外因素、神经血管因素以及体内微量元素铜降低、铝升高等因素都可能导致特发性股骨头缺血坏死。股骨头坏死多发于中轴骨和四肢骨，易发于年青人，是一种对人类骨骼具有特殊破坏性的退行性病变。这种病也称为成年性股骨头坏死。最初的坏死，肉眼上看不到骨质异常，股骨头广泛脱钙，或头部有小的囊腔形成。上述变化常混合出现，但股骨头外形尚正常。股骨头有节段性扁平而"失去圆形结构"，多可见典型死骨片形成，坏死区的塌陷逐渐明显，但关节间隙正常或稍增宽。坏死后期，以股骨头畸形，进行性关节软骨缺失和髋臼骨赘形成为特征。肉眼可见坏死活骨周围组织反应性充血，引起局部骨质吸收，骨组织有轻度骨质疏松表现。股骨头塌陷及变形性关节炎，已是晚期的改变，导致关节面变得扁平，软骨组织小块脱落直至大部分缺失，与退行性关节炎甚为相似[②]。

在所研究的 41 例肢骨材料中，发现 1 例股骨头严重坏死的病例，为乡宁内阳垣组的 M17，占乡宁内阳垣组骨骼观察标本总数的 2.44%。M17 两侧股骨头已呈现扁平形状几近消失，看不到原来的形态，骨质疏松，病变已经累及髋臼，造成髋臼有骨赘形成，关节间隙变得狭窄。

　　在 M17 右侧耻骨上支处有一骨组织坏死的病灶，表面突起，骨膜被破坏，裂纹呈放射状向外延伸。这一处病灶也可能与股骨头的病变有关联。

XNM17 右侧股骨头病变

XNM17 股骨头病变

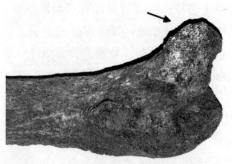

XNM17 股骨头病变

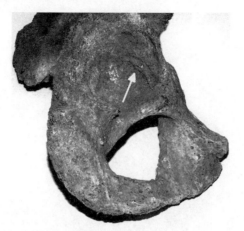

XNM17 髋臼病变

XNM17 耻骨上支病灶

二　脊椎骨质增生和局部融合

浮山桥北墓地发现一例个体患有脊椎骨质增生且胸椎和腰椎产生局部融合。M17（♂，50±）第 10、11、12 节胸椎，第 1、2 节腰椎关节外周成骨性局部融合，M17 的骶髂关节面和边缘，出现骨质增生，使关节面变得凹凸不平，但没有发生融合。

FQM17 第 10、11、12 节胸椎融合

FQM17 第 1、2 腰椎关节融合与骨质增生

三　脊柱化脓性骨髓炎

乡宁内阳垣 M51 第 4、5 腰椎之间可见脓肿形成的窦道，病灶周围韧带骨化，椎体边缘有骨赘及骨桥形成，相邻椎体发生融合。上方斜穿过椎体并与椎管相通。乡宁内阳垣 M51 的病症与脊柱化脓性骨髓炎的症状比较一致。但确切的诊断还要依据现代检测手段来确定。

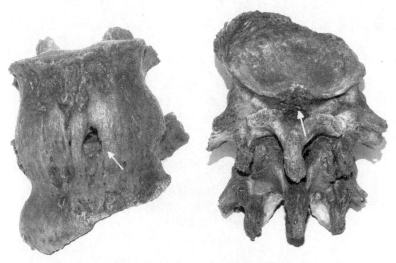

XNM51 第 4、5 腰椎脓肿形成窦道

四　老年退行性骨关节炎

老年退行性骨关节炎表现为关节软骨变性，软化逐渐消失，软骨下骨板层骨质硬化，随后出现关节软骨边缘骨赘形成，继发关节滑膜炎，关节囊挛缩，关节间隙狭窄，功能障碍。以指关节和负重关节发病率最高，也称之为肥大性关节炎，增生性关节

炎，退行性关节炎，骨关节病等。

乡宁内阳垣墓地发现 5 例患有严重老年退行性骨关节炎的病例，为 M25（♀，老年），M41（♂45－50），M101（♂，老年），M67（♂，50－55）、M3：2（♂，45±）。在 M25 的多处关节处可观察到病灶。股骨头和髋臼关节，出现明显的骨质疏松，骨性关节面和软骨下骨质被破坏。股骨下端内侧髁关节软骨被破坏并产生畸变。胫骨上端内侧髁和外侧髁均发生畸变，下端与距骨相连的关节面也产生严重的骨质疏松。手足骨可见骨质疏松和骨质增生，但没有发生类似胫骨膝关节面的畸形病变。浮山桥北墓地 M25 下颌骨右侧关节突颊侧也可以看到病灶，关节突骨质已遭破坏并向内凹陷。

XNM25 股骨头病变

XNM25 髋臼病变

XNM25 股骨下端内侧髁病变

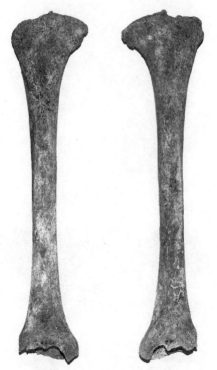

XNM25 胫骨上、下端关节病变

XNM25 胫骨上端关节面病变

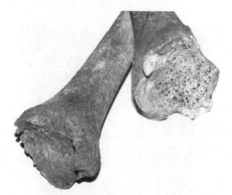

XNM25 胫骨下端关节面病变

XNM25 肱骨下端病变

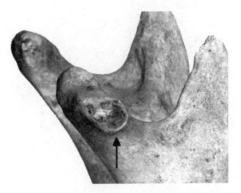

FQM25 颞下颌关节炎病灶

乡宁内阳垣 M41（♂45－50）胸椎关节间隙变窄，关节软骨边缘出现肥大骨赘，椎体骨质疏松并且变形。

XNM41 老年退行性关节炎病变

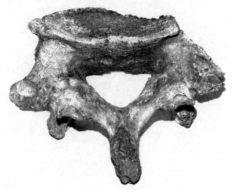

XNM101 老年退行性关节炎病变

乡宁内阳垣墓地 M101 （♂，老年）也是一例老年退行性关节炎患者。腰椎椎体骨质疏松，骨关节面周围已形成骨赘，并且椎体已严重变形，椎孔变得狭窄。

乡宁内阳垣 M67 （♂，50 – 55）、M3：2 （♂，45 ±）关节呈象牙面，这种象牙面形态是骨关节病的一种退行性改变，最先影响软骨，软骨磨损导致软骨下骨显露，骨面由于长年磨损变得光滑[③]。

五 脊椎骨质增生

浮山桥北墓地经过骨骼观察的标本有 11 例。患有脊椎骨质增生的标本，25 ~ 30 岁之间 1 例，40 ~ 50 岁之间 1 例，各占观察标本总数的 9.09%，其他病例年龄都在 50 岁以上。

在乡宁内阳垣墓地标本中，患有脊椎骨质增生的个体占有很高的比例。20 ~ 30 岁年龄段患脊椎增生的个体数量占同年龄段人数的 50.00%，随着年龄的增长，患病率呈上升趋势，40 ~ 50 岁达到最高比例，骨质增生患者占同年龄段人数的 81.82%，50 岁以上，患病率比例较前一年龄段稍低（图9.1）。

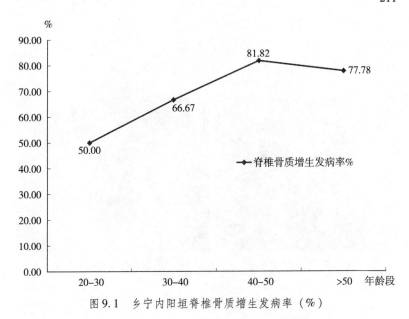

图 9.1 乡宁内阳垣脊椎骨质增生发病率（%）

第三节 骨骼异常

一 鼻中隔弯曲

浮山桥北墓地共有 3 例标本鼻中隔呈弯曲状态，占观察标本的 30.00%。全部为男性。浮山桥北 M18：1（♂，25~30）、M4（♂，25~30）鼻中隔弯曲并位于右侧、M17（♂，50±）鼻中隔弯曲并位于左侧。

乡宁内阳垣墓地共有 8 例标本鼻中隔呈弯曲状态，占观察标本的 26.67%，其中男性 6 例，占男性观察标本的 46.15%。女性 2 例，占女性观察标本的 11.76%。

乡宁内阳垣墓地标本中鼻中隔弯曲并位于右侧的标本有 M2

（♂，35±）、M32（♂，25±）、M52（♂，45~50）、M58（♂，40±）、M42（♀，50~55），鼻中隔弯曲并位于左侧的标本有M3：2（♂，45±）、M75（♀，45±）、M67（♂，50~55）。

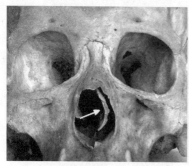 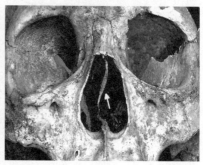

XNM3：2 鼻中隔弯曲　　　　FQM4 鼻中隔弯曲

二　股骨畸形

乡宁内阳垣 M50（♀，45+）股骨远端内侧髁向后外方翻转。

XNM50 股骨畸形

三　骶骨上关节突不对称

乡宁 M98（♀，50±）骶骨上观察到骶骨上关节突不对称的情况。两侧上关节突成一定角度。

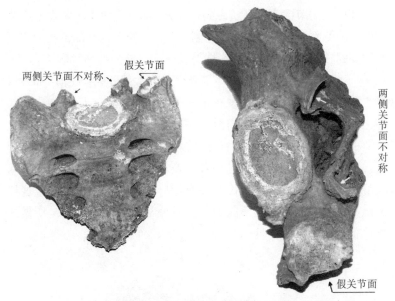

两侧关节面不对称

假关节面

两侧关节面不对称

假关节面

XNM98 骶骨上关节突不对称、骶骨上端假关节面

骶骨上关节突的关节面一般两侧对称，作斜位，近似横行方向，并微呈弧形，两侧不对称者也占到一定比例（不对称者占21.7%，明显不对称者占13.3%），作冠状位或矢状位[④]。

这种不对称的状况，很容易由于两侧小关节运动不相协调，引起退行性改变，腰骶关节的稳定亦随之减弱，容易引起创伤性关节炎或韧带劳损而造成脊柱不稳[⑤]。

四 先天性腰椎骶化

先天性腰椎骶化为一侧或两侧横突过长，与骶骨上端形成假关节。在现代病例中，也甚为常见。乡宁内阳垣组内共发现5例患者。包括 M98（♀，50±）、M41（♂，40±）、M67（♂，50~55）、M3：2（♂，45±）、M25（♀，老年）。

M98 的关节面比较平整，面积较大，M41、M67 双侧都形成关节面。两侧不对称的情况由于一侧运动较他侧大为增加，会造成更为剧烈的腰痛，迅速引起创伤性关节炎[6]。乡宁内阳垣 M3：2（♂，45±）、M25（♀，老年）第 5 腰椎棘突与大部分椎板缺损。M3：2 第 5 腰椎的下关节突，并没有正常地与骶骨上关节面相吻合，却在上关节突的前面自然磨损形成关节面。

先天性腰椎骶化是一种与遗传相关的畸形，曾被用来推测同墓穴或小的隔离人群的人骨是否代表一个家族单位或小的混杂繁殖群，但是由于这类与遗传有关的骨畸形材料发现的很少，这样的推测和关系的认定还不能够作为一种常规的推测方法，所做的结论也大多带有倾向性[7]。

XNM98 腰椎骶化并形成假关节面

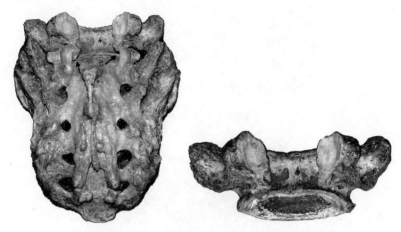

XNMM3：2 腰椎下关节突与骶骨上关节面的异常结合

五 副骶髂关节

某些人除正常骶髂关节的关节面外，有时会另有一个或多个副关节面，据报道副骶髂关节的出现率在 10～36% 之间，男性尤为多见，且多位于第 2 骶后孔平面，也有时对第三骶后孔。副骶髂关节随年龄增长而增加。

本文标本乡宁内阳垣 M4（♀，45～50）副骶髂关节与一般情况相同，髂骨的关节小面位于髂后上棘的内面，并位于耳状面的上粗隆区，与骶髂关节成一角度，骶骨的关节小面，位于第二骶后孔水平面，在骶外侧嵴形成关节面。

研究表明副骶髂关节是灵长类较为常见的现象，可能与负重有关。"由于人的直立姿势引起脊柱下部下沉于骨盆（骨盆稍向前下下降），随使两侧的髂后上棘更为靠近，具有副骶髂关节者，更为常见"[8]。

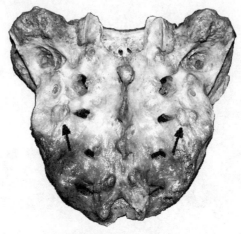

XNM4 骶骨副骶髂关节

第四节 口腔病理

浮山桥北墓地和乡宁内阳垣墓地出土标本的口腔疾病包括龋齿、根尖脓肿、牙周炎。

一 龋齿

龋齿是最为常见的牙体硬组织病。龋齿可分为初龋及深龋两种。初龋发生在牙釉表面及其内部受损，但损坏未及牙本质，深龋已穿过牙本质，或已破坏大部分牙本质，严重者几将及髓。根据其发生的部位，有点隙面龋，邻面龋，齿冠龋，根龋。最初表现为灰白色的脱钙现象，正常牙釉质被破坏，逐渐磨蚀出现孔洞。

浮山桥北组龋齿发生率为41.67%。乡宁内阳垣组龋齿发生率为34.62%。计算龋齿发生率有不同的方法，计算有龋齿发生的个体占观察总人数的比例或计算龋齿个数占残余牙齿总数的比例。本文以有龋齿发生个体比例计算。

以乡宁内阳垣组 M3 为例，龋齿发生在上颌左侧第一臼齿与第二前臼齿邻面位置。

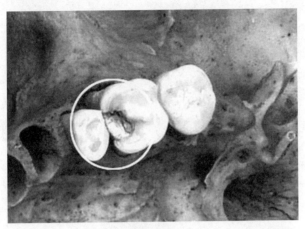

XNM3 龋齿

二　根尖脓肿

由于龋牙根管炎症延伸抵达根部，常常在根尖周围形成脓肿并累及颌骨，令齿槽骨受到损伤而形成空洞，牙齿脱落后可见局部齿槽吸收痕迹。

浮山桥北组居民患有根尖脓肿的患者只有 1 例，年龄在 40 岁左右。乡宁内阳垣组居民根尖脓肿的发病率随着人群平均年龄的增高而加大。乡宁内阳垣墓地人群平均年龄大于浮山桥北墓地，根尖脓肿的发病率（23.08%）远高出浮山桥北墓地（8.33%）。

乡宁内阳垣 M9 根尖脓肿病灶位于上颌右侧第二前臼齿齿槽颊侧面。M67 病灶在上颌左侧第二前臼齿齿槽颊面。两例齿槽均形成孔洞。浮山桥北 M5 患有齿槽脓肿，病灶位于下颌右侧第二臼齿根部，牙齿已脱落，齿槽内齿根的齿槽间隔消失，呈深窝状，有吸收现象。

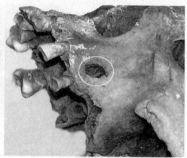

XNM9 根尖脓肿　　　　　　　　XNM67 根尖脓肿

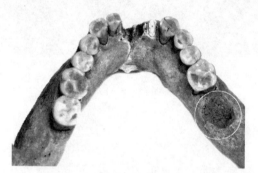

FQM5 齿槽脓肿

三　牙周炎

牙周炎的病症主要表现为齿槽萎缩以致使牙根明显暴露。

浮山桥北组的牙周炎患者有 1 例，患病率为 8.33%，乡宁内阳垣组共计 6 例牙周炎患者，占总观察人数的 11.54%。

XNM58 可见明显的牙周炎病灶，齿槽萎缩，左侧第一臼齿和右侧第二臼齿牙根明显暴露。

XNM58 牙周炎

综上所述，浮山桥北墓地可供观察的标本量 11 例，在 25～30 岁年龄段存在龋齿病例，根尖脓肿患者年龄在 40 岁左右，牙周炎患者年龄均为 50 岁以上。龋齿发病率为 36.36%，根尖脓肿、牙周炎的发病率均为 9.09%。

乡宁内阳垣墓地 50 例标本中，龋齿患者 18 例，占观察总数的 36.00%。根尖脓肿患者 28 例，发病率为 22.00%，牙周炎患者 5 例，发病率为 10.00%。如果以某一年龄段内患有牙病的人数占该年龄段总人数比例来计算该年龄段的发病率，则不同年龄段的发病率比较结果表明，20～30 岁年龄段内，龋齿的发病率为 37.50%，30～40 岁年龄段，龋齿发病率达到 45.00%，40－50 岁年龄段内，单纯的龋齿比例降低，但是根尖脓肿发生的比例大幅度增加（从 15.00% 增至 26.675），而且随年龄增长，呈上升趋势，大于 50 岁年龄段，发生率为 42.86%。牙周炎 30－40 岁之间有比较小的发生率（5.00%），而在其他年龄段牙周炎的发病率基本持平（图 9.2）。

牙齿疾病占有较高比例并随着年龄的增长呈现显著增加趋势，有研究认为这与人类农业生产出现而食用大量富含糖分和淀粉的食物有关[①]。

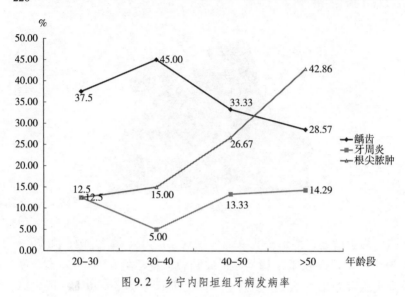

图 9.2　乡宁内阳垣组牙病发病率

第五节　口腔异常

一　第三臼齿阻生、横向与退化

对于人类第三臼齿阻生、退化及缺失的产生机制，有多种不同的解释[⑩]。总体来说，表明人类牙齿在整个人类演化过程中呈现出退化趋势[⑪]。

本文研究的材料中，第三臼齿阻生的个体有 12 例，13 颗牙，占标本总数的 9.59%。这些个体包括：浮山桥北组 M2 （♀，25 ±）；乡宁内阳垣组 M27 （♀，35 ~ 40）；M34 （♀，35 ±）；M2 （♂，35 ±）；M39 （♀，30 ~ 35）；M15 （♂，50 ~ 55）；M22 （♀，25 ~ 30）；M51 （♂，45 ~ 50）；M5 （♀，40 ~ 45）；M21 （♀，30 ~

35）；M78（♂，35±）；M 佚号 2（?，50±）；牙齿以向近中方向倾倒居多，少数倒向舌面或颊面。其中，左侧横生的牙齿均生于下颌。第三臼齿缺失的个体数为 23 例（只要符合 1 颗缺失条件），占标本总数的 31. 51%。具有钉状第三臼齿的个体为乡宁内阳垣组 M25（♀，40±）；M4（♀，45~50）下颌两侧第三臼齿，占标本总数的 2. 74%。

本文标本的第三臼齿阻生有几种情况，第一种类型是由于邻近的第二臼齿患病或缺失，留出多于正常萌出的空位，如 M2 属于齿根龋，根部空隙大于齿冠留下的空隙，但是由于倒向第二臼齿齿根，再向上生长受到第二臼齿齿冠的阻碍，看情形很可能没有突破软组织，属于软组织内阻生。第二种类型主要出现在下颌第三臼齿，由于第三臼齿的根部位置靠后，向上生长受到下颌支的阻力，因此倒向近中方向萌出。如同 M15，牙齿在齿槽内即已倒伏。这种情况显然不是由于没有足够的萌生位置，而是萌生的位置靠后，较厚的骨壁对其萌出阻力较大，因而很难解释为由于第三臼齿萌出位置不足造成阻生。M34 和 M27 下颌第二臼齿患根尖脓肿缺失，留下更大的空隙，使第三臼齿横向，其牙齿表面与邻近的牙齿面高度接近。

本文标本上、下颌、上颌加下颌第三臼齿缺失的统计结果（表 9. 3）表明，浮山桥北组缺失率较高，但其中 M8：20（♂，25~30）和 M18：2（♂，25±）各缺失两颗第三臼齿，年轻的因素可能需要考虑。乡宁内阳垣组也具有很高的缺失率（上颌：27. 42%；下颌：24. 19%），与相关一些组群相比，高于新石器时代庙子沟组（上颌：15. 40%；下颌：5. 70%）[12]，低于商代的安阳组（上颌：32. 6%）[13]，陇县战国时代组（上颌：42. 80%；下颌：35. 70%）[14]。近现代对比组中，高于大同北魏时代组（上颌：18. 20%；下颌：18. 20%）[15]，低于华北组（上颌：34. 10%）[16]和山西组（下颌：45. 10%）[17]。

表9.3　第三臼齿先天缺失比率

组别	上颌		下颌		上颌＋下颌		观察标本总数
	出现率%	例数 n	出现率%	例数 n	出现率%	例数 n	
浮山桥北组	30.00	3	30.00	3	60.00	6	10
乡宁内阳垣组	27.42	17	24.56	14	54.39	31	57

　　钉形退化第三臼齿的个体出现在乡宁内阳垣组 M25 上颌右侧、M4 下颌左侧第三臼齿，表现为简单的形态。M4 下颌右侧第三臼齿明显缩小。

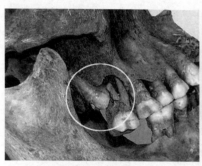

XNM2 上颌右侧第三臼齿阻生、齿根龋

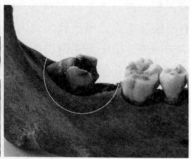

XNM34 下颌右侧第三臼齿阻生

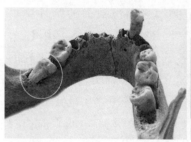

XNM27 下颌左侧第三臼齿阻生

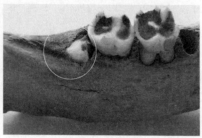

XNM15 下颌右侧第三臼齿阻生

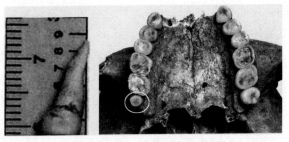

XNM25 上颌右侧第三臼齿退化

二　牙齿异位

乡宁内阳垣 M72 两侧上颌犬齿生长在第一前臼齿与第二前臼齿之间颊侧，而且左侧犬齿舌侧旋转将近一周，转向颊侧。

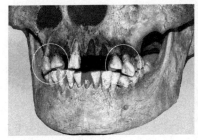

XNM72 牙齿异位

第六节　小结

本章对浮山桥北墓地 13 例标本、乡宁内阳垣墓地 62 例标本进行了比较细致的观察，依据体质人类学、法医人类学、解剖学、骨骼病理学、临床医学、遗传学等方面的书籍和文献，对人体骨骼进行详细的观察并对常见疾病的发病率进行了统计分析。

对浮山桥北墓地和乡宁内阳垣墓地病理学和骨骼异常的观察和研究，结果简述如下：

1. 对牙齿疾患的观察结果表明，浮山桥北组龋齿发病率为36.36%；乡宁内阳垣组龋齿发病率为36.00%。根尖脓肿的发病率随着人群平均年龄的增高而加大。浮山桥北组根尖脓肿的发病率为9.09%，乡宁内阳垣组根尖脓肿的发病率为22.00%。浮山桥北组的牙周炎发病率为9.09%，乡宁内阳垣组牙周炎发病率为10.00%。两处墓地埋葬的人群牙病发病率与已经发表的新石器时代和青铜时代的材料[18]相比，比例居高。

2. 本文标本的骨骼疾病有股骨头坏死、脊椎骨质增生和融合、脊柱化脓性骨髓炎、老年退行性骨关节炎。浮山桥北组和乡宁内阳垣组脊椎骨质增生的患病率非常之高，老年骨质增生的比例和严重程度都远超过年轻人。

3. 本文标本的骨骼异常情况包括鼻中隔弯曲、骶骨上关节突不对称、先天性腰椎骶化、股骨畸形、副骶髂关节、第三臼齿阻生、退化及缺失以及牙齿异位。

① D. R. Bronthwell: Digging Up Bones: The Excavation, Treafment and Study of Human Skeleted Remains. Oxford University Press, 1981；张振标：《中国古代人类强直性脊椎炎的例证》，《人类学学报》，1995 年，第 2 期，第 110 ~ 116 页；朱泓：《古病理学讲义》（未刊）；郭世绂：《临床骨科解剖学》，第 157 页，天津科学技术出版社，1988 年版；皮昕：《口腔解剖生理学》，人民卫生出版社，2000 年版；潘其风：《大甸子墓地出土人骨的研究》，《大甸子——夏家店下层文化遗址与墓地发掘报告》，第 224 ~ 322 页，科学出版社，1996 年版。

② 刘昱主编、葛明富编写：《股骨头坏死的诊断与治疗》，第 53 ~ 69 页，哈尔滨工程大学出版社，1996 年版。

③ Steinbock R. T.：*Paleopathological Diagnosis and Interpretation*, *Bone disease in ancient human populations*, Charles C. Thomas. Pubisher, 1976.

④　郭世绂:《临床骨科解剖学》,第278~279页,图5~13、14,天津科学技术出版社,1988年版。

⑤　郭世绂:《临床骨科解剖学》,第157页,天津科学技术出版社,1988年版。

⑥　郭世绂:《临床骨科解剖学》,第308页,天津科学技术出版社,1988年版。

⑦　韩康信:《骨骼人类学的鉴定对考古研究的作用》,《考古与文物》,1985年,第3期,第50~54页。

⑧　郭世绂:《临床骨科解剖学》,第308页,天津科学技术出版社,1988年版。

⑨　韩康信:《骨骼人类学的鉴定对考古研究的作用》,《考古与文物》,1985年,第3期,第50~54页。

⑩　毛燮钧:《演化途中的人类口腔》,《中华口腔科杂志》,1956年,第4期,第75~84页;李仁等:《成人下颌第三磨牙先天性缺失的调查与分析》,《解剖学通报》,1984年,第7期,第223~226页;张裕珠:《人类进化过程中的颞颌关节功能紊乱》,《中华口腔科杂志》,1982年,第17期,第173~176页;Dahlberg: *The changing dentition of man. J Am Dent Assoc*, 1945, 32:676~690. Hellman, M.: *Our third molar teeth, their eruption, presence and absence. Dental Cosmos*, 1936, 78:750~762;魏伯源:《下颌智齿阻生缺失的调查及其原因探讨,《解剖学杂志》,1988年,第11期(增刊),第30页;Brothwell D. R. et al.: *Congenital absence of teeth in human populations, Dental Anthropology*, 179~190, Pergamon Press, 1963.

⑪　刘武、曾祥龙:《第三白齿退化及其在人类演化上的意义》,《人类学报》,1996年,第3期,第185~199页。

⑫　刘武、朱泓:《庙子沟新石器时代人类牙齿非测量特征》,《人类学学报》,1995年,第1期,第8~20页。

⑬　毛燮均、颜訚:《安阳辉县殷代人牙的研究报告》(续),《古脊椎动物与古人类》,1959年,第1期,第165~172页。

⑭　刘武、曾祥龙:《第三白齿退化及其在人类演化上的意义》,《人类学学报》,1996年,第3期,第185~199页。

⑮　张振标:《长阳青铜时代与大同北魏朝代人类牙齿形态变异》,《人类学学报》,1993年,第2期,第103~112页。

⑯　Lasker, G. W.: *Observations on the teeth of Chinese born and reared in China and America. Am J Phys Anthropol.* 1945, 3:129~150.

⑰　孙凤嗜等:《下颌第三磨牙趋向退化》,《解剖学通报》,1982年,第5期(增刊),第161页。

⑱ 毛燮均、颜誾：《安阳辉县殷代人牙的研究报告》，《古脊椎动物与古人类》，1959年，第2期，第81~85页；李瑞玉等：《下王岗新石器时代人类的牙病》，《人类学学报》，1991年，第3期，第200~204页；李法军：《中国北方地区古代人骨上所见骨骼病理与创伤的统计分析》，《考古与文物》增刊（先秦考古），2002年，第361~366页、第375页；李法军：《河北阳原姜家梁新石器时代人骨研究》，博士论文，中国优秀博硕士学位论文全文数据库，cnki中国知网，2004年6月25日，网络出版；潘其风：《大甸子墓地出土人骨的研究》，《大甸子——夏家店下层文化遗址与墓地发掘报告》，第224~322页，科学出版社，1996年版；潘其风：《朱开沟墓地人骨的研究》，内蒙古自治区文物考古研究所、鄂尔多斯博物馆：《朱开沟》附录一，第341~352页，文物出版社，2000年版；潘其风：《天马－曲村遗址西周墓地出土人骨的研究报告》，北京大学考古学系商周组、山西省考古研究所：《天马曲村1980－1989》第三册，附录一，第1138~1152页，科学出版社，2000年版；潘其风：《上马墓地出土人骨的初步研究》，山西省考古研究所：《上马墓地》附录一，第398~483页，文物出版社，第1994年版；潘其风：《侯马乔村墓地出土人骨的人类学研究》，山西省考古研究所编著：《侯马乔村墓地（1959－1996）》附录四，第1218~1255页，科学出版社，2004年版。

第十章 余 论
——山西南部戎狄的种系类型

关于戎狄的族属，史学界和考古学界长期以来一直以司马迁《匈奴列传》中对先秦文献提及的北方长城地带的戎狄、秦汉时的匈奴、东胡等游牧民族的认识作为依据，将先秦时期的戎狄看作是秦汉时的匈奴、东胡的前身[①]。将商代以来的"鄂尔多斯青铜文化"遗存归于早期匈奴遗存[②]。

对于这一长期存在以致写入《中国通史》的历史误解[③]，林沄先生从日益积累的北方长城地带田野发掘资料出发，结合环境学和体质人类学的研究，明确指出先秦文献中的戎、狄和战国时期才活跃在北方长城地带的东胡、匈奴并非同一族群[④]。并且提出，"靈石旌介 M2：4——杏花村 H309：1——杏花村 M4：1——侯马上马 M4010：1 鬲与李家崖（不少研究者认为李家崖文化或包括全部的'绥德—石楼类型青铜文化'就是鬼方遗存）代表性的鬲不属于同一个系列。在山西的中南部其实存在一个和李家崖文化平行发展的考古学文化。"[⑤]。

先秦文献中，对于戎狄的记载比较多。《诗经·长发》记有"有娀方将，帝立子生商"，表述了商之先世出于戎狄之母的历史传说。《国语·周语中》富辰曰："狄，隗姓也"，周之隗姓源于商代之鬼方。晋国始祖叔虞被封唐国时，有分予"懷（即"隗"

的假借字）姓九宗"（《左传·宣公四年》）之说。《左传·昭公
十五年》记载："晋居深山，戎狄之于邻……"。《国语·晋语
二》载有："景、霍以为城、而汾、河、涑、浍以为渠，戎狄之
民实环之"。《左传》中的"戎狄"是一个泛称，历史学和考古
学研究中，一直将其混称。林沄先生指出在陕、晋、冀地区活动
的主要是群狄。不相统属且彼此攻击，晋国处于群狄围绕之中，
有"狄之广漠，於晋为都"之说（《左传·庄公二十八年》）[⑥]。
以下引用有关山西地区的考古文献中有称之为戎或戎狄，沿用原
文说法，不再一一注释。

　　本文检测的标本中有一例出自 2002 年发掘的乡宁县昌宁镇
内阳垣村村南的土疙瘩墓地 5 座夏代墓葬中的 M77。墓葬形制为
较浅的长方形土圹竖穴墓，单棺，头向西，仰身直肢，墓葬方向
为 235°。随葬的泥质陶盆与其他夏墓出土陶盆形制相同，敞口，
深腹，沿下至腹部饰绳纹，底部饰交错绳纹，圜底内凹，具有
"东下冯类型"特点。夏时期灰坑 3 座，出有花边口沿鬲、盆、
罐、三足瓮等器物[⑦]。考古学研究根据汾阳杏花村 Ⅵ 期遗存，分
析出有三类谱系的陶鬲，一类是商式鬲。二类是本地传统陶鬲的
继续和当地接受商式鬲某些特点产生的陶鬲，称为"中间类型"，
三类是区别于一、二两谱系的另一谱系的陶鬲。第三类陶鬲为方
唇压成花边状或卷沿唇外侧用指甲捺压成花边的袋足鬲，这一谱
系以柳林高红 H1 为代表。山西地区带花边口沿的袋足鬲的渊源，
可能会追溯至乡宁内阳垣夏代墓葬 M28（山西省考古研究所 2003
年发掘资料）。M28 出土陶鬲为夹砂灰陶制成，花边状直口。矮
筒形袋足，有实足跟，饰散乱交错细绳纹。同一遗址同时期的灰
坑中也出此类鬲口沿和三足瓮陶片。三足瓮在内阳垣、南小张、
柳林高红 H1 都与花边口沿袋足鬲伴出，是戎人文化的标志性器
物。推想三类鬲是"戎"人的考古学文化。[⑧]遗憾的是目前乡宁内
阳垣夏代墓葬的标本只有一例，为 M77 女性标本，由于残破缺少

颧宽和鼻颧角的数据，只能说其他主要特征与春秋时期女性居民比较一致，确切的结论还依赖于将来的考古发现。

殷墟时期吕梁山一线墓葬中多出兽首、铃首为装饰的铜刀、剑及銎首斧，弓形器等工具、武器和金耳环等器物，是一种包含在鄂尔多斯青铜文化之中的青铜文化。

春秋时期，乡宁内阳垣原为戎狄领地，由于晋国的领土扩张而被纳入晋国的版图。乡宁内阳垣春秋时期的墓葬中经常随葬小陶杯，同一种器物高低无规律可言，制法不精，在器盖和腹部不适当地加纽（耳），有将残器再利用的习惯，还出现一些不常见的器形，晚期晋都侯马晋国遗址就极少发现这种情况。上马墓地M13：59，M2008：45 等遗址所出土的春秋晚期铜或陶鍑，表明晋与戎狄的关系自始至终，十分密切[⑨]。

上述考古学研究表明乡宁内阳垣春秋时期的居民或许代表了该时期吕梁山一线戎狄人群，其体质特征是春秋时期在这一带活动的戎狄族群种系类型的具体体现。乡宁内阳垣春秋时期戎狄人群属于蒙古大人种的范畴，对于晋、陕一带春秋时之戎狄乃塞人之后一支的说法[⑩]，目前的研究中尚未发现相关的线索。据韩康信先生的研究，塞人的种族特征应属欧罗巴人种[⑪]，与本文研究的相关资料相距甚远。作为一个整体，这类戎狄居民具有高颅型，狭额，中鼻型和阔鼻型居多，平均值为中鼻型，面宽的绝对值较小，中等的上面高度，面型中等，具有明显突出的颌部，低眶、阔鼻的高百分率，都表现出与古中原类型的亲密关系，与古中原类型最主要的差别在于具有非常扁平的上面部形态，颅长宽比例和宽高比例为中等颅型，与古中原类型的长、狭颅型有所区别，而与古华北类型接近。因此，乡宁内阳垣春秋时期的居民应归属于古华北类型。与西北地区古西北类型的最主要的差别包括颅型的长度、宽度和高度，面宽以及面部的扁平程度，古西北类型的颅型更偏狭，面型高而狭，狭鼻，而且面角更大，表现出非常扁平的面部形态。新石器时代颅骨组所代表的人群具有中等扁平的上面部形态（柳湾合并组、阳山组、菜园村组）。青铜时代的某些颅骨组所代表的人群具有中等扁平的上面部形态（火烧沟组），另一些颅骨组上面部则非常扁平（李家山组、核桃庄小旱地组、干骨崖组）。颅型、面型、面角特征的差异，是古华北类型与古西北类型人群体质上的差异，亦可以作为山西地区戎狄与所谓西戎之间的主要差别之所在。根据以往的研究，古华北类型的中心分布区大致在内蒙古中南部到晋北、冀北一带的长城地带。包括伊金霍洛旗朱开沟遗址夏到早商的标本，凉城县毛庆沟及饮牛沟墓地春秋晚期到战国前期的标本，张家口市白庙墓地春秋战国之际的白庙I组标本[12]。乡宁内阳垣组的体质特征表明，这是一个与典型的古华北类型有所偏离的群体，组内个体之间也有较大的变异，在其种系构成上体现出鲜明的时代特征及地域性特征，既体现出古华北类型的主要特点，又不失晋南地区土著因素。吕梁山一线作为晋南地区与北方草原人群联系的通道，体质构成形成中间类型是很自然的，种系特征的变异速度也随着人群流动的频率加大而加速。乡宁内阳垣春秋时期戎狄人群的人种学构成与春秋晚期出现在内蒙古中南部的北亚人种类型居民并没有直接的渊源关系，无论是形态学特征研究还是基于遗传学的眉上神经孔和二分舌下神经管性状统计结果，都证实了这一点。目前的体质人类学研究已经能够确认匈奴的主体成员为西伯利亚人种类型，以圆颅、低颅、阔颅配合高而宽的面型为其主要特征[13]。外贝加尔匈奴人稍有不同的是拥有偏长的颅形，保留了更多的原始性状，归属于古西伯利亚类型[14]，以内蒙古自治区林西县双店乡敖包吐村井沟子组人骨所代表的东周时期居民，也是属于低颅阔面、面部特别扁平的西伯利亚类型，在人种特征上与文献记载的"东胡后裔"——鲜卑、契丹、蒙古相同，故其族属被认为应为东胡[15]。因此，匈奴和东胡人群在种系特征上都与现代蒙古人种的北亚类型相对应。乡宁内阳垣组所代表的戎狄人群，在种系特征上归属于先秦时期古代人种类型体系中的古华北类型，这是构成现代蒙古人种东亚类型的主体成分之一。也就是说，在古代人种类型体系中，戎狄与匈奴、东胡分属于两个截然不同的人种类型，因而从体质人类学角度证实了林沄先生"戎狄非胡"推断的合理性。

---

① 王国维：鬼方昆夷猃狁考："见于商、周间曰鬼方，曰混夷，曰獯鬻。在宗周之季则曰猃狁。入春秋后始为之戎，继号曰狄。战国以后又称之曰胡，曰匈奴"。

② 田广金：商代以来的所谓"鄂尔多斯青铜文化"遗存均属早期匈奴遗存。田广金：《近年来内蒙古地区的匈奴考古》，《考古学报》，1983 年第 1 期，第 7 ~ 24 页。

③ 白寿彝："分布在西周北部和西北部的各族是一些游牧部落，……尧舜时代的薰育，商代的鬼方，西周时代的鬼戎、昆夷、混夷、畎戎、串夷、犬戎、猃狁．春秋战国时代的戎、狄，秦汉时代的胡与匈奴，实际上都是指的同一族类，只是由于时间、地点、音译、称谓以及个别支派之不同，而异其称而已"。《中国通史》第三卷，第 341 页，上海人民出版社，1994 年版。

④ 林沄：《戎狄非胡论》，《金景芳九五诞辰纪念文集》，第 101 ~ 108 页，吉林文史出版社，1996 年版。

⑤ 林沄：《戎狄非胡论》，《金景芳九五诞辰纪念文集》，第 101 ~ 108 页，吉林文史出版社，1996 年版。

⑥ 林沄：《中国北方长城地带游牧文化带的形成过程》，《燕京学报》，新十四期，第 95 ~ 145 页，北京大学出版社，2003 年版。

⑦ 许文胜、张红娟、李林：《乡宁县内阳垣清理一批夏、春秋时期墓葬》，《文物世界》，2004 年第 1 期，第 3 ~ 5 页。

⑧ 田建文：《天上掉下晋文化》（上），《文物世界》，2004 年第 2 期，第 53 ~ 60 页。

⑨ 田建文：《天上掉下晋文化》（上），《文物世界》，2004 年第 2 期，第 53 ~ 60 页；田建文：《侯马上马墓地 M13、M2008 出土的北方式青铜器》，《考古》，

1993 年第 2 期，第 167～169 页。

⑩ 王克林：《戎狄族源的考古学研究》，《文物世界》，2004 年第 2 期，第 16～21 页。

⑪ 韩康信：《丝绸之路古代居民种族人类学研究》，第 1～32 页，新疆人民出版社，1993 年版。

⑫ 朱泓：《内蒙古长城地带的古代种族》，《边疆考古研究》，2002 年第 1 期，第 301～313 页。

⑬ 朱泓：《内蒙古长城地带的古代种族》，《边疆考古研究》，2002 年第 1 期，第 301～313 页；陈靓：《匈奴、鲜卑和契丹的人种学考察》，博士论文，2003 年。

⑭ 陈靓：《匈奴、鲜卑和契丹的人种学考察》，博士论文，2003 年。

⑮ 朱泓：《东胡人种考》，《文物》，2006 年，第 8 期，第 75～77 转 84 页。

附　表：

附表 1　个体测量项目代号说明

表格中各测量项目所采用的代码，主要是依据马丁（R. Martin）和莫兰特（M. Morant）等人类学家所制定的代码。

马丁号	测量项目	英文说明	英文代号
1	颅骨最大长	maximum cranial length	g-op
5	颅基底长	basis length	n-enba
7	枕大孔长	foramen magnum length	ba-o
8	颅骨最大宽	maximum cranial length	n-ba
9	最小额宽	minimum frontal breadth	ft-ft
11	耳点间宽	biauricular breadth	au-au
PB	耳门上缘点间宽	interporial breadth	po-po
16	枕大孔宽	foramen magnum breadth	
17	颅高	basi-bregmatic height	ba-b
21	耳上颅高	auricular height	po-b
23	颅周长	Cranial horizontal circumference	
24	颅横弧	cranial transverse arc	po-po
25	颅矢状弧	cranial sagittal arc	n-o
26	额骨矢状弧	frontal arc	n-b
27	顶骨矢状弧	parietal arc	b-l
28	枕骨矢状弧	occipital arc	l-o
29	额骨矢状弦	frontal chord	n-b
30	顶骨矢状弦	parietal chrod	b-l

马丁号	测量项目	英文说明	英文代号
31	枕骨矢状弦	occipital chrod	l-o
40	面基底长	facial profile length	ba-pr
43（1）	两眶外缘宽	Biorbital breadth	ec-ec
45	颧宽	Bizygomatic breadth	zy-zy
46	中部面宽	Middle facial breadth	zm-zm
47	全面高	Morphological facial height	n-sd/n-pr
50	前眶间宽	vordere interorbital breadth	mf-mf
51	眶宽	Orbital breadth	mf-ec
52	眶高	Orbital height	
MH	颧骨高	Malar height	zm-fmo
MB	颧骨宽	Malar breadth	zm-rim. Orb
54	鼻宽	Nasal breadth	
55	鼻高	Nasal height	n-ns
SC	鼻最小宽	Simotic chord（Minimum nasal breadth）	sc
SS	鼻最小宽高	Simotik subtense to SC	ss
60	上颌齿槽弓长	Maxillo-alveolar length	pr-alv
61	上颌齿槽弓宽	Maxillo-alveolar breadth	ekm-ekm
62	腭长	Palatal length	ol-sta
63	腭宽	Palatal breadth	enm-enm
FC	两眶内宽	Frontal chord	fmo-fmo
FS	鼻根点至两眶内宽之矢高	Subtence fmo-fmo	n to fmo-fmo
DC	眶间宽	Interorbvital breadth	d-d
32 I	额侧角 I	Frontal profile angle	$\angle$n-m and FH
32 II	额侧角 II	Frontal profile angle	$\angle$g-m and FH
32（2）I	前囟角 I	Bregmatic angle from glabella	$\angle$g-b and FH
32（2）II	前囟角 II	Bregmatic angle from nasion	$\angle$n-b and FH

马丁号	测量项目	英文说明	英文代号
72	总面角	Total Facial angle	∠n-pr and FH
73	中面角	Nasal prognathism	∠n-ns and FH
74	齿槽面角	Alveolar prognathism	∠ns-pr and FH
75	鼻梁侧角	Nasion-rhinion profile angle	∠n-rhi and FH
77	鼻颧角	Naso-malar angle	∠fmo-n-fmo
SSA	颧上颌角	Zygo-maxillary angle	∠zm-ss-zm
A∠	面三角I（上齿槽点角）	Winkel des Gesichtsdreiecks I	∠n-pr-ba
N∠	面三角II（鼻根点角）	Winkel des Gesichtsdreiecks II	∠pr-n-ba
B∠	面三角III（颅底角）	Winkel des Gesichtsdreiecks III	∠n-ba-pr
8∶1	颅长宽指数	Cranial length-breadth index	
17∶1	颅长高指数	Cranial length-height index	
17∶8	颅宽高指数	Cranial breadth-breadth index	
9∶8	额宽指数	Transversal frontoparietal index	
16∶7	枕骨大孔指数	Index of occipital foramen	
40∶5	面突指数	Gnathic index	
48∶17	垂直颅面指数	Vertical cranial-facial index	cranial
48∶45	上面指数（K）	upper facial index	
48∶46	上面指数（V）	upper facial index	
54∶55	鼻指数	Nasal index	
52∶51	眶指数	Orbital index I	
52∶51a	眶指数	Orbital index II	
54∶51	鼻眶指数	Nasal- Orbital index I	
54∶51a	鼻眶指数	Nasal- Orbital index II（a）	
SS∶SC	鼻根指数	Simotik index	ss∶sc
63∶62	腭指数	Palatal index	
45∶0.5（1+8）	横颅面指数		

马丁号	测量项目	英文说明	英文代号
17∶0.5 (1+8)	高平均指数		
65	下颌髁突间宽	Bicondylar breadth	cdl-cdl
66	下颌角间宽	Bigonial breadth	go-go
67	颏孔间宽	Bimental breite	ml-ml
68	下颌体长	length of Mandibular body	
68-1	下颌体最大投影长	Abstand des vorstehendsten Punktes der vorderen Kinnplate von einer Vertikalebene, welche die Hinterfl? chen der Kondylen berührt	
69	下颌联合高	Mandibular height of symphysis	id-gn
69-1	下颌体高Ⅰ	height of Mandibular body Ⅰ	
	下颌体高Ⅱ	height of Mandibular body Ⅱ	
69-3	下颌体厚Ⅰ	thickness of Mandibular bodyⅠ	
	下颌体厚Ⅱ	thickness of Mandibular bodyⅡ	
70	下颌体枝高	Mandibular ramus height	
71	下颌枝宽	Breadth of mandibular ramus	
71a	下颌枝最小宽	Minimum breadth of mandibular ramus	
79	下颌角	Mandibular angle	
68∶65	下颌骨指数	Mandibular index	
71∶70	下颌枝指数	Mandibular ramusindex	
	颏孔间弧	Bimental bogen	

附表 2 浮山桥北墓地人骨个体测量表（男、女性）

长度：毫米；角度：度；指数：%

马丁号	男性							女性				
	M4	M5	M17	M18：2	M18：1	M30	平均值	M10	M16	M25	M31	平均值
1	195.00	182.00	177.00	185.00	181.00		184.00	181.50	172.00	174.80	179.50	176.95
5	114.00	103.70	101.00				106.23	102.00	97.00	98.20	98.10	98.83
8	150.00	138.10	142.00	127.00	138.60		139.14	137.70	130.80	139.00	138.00	136.38
9	98.60		90.50	86.50	84.20		89.95	104.50	88.80	88.00	97.60	94.73
1	138.20	126.00	128.00			139.00	132.80	119.50	115.00	123.00	123.00	120.13
12		104.00	103.60		116.00	107.10	107.68	109.60	101.50	112.20	108.00	107.83
7	34.50	38.80	35.70			33.00	35.50	38.50	31.60	32.80	45.10	37.00
16	31.00	28.00	30.90			29.30	29.80	30.50	26.60	27.80		28.30
17	152.00	142.60	142.00				145.53	132.00	134.50	137.50	133.50	134.38
21	122.00	121.00	111.00				118.00	117.00	110.00	113.00	116.00	114.00
23			523.00	525.00			524.00	524.00	503.00	509.00	516.00	513.00
24		328.00	322.00				325.00	332.00	300.00	318.00	316.00	316.50
25	393.00	377.00	367.00				379.00	362.00	358.00	360.00	350.00	357.50
26	145.00	134.00	122.00	138.00	125.00		132.80	125.00	124.00	116.00	124.00	122.25

续表

马丁号	男性							女性				
	M4	M5	M17	M18：2	M18：1	M30	平均值	M10	M16	M25	M31	平均值
27	131.00	120.00	125.00	142.00	115.00		126.60	115.00	116.00	126.00	132.00	122.25
28	137.00	123.00	130.00			115.00	126.25	125.00	116.00	116.00	92.00	112.25
29	130.50	116.70	108.00	116.50	108.00		115.94	109.30	109.20	112.00	116.50	111.75
30	108.00	101.90	103.90	124.80	105.80		108.88	103.10	107.10	113.00	119.10	110.58
31	106.80	101.50	111.10			100.90	105.08	102.50	98.30	98.80	76.50	94.03
40	104.50	94.80	92.80			102.90	98.75	104.00	92.00			98.00
43	113.10		107.00	105.00	97.40	117.00	107.90	111.00	98.00	107.00	103.80	104.95
44	104.00		99.00		92.00	110.50	101.38	99.90	91.10	98.00		96.33
45	146.60		139.60			126.00	137.40		122.20	134.50		128.35
46	101.00	99.00	107.30		97.00	105.90	102.04	98.00	96.20	97.00		97.07
(sub. Zm-ss-zm)	25.50	21.00			23.80	25.00	23.83	19.00	20.50			19.75
47.00	142.00	114.90	121.20	128.80	118.00		124.98	113.20		102.60		107.90
48	85.50	65.20	69.00	73.00	67.30		72.00	64.00	64.90			64.45
48sd	91.50	69.90	73.50	76.00	73.10		76.80	66.50	67.10			66.80
50	19.70	18.50	21.10	19.60	20.90		19.96	19.80	16.40	18.70	20.50	18.85
51R	46.80		42.00	42.80	38.00		42.40	42.80	40.00	43.70		42.17
51L	46.20	44.00	42.00	38.20	38.20	42.80	42.64	42.20	40.00	42.20	42.00	41.60

续表

马丁号	男性							女性				
	M4	M5	M17	M18:2	M18:1	M30	平均值	M10	M16	M25	M31	平均值
51aR	43.80		41.00	41.20	35.00	38.30	39.86	38.90	36.80	38.30		38.00
51aL	43.90	37.50	40.50		36.80	40.00	39.74	38.80	37.20	39.10	38.90	38.50
52R	40.80		32.20	34.00	34.00		35.25	34.00	30.70	35.00		33.23
52L	40.70	32.50	32.90		33.50		34.90	34.90	30.80	36.10	32.90	33.68
MHR	54.00		41.90	46.80	44.20	51.30	47.64	33.50	42.90		45.10	40.50
MHL	54.60	45.50	39.50		46.20	50.40	47.24	40.70	43.80	41.20		41.90
MBR			25.20	27.60	23.80	30.00	26.65	22.10	25.20	19.80	26.10	23.30
MBL	29.10	26.00	22.00		24.10	29.20	26.08	21.90	25.80	21.20		22.97
54	27.00	27.90	27.50	23.80	27.20	22.00	25.90	26.20	24.90	27.70	25.90	26.18
55	62.60	52.60	54.00	53.20	51.70		54.82	51.20	51.50	49.00	48.50	50.05
sc	10.10	5.50	8.90	8.90	8.00	10.00	8.57	9.60	6.30	3.1	10.20	8.70
ss	5.40	2.00	3.50	4.00	1.60	2.40	3.15	2.00	1.40	1.00	1.50	1.48
60	60.50	49.90	53.00	57.00	51.00	55.20	54.43		48.00			48.00
61	63.00	60.00	59.90	65.10	68.00		63.20		58.70	63.80		61.25
62	49.10		42.40	46.90	44.50	49.60	46.50		41.40			41.40
63	38.20		38.00	32.50	42.10		37.70	39.00	39.00	40.00		39.50
FC	103.80		98.80	88.20	91.50	106.00	97.66	103.00	89.80	95.40	93.70	95.48

续表

马丁号	男性							女性				
	M4	M5	M17	M18：2	M18：1	M30	平均值	M10	M16	M25	M31	平均值
FS	20.50		16.40	13.30	14.70		16.23	15.50	11.00	8.00	18.00	13.13
DC	21.00	22.50	21.40	20.90	22.00	26.80	22.43	22.90	18.90	22.00		21.27
32 I	69.00	86.00	86.00				80.33	84.00	86.00	84.00	86.00	85.00
32 II	64.00	79.00	78.00				73.67	75.00	82.00	86.00	81.00	81.00
32 (2)	37.00	69.50	44.00				50.17	44.00	45.50	45.00	47.00	45.38
72	84.00	89.00	80.00				84.33	82.00	85.00			83.50
73	86.00	88.00	82.00				85.33	95.00	91.00	85.00	98.00	92.25
74	56.00	88.50	79.00			67.00	72.63	43.00	66.00			54.50
75		72.50					72.50		73.00	70.00		73.00
77	136.89		143.27	146.44	144.37		142.74	146.50	152.47	160.96	137.97	149.48
SSA∠	126.42	134.62	143.27		127.72		133.01	137.61	133.83			135.71
N∠	61.22	63.58	62.90				62.57	73.61	65.82			69.72
A∠	72.97	78.41	75.66				75.68	70.21	74.12			72.17
B∠	45.82	38.02	41.44				41.76	36.18	40.06			38.12
8：1	76.92	75.88	80.23	68.65	76.57		75.65	75.87	76.05	79.52	76.88	77.08
17：1	77.95	78.35	80.23				78.84	72.73	78.20	78.66	74.37	75.99
17：8	101.33	103.26	100.00				101.53	95.86	102.83	98.92	96.74	98.59

续表

马丁号	男性							女性				
	M4	M5	M17	M18:2	M18:1	M30	平均值	M10	M16	M25	M31	平均值
9:8	65.73		63.73	68.11	60.75		64.58	75.89	67.89	63.31	70.72	69.45
16:7	89.86	72.16	86.55			88.79	84.34		84.18	84.76		84.47
40:5	91.67	91.42	91.88				91.66	101.96	94.85			98.40
48:17	56.25	45.72	48.59				50.19	48.48	48.25			48.37
48:17sd	60.20	49.02	51.76				53.66	50.38	49.89			50.13
48:45pr	58.32		49.43				53.87		53.11			53.11
48:15sd	62.41		52.65				57.53		54.91			54.91
48:16pr	84.65	65.86	64.31		69.38		71.05	65.31	67.46			66.38
48:16sd	90.59	70.61	68.50		75.36		76.27	67.86	69.75			68.80
54:55	43.13	53.04	50.93	44.74	52.61		48.89	51.17	48.35	56.53	53.40	52.36
52:51R	87.18		76.67	79.44	89.47		83.19	79.44	76.75	80.09		78.76
52:51L	88.10	73.86	78.33		87.70		82.00	82.70	77.00	85.55	78.33	80.89
52:51aR	93.15		78.54	82.52	97.14		87.84	87.40	83.42	91.38		87.40
52:51aL	92.71	86.67	81.23		91.03		87.91	89.95	82.80	92.33	84.58	87.41
54:51R	57.69		65.48	55.61	71.58		62.59	61.21	62.25	63.39		
54:51L	58.44	63.41	65.48		71.20	51.40	61.99	62.09	62.25	65.64	61.67	62.91
54:51aR	61.64		67.07	57.77	77.71	57.44	64.33	67.35	67.66	72.32		

马丁号	男性							女性				
	M4	M5	M17	M18:2	M18:1	M30	平均值	M10	M16	M25	M31	平均值
54:51aL	61.50	74.40	67.90		73.91	55.00	66.54	67.53	66.94	70.84	66.58	67.97
ss:sc	53.47	36.36	39.33	44.94	20.00	24.00	36.35	20.83	22.22		14.71	19.25
63:62	57.81	87.97	56.41				67.40	58.67	55.49	52.33	58.02	56.13
45:0.5(1+8)	84.99		87.52				86.25		80.71	85.72	0.00	55.48
17:0.5(1+8)	88.12	89.10	89.03				88.75	82.71	88.84	87.64	84.09	85.82
65		124.11	131.25				127.68			134.05?		
66			118.35				118.35			106.10	95.47	100.79
67	51.09	47.40	50.90	50.91	50.73		50.21	44.11		48.50	46.94	46.52
68	92.00	75.00	71.80				79.60			71.60	77.80	74.70
68-1	115.30	95.70	100.00				103.67	104.80		98.00	106.90	103.23
69	37.62	28.87	35.21	38.62	32.59		36.01			28.32		28.32
69-1 I R	35.80	30.53	30.41	34.88			32.91	29.77		26.15	32.44	29.45
69-1 I L	35.94	31.11	31.81	37.20	31.92		33.60	28.77		25.34	28.87	27.66
MBHR	35.06	27.30	28.78	34.12	28.47		30.75	26.96		28.49	27.37	27.61
MBHL	35.77	28.87	29.46	34.91	30.18		31.84	28.74		27.05		27.90
69-3 I R	14.00	14.58	13.68	12.91	12.31		13.50	12.60		11.88	10.80	11.76
69-3 L I	13.18	14.56	14.09	12.22	12.20		13.25	12.25		11.24	11.74	11.74

续表

马丁号	男性							女性				
	M4	M5	M17	M18：2	M18：1	M30	平均值	M10	M16	M25	M31	平均值
69－3ⅡR	16.28	16.47	17.37	14.99	15.60		16.14	18.47		15.82	14.45	16.25
69－3ⅡL	17.19	16.34	17.24	15.60	14.90		16.25	14.88		16.02	15.02	15.31
70R	69.47	67.57	68.32				68.45			57.43		57.43
70L		69.88	69.07				69.48	66.82		60.62		63.72
71R	42.03	37.97	47.54				42.51			38.35		38.35
71L	43.32	38.25					40.79	40.05		39.68		39.87
71aR	38.98	31.59	37.41				35.99			31.53		31.53
71aL	40.31	31.89	36.50		32.23		35.23	31.69		31.36		31.53
79	115.00	115.00	118.00				116.00			121.00	127.00	124.00
68：65		60.43	54.70				57.57					
71：70R	60.50	56.19	69.58				62.09			66.78		66.78
71：70L		54.74					54.74	59.94		65.46		62.70
额孔间弧	60.00	55.00		62.00	87.00		66.00	51.00		57.00	56.50	54.83

附表 3　乡宁内阳垣墓地人骨个体测量表（男性）

长度：毫米；角度：度；指数：%

马丁号	M2	M3:2	M8	M9	M11	M17	M23	M32	M41	M52	M58	M66	M67	平均值
1	184.00	182.00	174.00	184.50	179.00	184.00	185.10	188.50	180.00	175.20	180.00	182.50	182.50	181.64
5	100.50	101.50	96.70	96.10	104.30	100.00	104.50	103.60	101.00	101.50	102.70	100.50	105.00	101.38
8	143.00	131.50	141.20	143.70	134.70	148.00	142.00	150.30	141.50	145.30	140.80	146.50	146.70	142.71
9	88.10	84.60	83.80	91.20	88.20	103.00	92.58	96.00	92.90	97.00	99.10	91.80	98.00	92.79
1	124.50	126.00	122.00	117.00	122.50	133.50	123.20	132.00	128.50	128.00	127.00	130.00	127.50	126.28
12	102.80	105.00	99.20	98.50	98.80	109.00	107.03	114.50	107.20	105.30	111.60		109.50	105.70
7	33.20	39.00	30.70		37.00	35.50	32.49	45.00	35.00	35.00	34.00	35.10	32.80	35.40
16	27.50	30.60	27.90		29.20	31.00	28.55	34.00	26.90	31.10	30.60	32.00	29.50	29.90
17	137.50	135.00	134.40	136.70	138.20	144.30	148.20	143.50	142.80	135.30	133.40	145.00	141.50	139.68
21	116.00	110.50	116.20	114.50	114.00	121.20	120.50	125.00	115.00	113.00	115.00	120.00	124.00	117.30
23	526.00	513.00	500.00	535.00	516.00	539.00	520.00	550.00	524.00	522.00	520.00		540.00	525.42
24	310.00	240.80	300.00	310.00	310.00	335.00	323.00	341.00	310.00	322.00	317.00	330.00	332.00	313.91
25	368.00	366.00	368.00	384.00	365.00	385.00	385.00	382.00	372.00	357.00	360.00		398.00	374.17
26	121.00	120.30	128.00	129.00	124.00	125.00	128.00	126.00	131.00	136.00	122.00	136.00	128.00	127.25
27	124.00	120.70	121.00	131.00	117.00	128.00	145.00	136.00	130.00	125.00	121.00		142.00	128.39
28	124.00	115.00	110.00	124.00	100.70	132.00	114.00	117.00	112.00	105.00	118.00		120.00	115.98

续表

马丁号	M2	M3：2	M8	M9	M11	M17	M23	M32	M41	M52	M58	M66	M67	平均值
29	110.50	110.00	113.10	114.10	108.50	109.80	114.53	114.20	116.90	109.90	107.50	120.50	110.50	112.31
30	112.80	114.00	109.90	119.10	112.80	112.90	127.62	120.90	115.00	114.00	110.20		128.50	116.48
31	100.90	96.60	90.00	105.50	94.20	110.10	95.14	100.90	95.00	88.00	96.00		102.30	97.89
40	101.00	100.10	90.80	94.00	101.00	94.20	104.10	107.00	99.60	94.20	101.20	95.70	100.90	98.75
43	103.90	100.20	98.50	100.80	101.30	110.00	104.79	110.90	107.50	111.50	105.80		108.20	105.28
44	96.50	93.00	93.20	92.20	96.90	100.50	96.32	106.90	96.20	104.50	102.80	93.00	97.80	97.68
45	131.90	135.40	130.80				133.30	147.50	136.50	140.00	138.90			136.79
46	97.00	99.00	102.50	98.00	98.50		99.00	115.50	99.70	104.70	101.20		102.50	101.60
(sub. Zm-ss-zm)	24.00	30.00	25.50	18.60	25.30		28.00	23.50	21.00	20.00	21.00		24.50	21.31
47.00	122.20	119.50	108.60		122.23	122.00	110.54	122.10	116.60	123.86	117.10	141.35	125.50	120.97
48	72.50	72.70	67.20	68.00	73.50	70.00		69.90	71.00	73.80		81.20	74.00	72.16
48sd	76.00	76.00	68.90	72.00	78.60	73.50		72.90	73.50	76.80	70.5？	88.00	78.20	75.85
50	18.60	17.00	18.00	17.00	17.80	24.20	20.08	20.10	19.50	21.90	21.80	18.50	22.20	19.74
51R	42.50	41.00	41.10	41.10	43.10	40.90	42.58	45.00	40.09	45.60	43.60	42.50	40.90	42.31
51L	41.50	40.00	40.60	40.20	43.10	40.50	41.39	46.00	40.28	46.00	43.50	40.90	42.80	42.06
51aR	39.30	39.10	38.20	36.20	40.00	38.90	40.74	43.20	38.20	42.00	40.90		37.50	39.52
51aL	39.00	38.90	37.00	36.00	39.60	39.00	38.81	42.90	39.90	43.00	43.30		37.50	39.58

续表

马丁号	M2	M3:2	M8	M9	M11	M17	M23	M32	M41	M52	M58	M66	M67	平均值
52R	32.80	30.10	30.40	32.80	37.30	36.90	34.88	33.20	35.20	31.90	29.50	36.80	32.90	33.44
52L	32.00	31.00	30.10	30.80	37.60	37.00	34.91	30.70	34.30	41.90	29.20	34.00	33.20	33.59
MHR	43.20	39.20	43.40	45.20	46.10	43.80	45.74	46.80	46.50	43.50	42.50		44.10	44.17
MHL	41.50	38.90	43.50	44.60	45.80		44.42	42.10	47.20	47.50	45.20	48.30	43.50	44.38
MBR	25.20	22.80	27.50	26.10	23.50	25.60	26.14	26.60	25.50	24.20	23.30		27.30	25.31
MBL	23.50	21.90	26.10	26.00	23.00		25.05	25.20	26.10	27.00	24.10	25.50	26.50	25.00
54	25.00	23.50	26.50	27.00	27.10	29.80	25.07	30.90	28.00	27.90	26.00	26.50	27.50	26.98
55	52.00	57.90	49.50	48.90	57.10	53.10	49.86	50.90	52.50	58.20	51.00	57.20	56.50	53.44
sc	8.00	6.00	6.00	7.60	7.30	8.20	7.40	5.90	4.60	8.10	9.00	6.70	8.50	7.18
ss	3.00	4.00	1.90	1.90	3.00	1.10	3.50	1.00	1.60	3.60	3.00	1.90	2.00	2.42
60	55.50	54.90	48.50	48.50	55.60	51.60	56.29	55.20	56.00	49.90	54.10	56.50	58.00	53.89
61			61.80	62.70	69.00	66.50	64.50	69.00		63.50	66.50			65.44
62	47.20	46.90	34.80	43.00	47.50	43.30	46.54	48.90	43.20	44.60	46.20	45.00	47.00	44.93
63			40.90		40.50	42.00		49.90		38.50	38.50			41.72
FC	96.50	90.50	94.20	94.20	95.50	99.60	97.50	105.50	98.40	105.50	99.00		98.60	97.92
FS	15.50	11.00	14.90	9.50	14.00	13.00	16.00	10.90	13.50	15.00	12.00		12.00	11.35
DC	21.00	18.00	20.00	20.90	18.90	24.50	22.09	22.90	21.20	24.00	22.30	27.00	27.00	21.90

续表

马丁号	M2	M3：2	M8	M9	M11	M17	M23	M32	M41	M52	M58	M66	M67	平均值
32 I	82.00	77.00	72.50	87.00	80.00	89.80	84.50	80.00	78.00	85.00	87.00	82.00	91.00	82.75
32 II	76.50	66.00	62.00	81.00	73.00	86.80	78.80	73.00	72.00	76.00	81.00	74.50	85.00	75.82
32 (2)	47.00	43.00	39.00	45.00	44.00	48.00	49.00	49.00	42.00	45.00	48.90	42.50	51.00	45.65
72	83.00	80.00	83.50	78.50	85.00	82.00	79.00	82.00	80.50	87.00		85.00	84.90	82.53
73	88.00	84.00	88.00	87.00	89.00	88.50	88.00	91.00	86.00	91.00	93.00	89.00	90.00	88.65
74	67.00	65.00	62.50	64.00	69.00	64.00	59.50	61.00	55.00	74.00		73.00	69.50	65.29
75	69.00	62.00	67.00	67.00	66.00		67.00	64.00	66.00	72.00	69.00		66.90	66.90
77	142.30	153.00	145.30	156.90	147.00	151.20	143.90	157.30	149.00	148.10	153.90		153.00	150.08
SSA∠	128.00	117.00	126.30	138.90	126.50		121.10	135.50	133.90	138.00	134.90		129.00	129.92
N∠	69.00	69.00	64.00	67.00	66.00	63.00		68.00	68.00	63.00			66.00	66.30
A∠	69.00	69.00	74.00	71.00	72.00	72.20		73.00	71.00	73.00			72.00	71.62
B∠	42.00	42.00	42.00	42.00	42.00	44.80		39.00	41.00	44.00			42.00	42.08
8：1	77.72	72.25	81.15	77.89	75.25	80.43	76.72	79.73	78.61	82.93	78.22	80.27	80.38	78.58
17：1	74.73	74.18	77.24	74.09	77.21	78.42	80.06	76.13	79.33	77.23	74.11	79.45	77.53	76.90
17：8	96.15	102.66	95.18	95.13	102.60	97.50	104.37	95.48	100.92	93.12	94.74	98.98	96.46	97.94
9：8	61.61	64.33	59.35	63.47	65.48	69.59	65.20	63.87	65.65	66.76	70.38	62.66	66.80	65.01
16：7	82.83	78.46	90.88		78.92	87.32	87.87	75.56	76.86	88.86	90.00	91.17	89.94	84.89

续表

马丁号	M2	M3:2	M8	M9	M11	M17	M23	M32	M41	M52	M58	M66	M67	平均值
40:5	100.50	98.62	93.90	97.81	96.84	94.20	99.62	103.28	98.61	92.81	98.54	95.22	96.10	97.39
48:17	52.73	53.85	50.00	49.74	53.18	48.51		48.71	49.72	54.55		56.00	52.30	51.75
48:17sd	55.27	56.30	51.26	52.67	56.87	50.94		50.80	51.47	56.76		60.69	55.27	54.39
48:45pr	54.97	53.69	51.38					47.39	52.01	52.71				52.03
48:15sd	57.62	56.13	52.68					49.42	53.85	54.86				54.09
48:16pr	74.74	73.43	65.56	69.39	74.62			60.52	71.21	70.49			72.20	70.24
48:16sd	78.35	76.77	67.22	73.47	79.80			63.12	73.72	73.35			76.29	73.57
54:55	48.08	40.59	53.54	55.21	47.46	56.12	50.28	60.71	53.33	47.94	50.98	46.33	48.67	50.71
52:51R	77.18	73.41	73.97	79.81	86.54	90.22	81.92	73.78	87.80	69.96	67.66	86.59	80.44	79.17
52:51L	77.11	77.50	74.14	76.62	87.24	91.36	84.34	66.74	85.15	91.09	67.13	83.13	77.57	79.93
52:51aR	83.46	76.98	79.58	90.61	93.25	94.86	85.62	76.85	92.15	75.95	72.13		87.73	84.10
52:51aL	82.05	79.69	81.35	85.56	94.95	94.87	89.95	71.56	85.96	97.44	67.44		88.53	84.95
54:51R	58.82	57.32	64.48	65.69	62.88	72.86	58.88	68.67	69.84	61.18	59.63	62.35	67.24	63.83
54:51L	60.24	58.75	65.27	67.16	62.88	73.58	60.57	67.17	69.51	60.65	59.77	64.79	64.25	64.20
54:51aR	63.61	60.10	69.37	74.59	67.75	76.61	61.54	71.53	73.30	66.43	63.57		73.33	68.48
54:51aL	64.10	60.41	71.62	75.00	68.43	76.41	64.60	72.03	70.18	64.88	60.05	73.33	73.33	68.42
ss:sc	37.50	66.67	31.67	25.00	41.10	13.41	47.30	16.95	34.78	44.44	33.33	28.36	23.53	34.16

续表

马丁号	M2	M3:2	M8	M9	M11	M17	M23	M32	M41	M52	M58	M66	M67	平均值
63：62	61.44	65.15	62.90	55.56	60.27	55.30	62.18	67.12	58.33	59.21	60.37	57.05	60.00	60.38
45：0.5 (1+8)	80.67	86.38	82.99				81.50	87.07	84.91	87.36	86.60			84.69
17：0.5 (1+8)	84.10	86.12	85.28	83.30	88.11	86.93	90.61	84.71	88.83	84.43	83.17	88.15	85.97	86.13
65	127.38	120.02			119.63				128.41		129.26		132.74	126.24
66	98.79	103.91		102.49					104.50		104.34		97.75	101.96
67	43.92	47.42	46.93	48.41	47.68	46.24			48.40		47.75	47.88	52.93	47.76
68	75.40	74.30			78.50	61.50			84.90		74.00	68.90	79.60	74.64
68-1	105.70	111.60		117.30	106.00	95.10			104.00		102.20	109.30	105.20	106.27
69	32.38		30.23	31.91	33.42	35.67		31.90	33.47		34.90	40.08	38.44	34.63
69-1ⅠR	29.50	32.63	29.78	28.18	33.28	31.15				32.76	32.25	34.40	33.13	31.79
69-1ⅠL	29.11	34.71	28.72	29.40	31.86	32.37		30.21	32.61	32.59	32.02	34.95	37.17	32.29
MBHR	24.79	28.71	29.39	28.24	28.93	31.04			31.36		29.43			29.49
MBHL	25.16		29.12	31.01	26.67	32.38			32.11		29.97		35.15	30.46
69-3ⅠR	10.68	11.51	12.45	13.44	13.28	13.61		13.08	13.60	11.33	13.41	11.51	14.67	12.71
69-3ⅠL	10.93	11.60	11.85	12.74	12.63	13.77			13.77	10.01	11.78	11.25	13.08	12.13
69-3ⅡR	13.60	13.30	16.32	17.56	15.85	16.24		15.11	16.31		16.29	11.00		15.16
69-3ⅡL	14.44	13.00	15.76	16.78	13.23	17.57			16.64	15.52	17.45	15.64	16.55	15.69

续表

马丁号	M2	M3：2	M8	M9	M11	M17	M23	M32	M41	M52	M58	M66	M67	平均值
70R	66.86	65.22						59.53	62.51		54.79		71.59	63.42
70L	60.98	67.14		56.98	63.33				61.01	72.40	62.54	63.27	70.54	64.24
71R	39.20				43.05	41.53		46.71	42.23	43.73	45.85		48.91	43.90
71L	35.58	43.80		43.47	41.12					44.78	46.08	36.61	46.72	42.27
71aR	30.28	30.74			35.10			33.43	35.77	30.67	37.13		37.42	33.82
71aL	28.36	30.77		35.61	34.11				37.49	33.43	34.25	32.13	36.22	33.60
79	119.00	131.00			122.60	122.00			113.00		124.00	135.70	111.30	122.33
68：65	58.63	61.91			65.62				66.12		57.25		59.97	62.17
71：70R	58.35			76.29				78.46	67.56		83.68		68.32	71.33
71：70L	58.35	65.24			64.93						73.68	57.86	66.23	66.08
颊孔间弧	29.50	32.63	29.78	28.18	33.28	31.15		31.90	33.47		32.25	34.40	33.13	31.79

附表 4　乡宁内阳垣墓地人骨个体测量表（女性）

长度：毫米；角度：度；指数：%

马丁号	M4	M5	M6	M16	M20	M24	M27	M33	M34	M39	M42	M43	M72	M75	M100	M（俟号1）	M98	M98	平均值
1	182.10	172.00	177.00	178.00	182.50	171.00	177.00	172.00		168.50	172.00		174.00		176.00	187.00	169.20	169.20	174.99
5	102.70	99.20	107.00	100.50	100.00	96.80	105.00	97.40		88.20	96.50	91.30	96.70	100.20	92.50	100.10	101.00	101.00	98.11
8	139.40	143.40	134.60	136.70		134.10	136.90	140.30	156.50	133.00	130.20	133.50	135.30	135.00	140.90		135.00	135.00	137.42
9	89.45	88.99	93.41	86.86	93.77	89.80	90.64	88.14	87.51	82.47	83.74	89.85	91.24	85.90	85.21	97.17			88.89
1	125.10	123.00	121.80	121.00		118.90	116.10	120.50		115.50	115.50	126.50	120.00	117.80	118.00	128.00	120.60	120.60	120.33
12	112.52	103.93	100.17	106.03			103.02	101.87		91.69	104.27	99.49	105.69	108.52	110.01	107.65	107.90	107.90	104.70
7	33.64		31.66	34.56	34.39	35.50	35.15	32.44				34.94	31.82	36.72	30.36		35.27	35.27	33.75
16	30.36		28.08		30.55	29.00	28.70	25.12		30.58	28.58	32.62	25.83	27.54	26.74		31.04	31.04	29.08
17	138.10	138.30	138.10	140.00	138.90	132.50	136.80	134.30		128.10	136.00	135.50	136.00	133.40	136.40	140.10	126.60	126.60	135.49
21	117.00	114.00	112.20	110.00	119.00	113.20	114.40	108.50		103.00	113.00	113.00	116.00	109.00	114.00	118.00			112.77
23	528.00	500.30	500.30	507.00			503.00	500.00		481.00	485.00		500.00		506.00	540.00			502.55
24	311.00	310.00	300.40	301.00		312.00	310.00	305.00		332.00	302.50	306.00	306.00	300.00	319.00	320.00			309.33
25	378.00	356.00	357.00	366.00	372.00	361.00	356.00	357.00		335.00		336.00	371.00	352.00		395.00	337.50	337.50	359.30
26	120.00	122.50	124.00	122.00	123.00	128.00	124.00	125.00	127.00	105.00	120.00	116.00	122.00	120.50		128.00	116.00	116.00	121.35
27	135.00	124.00	122.00	131.00	125.00	122.00	123.00	122.00	120.00	105.00	132.00	119.00	135.00	115.00	116.00	135.00	115.00	115.00	123.94
28	123.00	111.00	118.00	113.00	133.00	110.00	110.00	107.50		112.00		100.00	115.00	120.00	124.00	130.00	108.00	108.00	115.03
29	107.20	110.08	110.34	108.62	109.39	117.00	111.37	109.36	110.43	103.71	106.74	101.80	109.54	107.53	114.76	112.99	104.31	104.31	108.80

续表

马丁号	M4	M5	M6	M16	M20	M24	M27	M33	M34	M39	M42	M43	M72	M75	M100	M/俯号1	M98	M98	平均值
30	121.13	109.46	106.28	118.23	117.29	109.00	109.06	107.35	107.15	96.88	111.89	103.48	115.75	106.50	106.94	120.96	103.91	103.91	110.36
31	102.28	98.75	102.35	94.04	114.18	94.00	95.16	93.69		92.24		87.56	96.89	100.84	102.45	107.53	90.85	90.85	97.61
40	99.60	101.00	106.20	96.50	100.70	95.30	102.20	97.50		91.10	91.50	79.90	93.50	95.90		102.20			96.30
43	102.79	102.33	105.08		103.83	98.90	95.66	100.45	95.50	94.72	93.57	99.46	99.52	97.91	96.91	109.61	93.74	93.74	99.37
44	98.89	96.43			98.61	94.80	93.49	92.15	91.21	87.98	88.72	93.67	95.71	94.67		99.58	91.95	91.95	94.13
45	132.20	131.70				124.20	122.50	127.40		120.20	121.40	129.30	124.00						125.88
46	100.00				100.00	91.70	92.80	95.00	94.60	86.34		94.50	92.00		82.50	112.00	92.90	92.90	94.03
(sub. Zm-ss-zm)	21.50				20.50	20.00	24.00	22.50	23.50	23.00		19.00	19.00		24.00	28.50	20.00	20.00	22.04
47.00	110.30	128.90	115.56	116.59	119.45	115.39	121.78	107.04		109.66	110.10	110.47	109.81	114.89	111.87		102.01	102.01	112.84
48	64.67	69.74	68.46	66.01	71.50	67.10	67.20	64.71	67.10	64.86	67.10	59.80	63.65		62.58	66.74			65.58
48sd	67.36	73.01	72.21	70.51		70.00	73.00	65.53	69.87	67.55	70.45	63.30	66.10		64.45	68.70			68.24
50	23.21	17.89	22.45	18.88	19.78	18.00	17.48	19.84	17.56	14.12	16.33	16.56	19.02	17.53	16.42	21.64	18.43	18.43	18.30
51R	39.94	41.36	40.75		42.13	42.00	41.92	39.12	39.33	39.39	39.51	40.69	41.61	41.59	41.98		43.91	43.91	40.60
51L	41.18	41.67	41.08		43.23	41.10	40.13	39.12	39.36	39.98	38.66	41.74	40.37	41.59	40.86		43.91	43.91	40.93
51aR	38.01	39.74		37.65	41.83	38.50	38.87	38.03	38.31	37.01	37.42	38.09	39.66	43.21	38.85		38.22	38.22	38.75
51aL	39.18	38.94	39.11		40.22	39.00	38.11	37.09	38.28	37.81	37.07	38.76	38.01	39.26	38.63		29.66	29.66	37.94
52R	32.13	33.28	34.00	34.00	33.71	34.00	32.97	32.84	34.26	32.37	33.32	34.51	33.51	40.96	32.01		31.59	31.59	33.67
52L	31.18	34.28	24.30	33.54	33.98	33.80	33.85	32.47	33.80	31.40	32.36	33.36	31.97	34.42	34.75				32.72
MHR	40.79	45.05	42.53		43.16	44.20	43.99	42.00	48.19	42.82	40.35	42.12	42.47		38.12		40.12	40.12	42.37

续表

马丁号	M4	M5	M6	M16	M20	M24	M27	M33	M34	M39	M42	M43	M72	M75	M100	M俠号1	M98	M98	平均值
MHL	39.41	41.99	40.78		41.73	42.20	43.90	41.07	45.25	43.29	38.33	42.48	43.51	40.25	41.29	43.55	41.14	41.14	41.89
MBR	20.72	24.15	21.27	23.92	21.18	23.20	29.31	23.62	26.75	23.83	17.44	24.50	22.67		21.37	25.99	19.12	19.12	23.09
MBL	21.10	23.05			21.55	24.00	23.65	23.23	25.41	23.37	17.57	24.38	23.68	18.73	20.27	26.48	19.56	19.56	22.24
54	27.57	26.47	31.57	26.37	26.16	25.50	26.54	27.63	26.93	22.93	30.62	28.07	23.63	26.21	21.92	27.20	25.49	25.49	26.43
55	50.00	50.92	54.10	49.67	55.66	50.80	52.50	48.01	51.04	52.09	50.90	49.24	48.73	54.47	44.72	54.00	49.43	49.43	50.66
sc	11.40	6.80	12.40	9.00	10.00	6.10	8.00	5.90	7.00	4.00	8.50	5.77	9.00	5.90	6.70	9.70	6.50	6.50	7.64
ss	1.50	2.50	3.00	2.00	3.00	0.80	3.00	1.50	2.00	1.00	2.00		2.00	2.40	2.00	3.00	1.00	1.00	2.04
60	52.21	54.12	53.27	67.03	53.88	51.50	53.05	48.40	47.17	39.50	45.48	48.20	41.16		49.00	54.41			50.34
61	64.61	62.32	65.17	42.38			65.64	60.31	58.25		57.30	59.10	59.04		58.53	69.34	59.08	59.08	60.21
62	46.58	44.38	43.73	42.70	46.52	46.10	44.59	41.78	40.30	43.90	42.40	35.34	40.69		44.10	43.56	43.15	43.15	42.90
63	39.80	39.19	40.58				38.73	39.05	36.44		37.72	37.82	38.01		37.55	43.45	38.60	38.60	39.05
FC	96.90	93.50	99.50		95.50	93.10	91.00	93.80	89.00	83.50	87.90	91.00	94.30	92.90	88.40	100.50	90.13	90.13	92.56
FS	16.50	11.50	14.00		12.00	13.50	14.50	14.00	12.00	9.60	14.00	11.50	14.50	14.00	10.00	5.00	13.00	13.00	11.29
DC		19.92	24.57	21.82	20.43	20.50	18.49	22.41	18.78	15.58	17.91	19.68	21.55	19.69	18.10		17.93	17.93	19.66
32 I	85.00	81.00	79.40	83.00	80.00	86.00	80.00	81.50		81.00	85.50	90.00	88.90	74.50		91.00			83.59
32 II	81.50	74.00	75.00	80.00	80.00	83.00	76.00	74.00		75.00	82.00	93.50	87.00	71.00		83.80			79.92
32 (2)	48.00	46.00	42.00	44.00	48.00	46.00	51.00	38.00	44.00	44.00	45.50	51.00	48.80	43.50	48.00	50.00			46.36
72	82.30	76.00	78.50	77.00	81.00	82.50	84.00	77.50	78.00	78.00	85.00	89.00	84.50	88.00	88.00	78.00			81.29
73	85.50	83.50	82.00	86.00	89.00	89.00	88.00	85.00	81.00	81.00	90.00	93.00	87.00	86.00	72.80	80.00			84.99

续表

马丁号	M4	M5	M6	M16	M20	M24	M27	M33	M34	M39	M42	M43	M72	M75	M100	M(俟号1)	M98	M98	平均值
74	70.00	65.00	69.00	55.00	81.00	70.00	73.50	59.00		66.00	66.00	71.00	70.00		72.50	66.00			67.60
75	75.20		64.00	66.00	69.00	77.00	62.50	68.00								65.00			67.41
77	142.39	152.36	148.57		151.79	147.66	144.65	146.76	149.82	154.10	144.66	151.63	145.81	146.45	154.50	168.64			149.99
SSA∠	133.47				135.41	132.87	125.30	129.31	127.16	123.91		136.19	135.11		119.62	126.05			129.45
N∠	68.77	71.01	70.64	67.18	69.65	68.36	68.83	70.69		71.20	65.15	59.59	67.76			72.45			68.69
A∠	73.98	68.23	71.91	73.73	68.61	70.76	73.35	70.53		66.72	73.14	80.21	73.90			69.04			71.93
B∠	37.25	40.76	37.46	39.09	41.74	40.88	37.82	38.78		42.38	41.72	40.20	39.06			38.51			39.45
8:1	76.55	83.37	76.05	76.80		78.42	77.34	81.57		78.93	75.70		77.76		80.06		79.79	79.79	78.67
17:1	75.84	80.41	78.02	78.65	76.11	77.49	77.29	78.08		76.02	79.07		78.16		77.50	74.92	74.82	74.82	77.54
17:8	99.07	96.44	102.60	102.41	98.81	98.81	99.93	95.72		96.32	104.45	101.50	100.52	98.81	96.81		93.78	93.78	99.16
9:8	64.17	62.06	69.40	63.54		66.96	66.21	62.82	55.92	62.01	64.32	67.30	67.44	63.63	60.48				60.07
16:7	90.25		88.69		88.83	81.69	81.65	77.44					81.18	75.00	88.08		88.01	88.01	86.21
40:5	96.98	101.81	99.25	96.02	100.70	98.45	97.33	100.10		103.29	94.82	87.51	96.69	95.71		102.10			91.83
48:17	46.83	50.43	49.57	47.15	51.48	50.64	49.12	48.18		50.63	49.34	44.13	46.80		45.88	47.64			45.06
48:17sd	48.78	52.79	52.29	50.36		52.83	53.36	48.79		52.73	51.80	46.72	48.60		47.25	49.04			46.74
48:45pr	48.92					54.03	54.86	50.79		53.96	55.27	46.25	51.33						51.93
48:15sd	50.95					56.36	59.59	51.44		56.20	58.03	48.96	53.31						54.35
48:16pr	64.67				71.50	73.17	72.41	68.12	70.93	75.12		63.28	69.18		75.85	59.59			69.15
48:16sd	67.36				0.00	76.34	78.66	68.98	73.86	78.24		66.98	71.85		78.12	61.34			65.97

图　版：

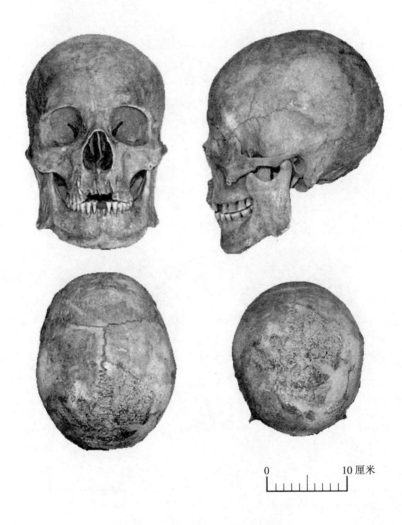

0　　　　　　　　　　10厘米

图版一（Ⅰ）　浮山桥北男性头骨
2003FQM17

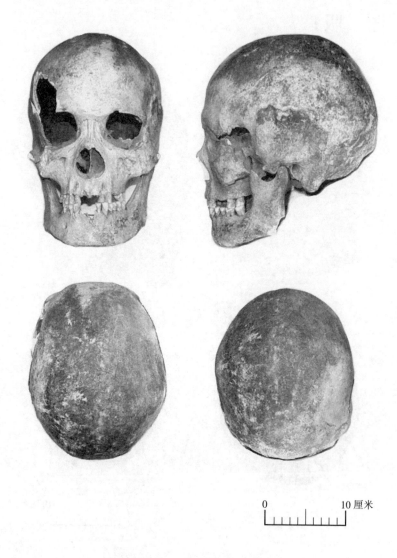

0   10 厘米

图版二(Ⅱ) 浮山桥北男性头骨
2003FQM5

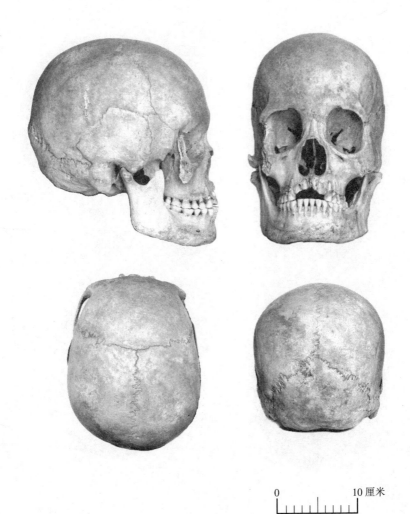

图版三(Ⅲ) 浮山桥北女性头骨
2003FQM25

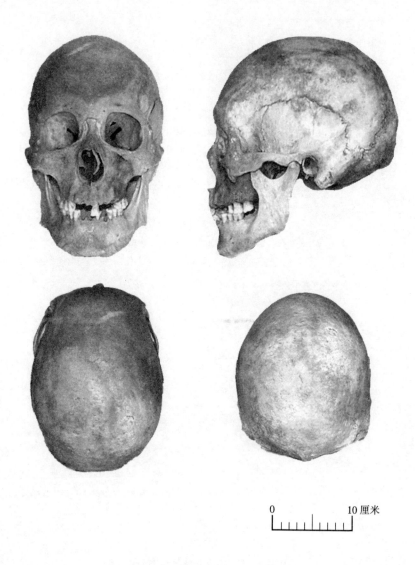

0　　　　　　　　　　10厘米

图版四（Ⅳ）　乡宁内阳垣男性头骨

2002XNM3：2

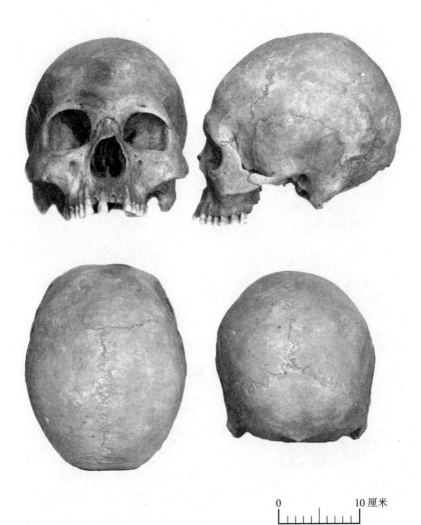

0　　　　　　　　　　10厘米

图版五(Ⅴ)　乡宁内阳垣男性头骨
2002XNM32

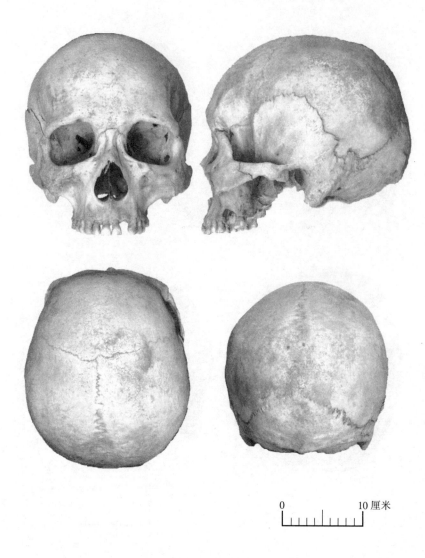

0　　　　　　　　　　10厘米

图版六（Ⅵ）　乡宁内阳垣男性头骨

2002XNM52

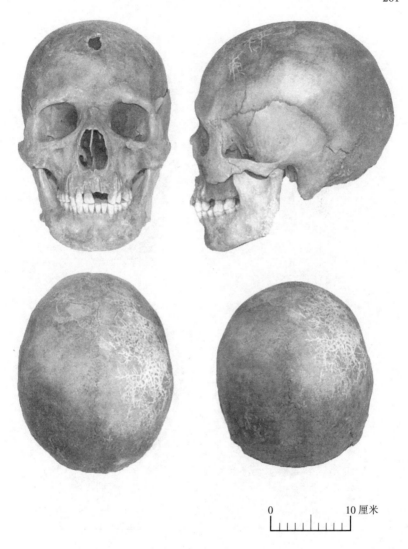

图版七（Ⅶ）　乡宁内阳垣男性头骨
2002XNM58

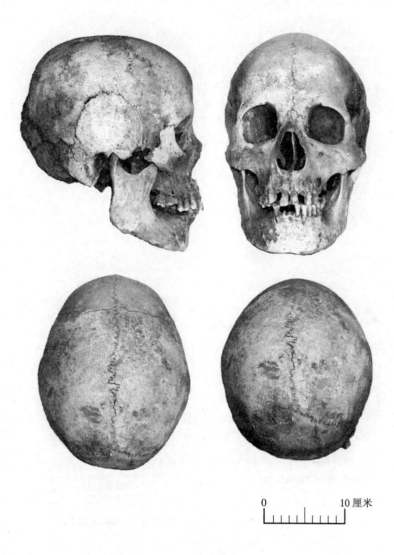

0　　　　　　　　　10 厘米

图版八(Ⅷ)　乡宁内阳垣男性头骨
2002XNM67

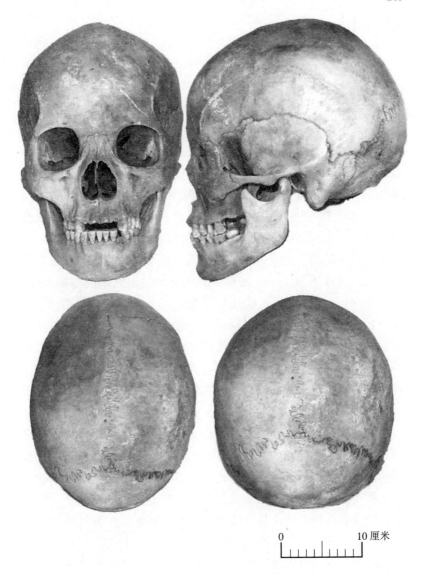

0　　　　　　10 厘米

图版九（Ⅸ）　乡宁内阳垣女性头骨
2002XNM4

后 记

攻读博士学位，是我正式以朱泓先生为师，而得益于先生的教诲却已有多年。先生严谨的治学态度、开拓性的学术建构、谦和的学者风度，每每令学生感受到强烈的震撼，又时时倍觉潜移默化，润物无声……学习、选题、立意、研究，学生的每一点收获，每一个进步无不倾注了先生的心血和汗水。在奉上这篇由先生悉心指导的博士学位论文之时，不由真真切切地感到，纵使筛选了无数的言语和文字，相对于我沉甸甸的谢意来说都嫌太轻。谨此致以我由衷的心声：谢谢！先生！

我要感谢国家文物局副局长顾玉才先生，感谢山西省考古研究所时任所长石金鸣先生、现任所长宋建中先生和时任侯马工作站站长田建文研究员，他们为本文研究提供了珍贵的标本资料。田建文研究员十分热心地提供考古学背景资料，甚至是尚未发表的研究论文，对于本论文的完成，给予了无私的援助和支持。

我要感谢吉林大学边疆考古研究中心的林沄教授，林先生严谨地指出论文思路中的疑点，与林先生讨论自己的研究心得是难得的科研素质规范训练。

我要感谢中国社会科学院考古研究所的潘其风研究员，除了得益于潘先生的言传之外，潘先生关于晋南地区先秦时期居民的人种学研究报告，也是本文研究的重要参照资料。

我要感谢吉林大学边疆考古研究中心的滕铭予教授、王立新教授，他们曾多次与我探讨论文的相关问题，从考古学研究角度提出疑问。感谢吉林大学边疆考古研究中心的杨建华教授、朱永刚教授，他们对本文研究提出了中肯的指导意见。

我要感谢吉林大学基础医学院法医学教研室卢英强教授，他在人类骨骼创伤和病理确认方面给予我热心的指导和无私的帮助。

我要感谢吉林省社会科学院院长邴正教授，在学习和研究中都曾得到他的热心帮助和支持。

我要感谢时任中国科学院传统工艺与文物科技研究中心主任的苏荣誉研究员，他在我们共同研究课题的时间安排上为我完成博士论文提供了保证。

我要感谢时任吉林省文物考古研究所所长金旭东研究员及诸位领导对我参加学习的支持，对我在学习和论文写作所需时间上给予了充分的理解和保证。感谢当时就职于吉林省文物考古研究所的傅佳欣研究员曾就考古学研究相关问题给予诸多指教。感谢吉林省文物考古研究所文物保护与科技考古研究中心全体同事对我工作的理解、支持和分担，使我能够在论文写作上投入更多的精力。感谢王昭副研究员帮助我查找资料，清理标本。感谢张玉春助理研究员、于立群助理研究员和高秀华女士帮助我分担了所里的部分工作和部分资料收集工作。感谢王丽萍副研究员在资料的查阅方面给予热心帮助。

吉林大学边疆考古研究中心的很多老师，都曾给予我无私的帮助，这种帮助并非只是在学期间，也包括了入学之前工作期间的指导和帮助。各位老师讲授的课程都令我获益匪浅，今天能够完成这篇学位论文，起步是从那时开始的。我感谢这些老师，包括魏存成教授、赵宾福教授、王培新教授、陈全家教授、汤卓炜教授以及前面提及的各位老师。

我要感谢吉林大学边疆考古研究中心刘艳副主任和陈爽老师的支持和帮助。感谢吉林大学边疆考古研究中心资料室李晓笛老师在资料查阅方面的大力支持。

我要感谢吉林大学边疆考古研究中心人类学实验室魏东先生

和方启先生，他们既是老师也是博士生师弟，为我提供了非常便利的工作条件。方启先生完成了标本资料的收集和年龄、性别鉴定。感谢陈靓博士、李法军博士、张全超博士，他们在资料和学术研究方面都给予我真诚的帮助。感谢当时在校读书的唐淼博士生、蒋刚博士生、霍东锋博士生热心提供给我所需文献资料，张林虎博士生、张华硕士生、顾继慧硕士生随时帮助我做一些工作，姜晓宇硕士生，在我收集资料方面提供支持。感谢所有的师弟、师妹，我从他们那里学习我所不及的长处，也从他们那里感受生命的活力。

我要感谢中国社会科学院考古研究所王明辉副研究员，他特地将尚未发表的论文提供给我参考。

我要感谢吉林省文物考古研究所两任所长金旭东先生和宋玉彬先生对本书出版给予全力支持。

最后，我要感谢我的父母贾士金先生和谭慕蕙女士，他们一生奋斗不息的精神是我终生用之不竭的财富。感谢爱人孙长杰、姐妹贾平、贾莉女士及其家人，他们为我分担了许多家务并收集相关资料。我还要特别提到我的儿子孙博闻，在我忙碌的几年中，他给予我充分的理解和支持，并且在学习以及东北师大附中学生网站站长的社会实践活动中都取得了骄人的成绩。

夜深了，任思绪流淌，任键盘响起有节奏的敲击声，致谢之意，细细数来，然而，谁又能够数得清寒来暑往，岁月流转中随时随地帮助过你的人呢？我很幸运，因为，有大家的帮助。

再次向所有给予我指导和帮助的师长、领导、同事、朋友和家人致以深深的谢意⋯⋯

贾　莹

2010 年 6 月 28 日